授权暂停法律实施制度研究

宇　龙／著

四川大学出版社
SICHUAN UNIVERSITY PRESS

项目策划：徐　凯
责任编辑：毛张琳
责任校对：张伊伊
封面设计：墨创文化
责任印制：王　炜

图书在版编目（CIP）数据

授权暂停法律实施制度研究 / 宇龙著. — 成都 : 四川大学出版社, 2021.8
（博士文库）
ISBN 978-7-5690-4939-8

Ⅰ. ①授… Ⅱ. ①宇… Ⅲ. ①委托（法律）—研究—中国 Ⅳ. ①D923.04

中国版本图书馆CIP数据核字（2021）第174824号

书名　授权暂停法律实施制度研究

著　者	宇　龙
出　版	四川大学出版社
地　址	成都市一环路南一段24号（610065）
发　行	四川大学出版社
书　号	ISBN 978-7-5690-4939-8
印前制作	四川胜翔数码印务设计有限公司
印　刷	成都金龙印务有限责任公司
成品尺寸	170mm×240mm
印　张	14.5
字　数	253千字
版　次	2021年9月第1版
印　次	2021年9月第1次印刷
定　价	68.00元

◆ 读者邮购本书，请与本社发行科联系。
电话：(028)85408408/(028)85401670/
(028)86408023　邮政编码：610065
◆ 本社图书如有印装质量问题，请寄回出版社调换。
◆ 网址：http://press.scu.edu.cn

四川大学出版社
微信公众号

目　录

导　论

一、研究对象

近年来，随着我国全面深化改革的持续推进，完善中国特色社会主义法律体系和保障改革、发展与稳定的平衡，成为目前我国加快提升国家治理体系和治理能力现代化的重要工作内容。全国人大常务委员会迄今为止共作出 26 项授权暂停法律实施决定。这些决定虽然在形式上满足了第十八届四中全会提出的“重大改革于法有据”，但在法律性质方面却仍然存在诸多争论。同时授权暂停法律实施决定在作出及实施过程中也存在理论支撑薄弱的问题，因此梳理授权暂停法律实施制度的理论逻辑，完善制度运行规范，成为我国目前立法权行使过程中的一项不可回避、亟待解决的系统性难题。

2012 年全国人大常务委员会作出了《关于授权国务院在广东省暂时调整部分法律规定的行政审批决定》，拉开了授权暂停法律实施的序幕。2013 年第十八届三中全会通过的《中共中央关于全面深化改革若干重大问题的决定》提出了当下我国全面深化改革总体目标。2014 年 2 月，习近平同志在中共中央全面深化改革领导小组第二次会议上明确提出了“重大改革于法有据”的要求。2014 年 10 月第十八届四中全会通过的《中共中央关于全面推进依法治国若干重大决定》对依法治国做出了全面部署。该决定明确了深化改革与依法治国的双重要求。2017 年 10 月党的十九大报告则进一步要求不断深化依法治国实践。中共中央的政策指导思想旨在解决改革发展实践中存在的与法律相冲突的现实困境，以及立法工作开展过程中存在的法治思维缺失和法治方式贫瘠的问题。

2012 年《关于授权国务院在广东省暂时调整部分法律规定的行政审

批决定》旨在解决广东省改革试验区改革举措合法性问题，实施范围较小，但随着改革范围的不断扩展，制度的实施范围和事项也突破了行政机关行政权行使的限度。自 2012 年 12 月至 2015 年《中华人民共和国立法法》（简称《立法法》）新增第十三条止，全国人大常务委员会共作出 5 项授权决定，决定内容均为调整部分法律规范在一定区域内适用，避免产生改革事项内容与既有法律规范冲突的问题。2015 年《立法法》修改新增第十三条，第十三条增设在全国人大及其常务委员会的立法权限、专属立法权以及授权立法等内容之后。《〈中华人民共和国立法法〉释义》[①] 对第十三条制定背景的描述为："根据十八届四中全会的要求，总结近年来的实践，2015 年《立法法》修改增加本条规定。"该条文主要是解决地方改革突破法律既定框架的问题，满足改革在法治框架之下进行的政策要求。自 2015 年《立法法》修改新增第十三条后，全国人大常务委员会共作出 26 项授权暂停法律实施决定，这些决定内容突破了行政管理领域，涉及司法改革、国家机构设置等领域。随着改革范围的不断扩大，关于授权暂停法律实施的法律性质、合宪性与合法性等相关内容成为学界关注的焦点[②]，尤以国家监察体制改革决定的作出为高潮。

本书在选择研究对象时，主要是以授权暂停法律实施决定的作出依据以及解决的核心问题为标准，探究 2012 年至 2020 年 26 项涉及调整或者停止部分法律实施的授权决定与全国人大常务委员会作出的其他授权决定在作出背景、依据、内容、目的等方面的区别，最终将研究对象限定为此 26 项授权暂停法律实施决定。

二、研究主题

本书通过研究全国人大授权暂停法律实施的制度的基本含义、建立的历史进程、理论逻辑、实践运行和域外可借鉴经验，探究其制度的实施成果和现存问题，对完善制度提出建议。

---

① 全国人大常务委员会法制工作委员会国家法室：《〈中华人民共和国立法法〉释义》，中国民主法制出版社，2015 年版，第 221 页。

② 曹舒：《人大授权暂停法律实施的合宪性检讨与控制》，载于《苏州大学学报》，2018 年第 1 期，第 66 页。

本书分为五个部分：授权暂停法律实施制度概述、授权暂停法律实施制度的理论逻辑、授权暂停法律实施制度的实践考察、域外相关法律制度比较研究、完善授权暂停法律实施制度的建议。

本书的研究意义体现在以下三个方面：

第一，明确授权暂停法律实施制度的概念及其法律性质、基本原则、价值体现。目前可通过《立法法》第十三条和《〈中华人民共和国立法法〉释义》对授权暂停法律实施概念进行理解，但有关“作出主体的权责边界”“授权决定的具体内容”“授权事项的具体范围”等方面的问题尚无明确的解释和规定，因此本书尝试通过结合已有的理论研究和实践经验，阐明授权暂停法律实施的概念。再者，授权暂停法律适用的法律性质尚不明确，由于法律性质存在理论上的争论，极易造成国家机关、社会组织、公民在执法、司法适用、守法、法律监督过程中对制度认知的偏差（例如有观点将授权暂停法律实施视为法律修改），影响授权暂停法律实施制度的效能释放。

第二，丰富和完善授权暂停法律实施制度相关理论。授权暂停法律实施制度是一项新的制度，本书通过理论阐述和实证分析，探讨这项制度的理论构建，尤其是与授权立法、变通立法等全国人大立法权行使形式的关系，从多层次多角度展开研究，促进授权暂停法律实施制度理论的丰富和完善。本书紧扣当前我国全面深化改革和依法治国相结合的时代背景，有助于授权暂停法律实施制度理论的丰富和深化。

授权暂停法律实施制度的理论研究需要充分考察制度建立的背景、改革理论与法治理论在新时代背景下存在融合和渗透的趋势，因此研究授权暂停法律实施制度的理论应该运用发展变化的思维。新制度的产生虽然是社会实践发展的结果，但制度要走向成熟必须通过对实践的科学分析，从而归纳总结背后的客观规律，在现有理论基础上形成支持此制度的最适宜的理论。

授权暂停法律实施实践体现出浓厚的法律实施特点。笔者认为授权暂停法律实施决定是由全国人大及其常务委员会作出的对已有法律在一定区域内的实施效力状态的暂停，通过直接规定“实施方案”或者授权其他国家机关制定“实施方案”代替暂停的法律发挥效力。此项制度中全国人大及其常务委员会行使的权力并不是核心内容，决定作出后的后续实施效果才是制度建立的目的。因此授权暂停法律实施制度并非单纯的立法制度，它更适宜被定义为一项法律实施制度。

第三，促进授权暂停法律实施制度体系的构建。目前，授权暂停法律实施制度体系尚未构建，制度方面存在较大的完善空间。授权暂停法律实施制度仅有《立法法》第十三条予以规范，缺乏较为完备的实体和程序规范。制度的实施只能依靠《立法法》。本书结合授权暂停法律实施制度概述、理论逻辑、实践情况、国外经验借鉴，深入探讨授权暂停法律实施制度的实体和程序制度问题，对促进授权暂停法律实施制度的完善提出建议，促进制度体系的构建。

三、研究现状

（一）文献综述

自2015年《立法法》新增第十三条后，全国人大常务委员会频繁作出授权暂停法律实施的法律决定，对授权暂停法律实施制度的研究已经成为学术界的重点，但由于此制度在具体实施方面还有诸多空白，因此对其研究多停留在定性角度，在制度构建方面尚存研究空间。

1. 文献的获取

本书的参考文献主要是中文文献，笔者通过搜索中国知网（CNKI）数据库，通过篇名、关键词、主题输入“暂时调整或者停止法律适用”“《立法法》第十三条”“全国人大授权暂停法律实施”等词，共搜索相关文献92篇。其中对全国人大调整或者停止法律实施制度进行专门性研究的文章较少，基本围绕上海自贸区设立、《立法法》第十三条修改、国家监察体制改革这三点进行研究，其他文献仅就具体授权决定事项进行分析，辅以对授权暂停法律实施制度的合宪性、法律性质、功能等内容的论述。

除了对本书研究对象进行文献筛选外，笔者还以改革、法治、全面深化改革、改革方法论、法律实施为核心词汇进行了文献检索。其中以“改革与法治关系”为关键词的文献有180篇左右，研究内容包括法治思维与法治方式、政治体制改革、依法治国、第十八届四中全会、改革与法治关系的良性互动、改革开放、法的制定、根本法、治理能力现代化、国家治理体系、社会主义法治国家、全国人大、司法机关、执政党等。以“全面深化改革与改革方法论”为主题，共检索文献128篇，其研究内容包括方法论、辩证唯物主义的基本内容、全面深化改革的内容、顶层设计、经济体制改革、中国特色社会主义、改革开放、国家治理体系、治理能力现代化、辩证统一关系等。以“全面深化改革与改革方法论”为关键词的文章只有6篇，均以改革方法论为研究重点。以“法律实施”和“全面深化改革”为关键词的文章有9篇，主要内容包括依法治国、法治建设、法治思维、最高人民法院、法治政府、法治中国、顶层设计、第十八届四中全会、司法公正、社会主义法治国家、法制宣传教育、法治保障、法治方法、重大行政决策、第十八届三中全会、行政机关等。以“法律实施”和“全面深化改革”为研究主题的文章有18篇，主要包括法治思维、法治方式、全面依法治国、习近平思想等。

笔者专门搜索以“法律实施”为主题的文章，共有226篇，其中2014年研究成果最多。以“法律实施”为主题的文章还包括对执法检查、司法机关、全国人大常务委员会、行政机关、法律适用、法律监督、法律实施机制、有效实施的研究。

以上文献均包括外文文献。由于授权暂停法律实施制度是我国特有的立法权行使制度，因此相关外文文献较少，笔者通过Web of Science中的数据库，在主题中输入experimental legislation、local legislation test、sunset laws等词，采取多种方式组合检索，共搜索出高匹配度文献45篇。外文文献主要包括几个典型国家的立法试验制度、暂停法律实施制度、日落法制度。关于改革与发展关系、全面深化改革与依法治国、改革方法论相关的外文文献参考价值相对较小。

关于法律实施的外文文献可参考的有“行政法及地方法制”类论文157篇、“法理学”论文6篇，其内容主要是对法律实施的基本理论的论述。

2. 文献分布时间分析

此处主要分析授权暂停法律实施制度的国内文献情况。研究参考文献分布时间特点的目的在于充分了解此项研究的起始时间和研究进度。以全国人大常务委员会首次授权暂停法律实施决定的作出时间为起点，此项制度形成于2015年《立法法》新增第十三条，因此可见2012年之前的文献并没有对此项制度有明确的论述。2013年的文献主要是对上海自贸试验区内的调整或者停止法律适用的研究，研究范围较小。而2014年围绕授权决定的研究主要是针对全国人大常务委员会授权的权力性质，文献较少且较分散。针对授权暂停法律制度的研究主要从2015年开始，从2016年起研究数量不断增加，2017年研究成果最为突出，主要涉及对授权主体的权力性质、制度的合宪性等问题，侧重于“定性”。2018年针对此项制度的研究数量回落，文献仍然停留在对制度核心概念的阐述和制度合宪性的分析层面。2019年的文献更多地针对此制度提出了操作层面的完善建议。从目前的研究成果数量及具体文献数量的时间分布看，授权暂停法律实施制度的研究仍然处于初级阶段。

关于“改革与发展关系”的研究自1996年开始，截至2020年总体文献数量不多，其中2015年研究数量最多。对以改革与发展良性互动、改革开放、依法治国、法治思维、法治方式、治理能力现代化、社会主义法治国家、第十八届四中全会、国家治理体系等为主题的论文发布情况进行分析，2015年仍然是相关文献数量最多的年份，其中“国家治理体系现代化”成为近年来解决“改革与发展关系”问题的重点。关于改革方法论的研究主要从2006年开始，2013年后逐渐增多。法律实施的研究则始于1987年，其中2014年研究成果最多，但之后有所回落。现有研究更多地针对法治实施、宪法实施。2019年第十九届四中全会召开之后，“加强法律实施的监督”重新成为关注的热点。

（二）国内研究综述

对授权暂停法律实施制度的研究主要开始于2015年《立法法》新增第十三条后，但此项制度中涉及的实践考察则应该从2012年对广东省行政审批改革试点授权开始。因此对文献综述的梳理不宜以2015年为节点。学者对授权暂停法律实施制度的相关研究也呈现零散的特点，主要集中在上海自贸区建立、2015年《立法法》增设第十三条、国家监察体制改革等方面。

1. 上海自贸区建立涉及的授权暂停法律实施制度相关问题研究

虽然授权暂停法律实施的首次授权是关于广东省行政审批制度改革的内容，但学界针对2013年上海自贸区进行的讨论更为热烈。学者分析了授权上海自贸区内暂停法律实施的决定，焦点集中在对授权决定本身的质疑和反思上——判定授权决定缺乏法律规范依据，授权主体无权限暂时调整或停止法律适用。如刘沛佩提出了“全国人大常务委员会授权调整或者停止法律适用，在法律没有明确规定的情况下，未体现为国家意志，未免有僭越法治的人治之嫌”[①]。随着2015年《立法法》新增第十三条，关于授权暂停法律实施的法律依据问题得到了部分解决，但是关于全国人大立法权限的《宪法》依据的争论仍然不断。李猛认为“对全国人大常务委员会授权国务院在自贸区内的调整和停止法律适用的合宪性依据不宜认定为《宪法》第89条第18款，一旦《宪法》明确将部分法律制定权过度让予国务院，无疑将使得人民的部分基本权利旁落他方，切不可采用对《宪法》兜底性条款的过度推理解释而任意实现”[②]，同时他认为自贸区内暂停法律实施存在全国人大常务委员会无权将全国人大制定的法律在未经授权情形下向第三方授权的问题。他还通过运用“职权法定”“职权宪定”基本原则的论述证明全国人大常务委员会不具有将全国人大拥有的专属立法权限在未经授权的情况下授予第三方。傅蔚冈、蒋红珍认为上海自贸区内调整或者停止法律实施不仅在授权主体权限和被授权主体资格上存在缺失，而且权力行使模式——调整或者停止法律适用——也不存在合法的解释空间。

关于上海自贸区中涉及的授权暂停法律实施问题的研究可分为两个方面，一为对授权暂停法律实施的合法性、合宪性的质疑，二为对此授权行为性质的分析和对此制度的一种合宪性推定。傅蔚冈、蒋红珍认为“全国人大常务委员会能够决定某一法律条款在全国范围内停止实施，那么就有权力决定某一法律条款在自贸范围内停止实施”。蔡金荣认为授权国务院暂时调整法律实施实质上构成一种特殊的法律修改。他同时认为对授权暂停法律实施制度的解释应该坚持合宪性解释原则。

2.《立法法》第十三条的相关研究

彭浩将《立法法》第十三条表述为“授权地方改革试点决定”；[③] 庞

① 刘沛佩：《对自贸区法治创新的立法反思——以在自贸区内“暂时调整法律规定”为视角》，载于《浙江工商大学学报》，2015年第2期，第64页。

② 李猛：《中国自贸区授权立法问题研究》，载于《甘肃政法学院学报》，2017年第2期，第90页。

③ 彭浩：《授权地方改革试点决定的性质和功能探析》，载于《法制与社会发展》，2018年第1期，第17页。

凌将《立法法》第十三条的行为模式概括表述为“暂时停止、悬置”;[①] 钱宁峰则将《立法法》第十三条概括为“立法后中止实施”;[②] 黎娟将《立法法》第十三条简称为“暂停适用法律条文”，同时也将“暂停适用法律条文”列入“试验性立法”的大范畴内;[③] 王建学将《立法法》第十三条概括为“授权地方改革试点”;[④] 张盼盼对《立法法》第十三条的概括表述为“授权暂停法律适用”;[⑤] 刘志刚的概括表述为“暂时停止法律实施决定”;[⑥] 曹舒将第十三条概括为“授权暂停法律实施制度”;[⑦] 郑磊、王逸冉则将第十三条的规范要旨概括为“全国人大常务委员会试点授权”。[⑧] 笔者比较赞同曹舒对《立法法》第十三条内涵的概括。

除了对《立法法》第十三条内涵的概括外，学者们主要针对第十三条进行了如下研究：钱宁峰在研究中提出：(1) 立法中止实施是暂时调整，而不是停止；(2) 立法权中止和“一国两制”有关；(3) 全国人大常务委员会授权合法性亟待明晰，将《宪法》第 89 条作为授权的法律依据是不准确的；(4) 立法后中止是一种立法变通权。刘志刚也从正当性角度对授权暂停法律实施进行了分析。他的观点为：(1) 全国人大常务委员会作出授权决定的宪法依据不清；(2) 授权决定的法律依据不明确。他在文中指出：“《立法法》增加的第十三条固然为授权决定提供了法律依据，但是，该授权决定实际上等同于通过法律的形式对《宪法》第 62 条第 15 项和第

---

① 庞凌：《地方人大无权暂时停止、悬置地方性法规的适用》，载于《法学》，2017 年第 6 期，第 3 页。

② 钱宁峰：《立法后中止实施：授权立法模式的新常态》，载于《政治与法律》，2015 年第 7 期，第 55 页。

③ 黎娟：《“试验性立法”的理论建构与实证分析——以我国〈立法法〉第十三条为中心》，载于《政治与法律》，2017 年第 7 期，第 84 页。

④ 王建学：《授权地方改革试点决定应遵循比例原则》，载于《法学》，2017 年第 5 期，第 39 页。

⑤ 张盼盼：《授权暂停法律适用的正当性质疑》，载于《公民与法》，2016 年第 1 期，第 20 页。

⑥ 刘志刚：《暂时停止法律实施决定的正当性分析》，载于《苏州大学学报》，2015 年第 4 期，第 54 页。

⑦ 曹舒：《人大授权暂停法律实施的合宪性检讨与控制》，载于《苏州大学学报》，2018 年第 1 期，第 64 页。

⑧ 郑磊、王逸冉：《全国人大常务委员会“试点授权”要素论——基于〈立法法〉第十三条的规范性思考》，载于《浙江社会科学》，2017 年第 8 期，第 4 页。

67 条第 21 项做了解释，而立法和宪法解释在发力上是不相同。”[①] (3) 授权决定不可视为对相关法律的修改。刘志刚提出完善授权暂停法律实施决定的根本做法在于健全和完善宪法实施制度、宪法监督制度、健全宪法解释程序。张盼盼在研究中对《立法法》第十三条的正当性提出了质疑：(1) 授权主体权限无法律依据，(2) 授权事项突破法律保留原则规定，(3) 授权行为动摇法律确定性原则和平等性原则。她认为应当对制度进行实体和程序上的完善。庞凌则另辟蹊径，研究了地方人大是否能够仿照《立法法》第十三条的形式进行暂时停止、悬置地方性法规，质疑了第十三条用词上的模糊性，同时也质疑了全国人大授权权限范围内是否包含暂停适用、悬置。黎娟在研究中主要提出了以下观点：(1) 这种立法创新并未上升为一般立法理论并体现在具体的制度设计层面，(2) 暂停实施法律条文的立法创新化解了法治与改革之间的矛盾，(3) 暂停实施法律条文不违背法律确定性原则、不违背平等对待原则。[②] 郑磊、王逸冉认为全国人大试点授权于法有据，符合法律规定及其所蕴含的法律原理。郑磊等人从权限要素、时间要素、后果要素、空间要素对试点授权于法有据进行了分析，但并未对授权的《宪法》依据做进一步的研究，没有明确论述授权行为的法律性质，没有细致阐述全国人大和全国人大常务委员会的联动授权模式。

彭浩主要通过三段论的形式表达了自己的观点：首先，全国人大常务委员会是否有权修改授权决定中的法律规范；其次，调整或者停止行为是否属于法律修改；最后，如果符合前两项，那么就可以推论全国人大常务委员会可以授权。第一点无异议，第二点才是关键。通过论述，他认为《立法法》第十三条既不是授权立法也不是变通立法，而是一种法律修改的实验模式。曹舒对授权暂停法律实施的研究主要从合宪性角度进行：(1) 授权暂停法律实施不属于法律修改；(2) 授权暂停法律实施不属于授权立法；(3) 授权暂停法律实施属于独立的立法权行使形式；(4) 全国人大授权暂停法律实施在《宪法》和《立法法》形式上考察后可认定为其合

---

① 刘志刚：《暂时停止法律实施决定的正当性分析》，载于《苏州大学学报》，2015 年第 4 期，第 59 页。

② 黎娟：《“试验性立法”的理论建构与实证分析——以我国〈立法法〉第十三条为中心》，载于《政治与法律》，2017 年第 7 期，第 85 页。

宪，但背后的逻辑链条很脆弱；（5）加强对《立法法》第十三条的法律解释，完善“授权暂停法律实施的配套制度”。①

3. 国家监察体制改革相关研究

若干学者就国家监察体制改革的意义、任务、《宪法》法治依据、《宪法》与法律修改以及监察权性质等问题进行了探讨。在围绕《立法法》第十三条授权决定的研究中，部分学者以授权国家监察体制改革为背景进行了论述。童之伟对监察体制改革试点的研究成果为：（1）改革试点预备阶段应当获得最高国家权力机关的授权；（2）改革试点实施阶段坚持“合宪合法理解”，可以从学理上扫除妨害试点的障碍；（3）改革全面推开阶段需要通过制定明确的法律和宪法规范提供制度依据；（4）监察体制改革试点和人民陪审员制度试点以及公益诉讼试点等不同，前者涉及《宪法》体制的修改，因此全国人大常务委员会不可对重大政治改革作出授权；（5）若《宪法》解释无法为监察体制改革提供有力的《宪法》依据，只能修改《宪法》。② 韩大元在论述监察体制改革的依据时提出，全国人大常务委员会作出的监察体制改革的决定不属于授权，因为《宪法》文本不存在设立监察委的条款，全国人大职权不具有行使《宪法》保留事项的权力，全国人大常务委员会职权无法推导其具有调整国家《宪法》体制的问题。全国人大常务委员会不是最高国家权力机关，只是常设机构，不适合以授权或者决定等方式对监委会改革作出决定。宪法正当性高于合法性，是否正当不仅要看程序的合法性，还要看是否符合《宪法》精神与原则。③ 王建学在研究中主张：（1）改革和依法治国相结合，即地方改革试点的授权决定的合理性的关键在于遵守比例原则；（2）针对重要性程度高的试点，具体标准应该坚持以更明确的期限限定、更高强度的报告义务、更小的试点地域范围和更合理的试点地域分布。④ 杨建顺在国家监察体制

---

① 曹舒：《人大授权暂停法律实施的合宪性检讨与控制》，载于《苏州大学学报》，2018 年第 1 期，第 71 页。

② 童之伟：《将监察体制改革全程纳入法制轨道之方略》，载于《法学》，2016 年第 12 期，第 6 页。

③ 韩大元：《论国家监察体制改革中的若干宪法问题》，载于《法学评论》，2017 年第 3 期，第 15 页。

④ 王建学：《授权地方改革试点决定应遵循比例原则》，载于《法学》，2017 年第 5 期，第 49 页。

改革研究中针对全国人大常务委员会相关决定提出了如下观点：《宪法》中全国人大常务委员会职权条款难成改革依据。[①] 胡锦光认为国家监察体制改革试点授权的《宪法》依据选择，依次是全国人大直接授权、全国人大事先授权全国人大常务委员会作出改革试点授权决定、全国人大事后追认全国人大常务委员会的改革试点授权决定、全国人大常务委员会作出改革试点授权决定。[②] 胡锦光还认为全国人大常务委员会对全国人大制定的法律进行调整或者停止缺乏《宪法》依据。叶海波的研究观点自成一派，他认为暂停法律实施其实就是法律的实质性修改，改革试点工作的实质是实施法律。[③] 沈岿在《论宪制改革试验的授权主体》一文中将监察体制改革试点概括为宪制改革试验。[④] 沈岿在论述中使用了《宪法》变迁理论为其“宪制改革试验”提供了一个理论基础。沈岿否认全国人大常务委员会可以进行宪制改革的授权试点，同时认为全国人大常务委员会授权进行宪制改革试验是有限制条件的。钱宁峰认为国家监察体制改革决定不能将《立法法》第十三条作为其法律依据，它不是授权决定，而应该是一种改革决定。朱军在《论全国人大授权制度的法理基础与实践完善——以监察体制改革试点决定为例》一文中主要从授权暂停法律实施制度的理论基础、制度依据、授权主体权力分工、对象确定、授权事项确定等方面进行分析，认为：（1）授权主体难以清晰界定，（2）确定被授权国家机关的法律依据不足，（3）缺少统一的授权事项及其重要性程度的分类标准，（4）授权立法以外的授权行为缺少后续的评价机制。并针对问题对授权试点制度的合理走向提出了建议。[⑤]

4. 改革方法论的相关研究

国内学者的研究重点集中于“邓小平改革方法论”“习近平深化改革

---

① 杨建顺：《国家监察体制改革十大课题》，载于《中国法律评论》，2017 年第 6 期，第 61 页。

② 胡锦光：《论国家监察体制改革的宪法问题》，载于《江汉大学学报》（社会科学版），2017 年第 5 期，第 7 页。

③ 叶海波：《国家监察体制改革试点的法治路径》，载于《四川师范大学学报》（社会科学版），2017 年第 3 期，第 22 页。

④ 沈岿：《论宪制改革试验的授权主体——以监察体制改革试点为分析样本》，载于《当代法学》，2017 年第 4 期，第 3 页。

⑤ 朱军：《论全国人大授权制度的法理基础与实践完善——以监察体制改革试点决定为例》，载于《内蒙古社会科学》（汉文版），2018 年第 2 期，第 97～98 页。

方法论”这两个主题。

（1）邓小平改革方法论的研究

相关研究有周振国等著的《邓小平改革方法论》，袁贵仁等的《邓小平思想方法论导论》，鲍宗豪、宫进才的《邓小平方法论》，邓光荣的《邓小平哲学思想一马克思主义哲学在中国发展的新阶段》，李长福的《邓小平哲学思想史》等。除此以外，许多论文就改革开放40余年来的改革方法进行专章研究。其中包括邓小平改革方法论内容的研究，通过研究毛泽东思想和陈云思想中的改革内容与邓小平改革方法论的关系，研究邓小平改革方法在某一个领域的具体运用。对邓小平的改革方法论的研究较为零散，没有系统的针对改革方法论的论述，主要是出现在邓小平的相关方法论思想研究中。

（2）全面深化改革后的习近平改革方法论的研究

中共中央第十八届三中全会之后，改革方法论的研究主要演变为对全面深化改革方法论的研究。内容包括对全面深化改革方法论的初步探索。具体观点包括：坚持正确方法论的重要性的研究，改革方法论的方法论原则。习近平全面深化改革的最大方法论是一切从中国具体实际出发。习近平改革方法论包括元方法、总方法、子方法。杜飞进研究了改革方法论中改革方向的问题，认为坚持科学社会主义基本原则、坚持紧紧依靠人民推动改革，是全面深化改革最根本的方法论。① 吴东华认为改革的根本方向是中国特色社会主义道路，应在根本方向指引下完善和发展中国特色社会主义制度的鲜明指向。②

针对具体的改革方法论中的改革路径、原则、检验标准等方面，陈曙光认为摸着石头过河是在顶层设计的指引下进行的，否则就会碎片化。③ 田心铭认为改革应当遵循各项改革相互促进、良性互动、协同配合。唐任伍认为全面深化改革要遵循“胆子大、步子稳”。

---

① 杜飞进：《深刻把握全面深化改革的辩证法 习近平关于全面深化改革的方法论思想》，载于《人民论坛》，2013年第36期，第33页。

② 吴东华：《中国不论怎么改革都必须坚持社会主义方向》，载于《红旗文稿》，2014年第16期，第21页。

③ 陈曙光：《全面深化改革的若干方法论误区辩证》，载于《光明日报》，2015年11月25日第13版。

5. 法律实施的相关研究

对法律实施的研究主要集中于20世纪90年代。法理学相关专家就法律实施进行了研究，但由于我国的法学研究更多的是关注法律规范自身，因此对法律实施的研究并没有突出成果。2007年马怀德的《法律的实施与保障》是我国首部研究法律的实施与保障的专著。书中主要分析了法律实施困难的原因，并就保障法律实施提出了具体的建议。2010年胡建淼的《法律适用学》专门就法律的适用进行了研究，但这种表述仍然没有准确地表达法律实施的含义。对法律实施的研究近几年逐渐成为重点，尤其在中国特色社会主义法律体系基本建成之后，依法治国的重点不再仅仅是有法可依，而是转向有法必依、执法必严、违法必究，其本质就是保障法律实施。学界对法律实施的研究更多地集中在对具体的法律实施的执法、守法、司法、法律监督上，从整体上进行研究的成果较少。可以参考的包括肖强的《法律实施学刍议》、刘鹏的《法律实施的基本范畴论纲》。刘鹏认为法律是否实施、能否有效果地实施、能否有效率地实施，是衡量法治建设水平和国家治理能力现代化的重要依据。肖强主要就法律实施学研究的内容进行了梳理和构建。近几年可供参考的文献更多地集中于对法律实施的具体内容的研究，或者结合具体法律规范的实施的研究。

但近几年的法律实施研究逐渐突破了旧有的思路。2019年张义清在《我国法律实施条款设定的理性选择》中提出了法律实施条款的概念，将实施办法等一系列文件列入了法律实施条款的范畴，并探讨了其合宪性与合法性问题。法律实施理论的研究思路逐渐从具体构成内容转向为系统构建法律实施学方向。

法律实施的研究现状体现为理论研究的僵化，只重视对法律实施具体方式的研究，缺乏对法律实施在新时代社会主义法治体系建设中地位的研究，没有理顺其与实现依法治国的关系，也没有就法律实施在新时代下的含义进行分析。

（三）国外研究综述

由于授权暂停法律实施制度属于中国在全面深化改革过程中结合改革方法论和依法治国基本方略形成的特殊制度，国外就此项制度的具体研究不多，更多的是就本国改革中形成的试验性、经验性立法或者法律实施实践进行研究，如法国地方试验、美国日落法条款适用、欧盟立法试验制度。其他研究更多的是针对中国改革性质、中国改革方法论。笔者在搜索文献过程中除了检索改革相关的论文及著作外，还分析了法律实施的研究成果。

对中国改革性质的研究主要有两种不同的方向，即“改革是马克思主义性质的延伸”和“改革是非马克思主义的延伸”。代表学者包括帕特里克·特累、托尼·安德烈阿尼、詹姆斯·彼得拉斯、马丁哈特、保罗·伯克特。两种不同的观点都主要集中于对中国改革性质的外部分析，均没有从中国的改革实际出发，研究过于肤浅。

除了对中国改革性质的研究之外，还有部分学者专注于中国改革方法论的研究。笔者认为对改革方法论的研究成果很具有启发性，但多是对原则和指导理念的探索，在结合实际方面稍显不足，因此在借鉴时需要结合中国的改革实践进行反思。其中比较有代表性的观点包括：“渐进主义与中国有关。”“中国改革并非开始于领导人的宏伟计划，而是开始于领导人确认和推广根据一些地方领导人的倡议所进行的试验。”① “中国改革的自由性和彻底性程度大概在世界史上也是少见的。”② 还有印度学者认为“中国在不偏离社会主义方向的前提下，在实践层面奉行务实变通，在理论层面实行兼收并蓄、继承发展，从而形成了一整套紧密结合国情的发展方略”③。

由于法律实施理论内容的庞大，在搜集国外文献的过程中，笔者也对法律实施含义进行限缩，集中于执法、司法、守法、法律监督以及法律实施效果评估几个方面。由于本书的研究包含几个关键词，即“试点”“改革”“授权”“区域”“地方”，笔者在文献搜集过程中着重结合以上内容进行了筛选，就法国地方试验制度、美国日落法条款适用制度、欧盟立法试验制度进行了深入研究。以上三项制度实践均体现了保障法律实施的特点。

---

① ［美］约翰逊、齐磊：《俄罗斯应当采用中国的经济改革模式吗？（上）》，载于《现代外国哲学社会科学文摘》，1994 年第 10 期，第 37 页。

② ［俄］A. 伊拉里奥诺夫、一丁：《中国经济“奇迹”的奥秘》，载于《国外社会科学》，1999 年第 5 期，第 28 页。

③ 邹声文、张景勇、崔清新：《经典中国，辉煌 30 年：伟大旗帜指引伟大道路》，载于人民网，2008 年 9 月 28 日，http://finance.people.com.cn/GB/8118830.html。

四、研究结构

本书概括描述了授权暂停法律实施，系统梳理了授权暂停法律实施制度的理论逻辑，通过对制度在实践中的实施情况的考察以及域外相关法律制度的比较，提出制度存在的问题，最后就完善制度提出具体的建议。

本节的内容具体包括以下四个方面：

其一，明确授权暂停法律实施制度“是什么”的问题。要解决这个问题，需要首先分析授权暂停法律实施的含义、制度建立的历史过程。在阐述了制度的含义和建立过程的问题之后，需要分析授权暂停法律实施制度的理论逻辑，从根本上回答制度“是什么”的问题。笔者通过对“旧”改革方法论的反思，就新时代改革方法论对制度产生的功效进行阐述，结合依法治国的法治本质，将授权暂停法律实施制度的理论落脚于法律实施理论，并就法律实施理论的内容进行分析阐述。

其二，考察授权暂停法律实施制度的实施情况。这个部分主要佐证前文笔者就制度的含义和制度的理论逻辑，同时也为后文就制度存在的缺陷和问题提出具体完善的方向和路径。实践考察部分以授权暂停法律实施决定的作出和实施两个步骤进行。

其三，对域外相关法律制度进行比较研究。分别选取单一制国家、联邦制国家、邦联制组织三个对象进行比较研究。法国地方试验制度、美国日落条款适用制度、欧盟试验立法制度都是在特定的改革发展时期作出的制度创新，都是立法机关参与的带有试验性质的制度探索。笔者认为这三种制度与我国授权暂停法律实施制度都是为了保障和实现本“国”法律在特殊的改革背景下能够合法合宪地进行制度创新。历史背景的分析、制度的实施效果、制度的实体和程序设计是此部分比较研究的重要内容。

其四，为完善授权暂停法律实施制度提出具体的建议。笔者归纳了具体完善授权暂停法律实施制度的内容，包括完善授权暂停法律实施制度的授权规则、完善授权暂停法律实施决定的实施机制、完善授权暂停法律实施制度的程序规则。

五、主要观点及创新点

本书的主要观点即授权暂停法律实施制度是全国人大在处理全面深化改革与依法治国过程中，为全面保障法律实施和《宪法》实施过程中探索出的解决改革突破法律问题的法律制度。此项制度包括全国人大及其常务委员会授权暂停法律实施决定的作出和授权暂停法律实施决定的实施两个部分，其中授权暂停法律实施决定的实施应当属于本制度的核心内容。此项制度符合我国《宪法》第五条提出的法制统一性原则，在法律实施上发挥了充分保障法制统一性的功效。此项制度的理论逻辑是以新时代改革方法论为起点，以法律实施理论为落脚点，因此授权暂停法律实施制度属于一种特殊的法律实施制度。

本书的创新点主要体现在对授权暂停法律实施制度的定性及对其理论逻辑的分析上，为授权暂停法律实施制度的完善提供了更为明确的理论基础和一个较为清晰的方向。

第一章　授权暂停法律实施制度概述

2014年2月，习近平同志在中共中央全面深化改革领导小组第二次会议上明确提出了“重大改革于法有据”的重要要求。2014年10月中共中央第十八届四中全会通过的《中共中央关于全面推进依法治国若干重大问题的决定》对“依法治国”做出了全面部署，该决定强调将全面深化改革与依法治国相结合的要求。中共中央第十九次全国代表大会则进一步要求全面深化依法治国的改革实践。中国共产党对中国社会发展的重要决策以及中共中央历次重要会议精神，为授权暂停法律实施制度的形成和发展确立了基本原则和总体目标，为授权暂停法律实施制度的建立和完善提供了重要指导。

第一节　授权暂停法律实施的含义

一、授权暂停法律实施的概念

2015年《立法法》修正案新增第十三条，其内容为“全国人民代表大会及其常务委员会可以根据改革发展的需要，决定就行政管理等领域的特定事项授权在一定期限内在部分地方暂时调整或者停止适用法律的部分规定”。本节首先对授权暂停法律实施的概念进行阐述，并对《立法法》第十三条的内容展开论述。

第一，依据《立法法》第十三条规定，该项制度的授权主体为全国人大及其常务委员会，全国人大常务委员会是最高国家权力机关全国人民代表大会的常设机构，行使国家立法权。依据《宪法》第六十七条第二款和第三款内容规定，全国人大常务委员会的职权包括制定和修改应当由全国人民代表大会制定的法律以外的其他法律。在全国人民代表大会闭会期间，对全国人民代表大会制定的法律进行部分补充和修改，但不得同该法律的基本原则相抵触。全国人大常务委员会作为全国人大的常设机构在地位上与全国人大是从属关系。根据《立法法》第十三条的表述，授权暂停法律实施制度的实施主体包括全国人民代表大会及其常务委员会，在规范表述上未对不同主体的权限作具体区分。

第二，依据《立法法》第十三条规定，此项制度实施的前提为“根据改革发展的需要”。对“改革发展需要”的理解，应当以目前全面深化改革发展具体战略要求，尤以中共中央第十八届三中全会至今党对全面深化改革的战略要求为依据。纵观我国改革开放 40 多年来的发展战略，核心在于明确改革与法治之间的关系。改革开放初期，以邓小平为代表的中央领导集体将改革发展指导思想确定为“两手抓，两手都要硬”“一手抓建设，一手抓法制”①，具体的战略方针可以概括为“改革优先、法制附随”。法治建设主要是用法律手段巩固改革成果。这个时期以改革形式突破法律规定的情形司空见惯，法律的权威性常常受到改革的挑战②，但基于中国社会转型的实际需要，社会经济结构、文化形态、价值观念均发生了变革，而变革所需制定、修改、废止的法律规范数量庞大，为了从根本上解决改革的合法性难题，中共中央第十八届三中全会作出了全面深化改革的决定，中共中央第十八届四中全会针对深化改革提出了全面推进法治中国建设的决定。至此，改革与法治的关系在中国发生了变化。改革发展的战略方针变成了“法治优先、改革在后”。一方面，全面深化改革意味着改革任务量大；另一方面，全面深化改革意味着现有法律秩序可能会出现较大的变动。如果法律秩序的变动是毫无合法、合宪基础的，则可能会导致社会秩序的颠覆。执政党的具体指导方针和学者对法治优先的选择，正是基于辩证逻辑之上的折中选择，而这个选择的前提条件即社会转型时期的时代特征。改革和法治是辩证统一的一对矛盾体，法治与改革之间天生的对立是不可消除的，目前的选择也是基于社会转型对改革与法治之间

① 邓小平：《邓小平文选》（第 3 卷），人民出版社，1993 年版，第 379 页。

② 陈金钊：《重新界定法治与改革关系的意义》，载于《江西社会科学》，2016 年第 1 期，第 135 页。

关系的一个阶段性选择。因此对《立法法》第十三条“根据改革发展需要”的理解应当有两个条件：其一，改革必须是体现社会转型的现实迫切要求的重大改革；其二，改革存在突破现行法律①的情形。

第三，《立法法》第十三条对授权暂停法律实施的具体做法是由最高国家权力机关授权的形式。截至 2020 年 2 月，全国人大及其常务委员会作出的授权暂停法律实施决定共 26 项，每项均以“决定”的形式作出。《人大机关公文处理办法》第六条规定：“人大机关的公文种类主要有：公告，决议，决定，法规、条例、规则、实施办法，议案，建议、批评和意见，请示，批复，报告，通知，通报，函，意见，会议纪要等。决议：适用于经会议审议或者讨论通过的重要事项。决定：适用于对重要事项作出的决策和安排。”② “决议通常是作为权力机关的规范性文件，表达权力机关的意志，表示重大事项，而决定通常是指职权范围内具体事项的安排。”③ 因此《立法法》第十三条的表述应该理解为全国人大及其常务委员会将职权范围内的部分事项授权给其他部门，否则不能采用“决定”的形式。

第四，《立法法》第十三条行文中的“授权在一定期限内在部分地方暂时调整或者暂时停止适用法律的部分规定的实施”的理解。

1. 全国人大及其常务委员会是否有此职权的判断

此处首先需要阐明的是在一定时空范围内暂停法律的部分规定的实施是否属于全国人大及其常务委员会的职权内事项。《宪法》第六十二条规定了全国人大的 16 项职权，第六十七条规定了全国人大常务委员会的 22 项职权。《宪法》文本并不能直接体现全国人大及其常务委员会拥有在一定时空范围内暂停法律的部分规定的实施的职权。按照合宪性解释，需要解决两个问题：第一，全国人大拥有在一定时空范围内暂停法律部分规定的实施的职权；第二，全国人大采用明示或者默示的方式将这项职权授予全国人大常务委员会。如果能够将这两项内容进行合宪性解释，那么就能

---

① 此处的法律限定为全国人大及其常务委员会制定的法律，为狭义上的法律。

② 《人大机关公文处理办法》，全国人大常务委员会办公厅常办秘字〔2000〕197 号，2000 年 1 月 15 日发布。

③ 韩大元：《论国家监察体制改革中的若干宪法问题》，载于《社会科学文摘》，2017 年第 8 期，第 13 页。

解决包括全国人大及其常务委员会是否拥有此项职权的难题。

首先需要明确最高国家权力机关的内涵和性质。《宪法》第二条规定："人民行使国家权力的机关是全国人民代表大会和地方各级人民代表大会。"①《宪法》第五十七条规定："中华人民共和国全国人民代表大会是最高国家权力机关，它的常设机构是全国人民代表大会常务委员会。"②根据以上两条内容，可以推出人民行使最高国家权力的机关就是最高国家权力机关。这里的"权力机关"是一种特指，专指各级人民代表大会，其他国家机关均不是权力机关。《宪法》第六十二条第十六款对全国人大及其常务委员会的职权进行了兜底规定，具体内容为："应当由最高国家权力机关行使的其他职权。"③ 由于制定和修改基本法律属于全国人大的核心权力，且这项权力来源于人民，因此全国人大可以制定修改在全国范围内产生效力的法律，那它自然有权决定这些法律在部分时空范围内的调整或者停止，这是人民主权原则的核心体现。有学者质疑这种推论，并提出如果确认最高国家权力机关随意暂停法律在部分地区的实施的职权，会导致对法律确定性和法律平等适用原则的挑战。笔者认为这种论断过于武断，割裂了法治与现实的紧密联系，将法治的发展孤立化，后文将对此进行论述。全国人大是否能暂停法律的部分规定在一定时空范围内的实施，按照合宪性解释应该可以将它纳入《宪法》第六十二条兜底条款范围，认为它属于"应当由最高国家权力机关行使的其他职权"。

阐述了全国人大在一定时空范围内暂停法律的部分规定的实施的合宪性问题后，则需要明确全国人大常务委员会是否接受了全国人大明示或者默示授权。

《宪法》第六十七条对全国人大常务委员会职权的规定包括"制定和修改除应当由全国人民代表大会制定的法律之外的其他法律；在全国人民代表大会闭会期间，对全国人民代表大会制定的法律进行部分补充和修改，但是不得同该法律的基本原则相抵触；解释法律"④。以上为全国人大常务委员会的职权中关于立法权的明确表述，可以发现其中并没有直接

---

① 《中华人民共和国宪法》（2018 年修正）第二条。

② 《中华人民共和国宪法》（2018 年修正）第五十七条。

③ 《中华人民共和国宪法》（2018 年修正）第六十二条。

④ 《中华人民共和国宪法》（2018 年修正）第六十七条。

的关于暂停法律实施的规定。但《宪法》第六十七条第二十二款对职权的表述为“全国人民代表大会授予的其他职权”，能否将此条款作为此处的授权依据，关键因素在于明确其合宪性的重要连接点，即《立法法》作为宪法性法律天然的合宪性。有学者认为从宪法性法律的作用来看，宪法性法律是《宪法》部分内容的具体化，它们与其他法律一道共同承担着“实施《宪法》”的任务。[①]《立法法》作为实施《宪法》中关于国家权力运行的宪法性法律，应该认同其合宪性。《立法法》第十三条的内容是全国人民代表大会第三次会议审议通过的，代表了最高国家权力机关的意志，因此可以推论全国人大依据《立法法》第十三条授予全国人大常务委员会在一定时空范围内暂停法律部分规定的实施。关于全国人大及其常务委员会是否有权暂停法律部分规定实施的职权的理论依据，已经有学者作过详细论述，笔者比较赞同秦前红的观点。他运用了奥斯丁、凯尔森、哈特三者的理论来论述全国人大及其常务委员会授权的合宪性问题，同时得出一个结论：“根据哈特的承认规则理论，我们可以解读出宪法对全国人大‘兜底’授权的宪法原意，即在我国，全国人大是主权者的代表，国家、社会和公民承认全国人大的行为效力具有终极权威性和正当性。”[②]

2. “行政管理等领域的特定事项”的理解

根据前文所述，暂停法律部分规定的实施的前提是基于“改革发展的需要”。改革发展包括全面深化改革时期党关于改革发展的重大布局事项，包含社会、政治、经济、文化等方面的内容，任务范围广、数量庞大。然而，《立法法》第十三条将改革事项的范围限定在“行政管理等领域”。《〈中华人民共和国立法法〉释义》将行政管理定义为“国家行政机关对社会公共事务的管理，行政管理事项范围比较广泛，包括经济建设、文化教育、市政建设、社会秩序、公共卫生、环境保护等各个方面”[③]。制度表述中采用了“等领域”的说法，按照立法技术规范的规定，“其他……”

---

① 参见马岭：《宪法性法律的性质界定》，载于《法律科学》（西北政法学院学报），2005年第1期，第33页。

② 秦前红：《全国人大常务委员会授权于全国人大授权之关系探讨——以国家监察委员会为研究对象》，载于《中国法律评论》，2017年第2期，第27页。

③ 全国人大常务委员会法制工作委员会国家法室：《〈中华人民共和国立法法〉释义》，中国民主法制出版社，2015年版，第71页。

“等”属于概括立法技术[①]，“等领域”包含的内容应当与前述事项具有相同的性质、特征甚至内涵，但对这种“等领域”的解释也需要范围的限定。笔者认为“等领域”应当是制宪权涉及事项以外的领域，多数学者认为目前的授权决定事项已经超过了行政管理领域，从而产生了对授权事项理解的困惑。根据笔者对全国人大及其常务委员会享有的暂停法律实施职权的依据的理解，此项权力并非对法律的修改和补充，而是一种特殊的立法权行使形式，因此全国人大及其常务委员会授权暂停法律实施应当受到“制宪权”的限制。

3. 授权对象的理解

目前，学界对“授权暂停法律实施制度”的概括方式各不相同，对授权对象的理解也没有明确统一的表述。一方面，《立法法》第十三条在规则上对授权对象的描述很模糊；另一方面，《立法法》第十三条规定的授权行为的法律性质不明确，因此并不能简单地概括适用已有的授权立法理论。

笔者认为对授权对象的理解需要明确两个问题：一是授权在部分地方暂停法律部分条款的实施是将“立法权职能”授予地方还是其他国家机关；二是如若授权其他国家机关，哪些机关能够被授予此项职权。

关于第一个问题的分析如下：目前全国人大授权地方各级人大制定地方的法规的典型做法主要通过《立法法》相关条文进行规定。《立法法》第七十四条规定：“经济特区所在地的省、市的人民代表大会及其常务委员会根据全国人民代表大会的授权决定，制定法规在经济特区范围内实施。”[②]《立法法》第七十五条第二款规定：“自治条例和单行条例可以依照当地民族的特点，对法律和行政法规的规定作出变通规定，但不得违背法律或者行政法规的基本原则，不得对宪法和民族区域自治法的规定以及其他有关法律、行政法规专门就民族自治地方所作的规定作出变通规定。”[③] 以上两条均为目前全国人大明确授权地方各级人大对全国人大制定的法律进行变通执行，自行制定地方法律规范的具体情形。此两项授权的授权对象为地方各级人大，授权事项为自行制定法律规范，规范性质非

---

① 马东丽：《我国刑法中兜底条款研究》，武汉大学博士学位论文，2014 年。
② 《中华人民共和国立法法》(2015 年修正)。
③ 《中华人民共和国立法法》(2015 年修正)。

全国人大制定的法律，是低位阶的地方法律规范，规范效力为制定后经批准生效，而非效力悬置待定。与此不同，《立法法》第十三条属于该法的立法权限内容，此项授权暂停法律实施的决定的目的是要调整已有的法律效力，而非授权地方各级人大制定地方性质的法律规范。因此，由此可以判断此项授权决定并非授权地方各级人大，而是授权其他国家机关。彭浩①、王建学②将此项制度表述为"授权地方改革试点"，不论其文章具体论述如何，这种概括表述存在歧义，也没有准确地表达此项制度建立的目的。

对第二个问题则需要结合目前已有的26项授权决定以及传统授权立法的规范体系进行分析。

首先，通过分析26项授权决定，可见目前的授权对象包括国务院、中央军事委员会、最高人民法院、最高人民检察院。其次，传统的授权立法理论在规范层面主要包括如下内容：《宪法》第八十九条规定了国务院的职权包括根据《宪法》和法律制定行政措施，制定行政法规，发布决定和命令，以及全国人民代表大会及其常务委员会授予的其他职权。《立法法》第九条规定："本法第八条规定的事项尚未制定法律的，全国人民代表大会及其常务委员会有权作出决定，授权国务院可以根据实际需要，对其中的部分事项先制定行政法规，但是有关犯罪和刑罚、对公民政治权利的剥夺和限制人身自由的强制措施和处罚、司法制度等事项除外。"③《立法法》第六十五条规定："国务院根据宪法和法律，制定行政法规，行政法规可以就下列事项作出规定：（一）为执行法律的规定需要制定行政法规的事项；（二）《宪法》第八十九条规定的国务院行政管理职权的事项。应当由全国人民代表大会及其常务委员会制定的法律事项，国务院根据全国人民代表大会及其常务委员会授权决定先制定的行政法规，经过实践检验，制定法律的条件成熟时，应当及时提请全国人民代表大会及其常务委员会制定法律。"④ 以上各项内容共同组成我国授权立法制度的规范体系。

---

① 彭浩：《授权地方改革试点决定的性质和功能探析》，载于《法制与社会发展》，2018年第1期，第17页。

② 王建学：《授权地方改革试点决定应遵守比例原则》，载于《法学》，2017年第5期，第39页。

③ 《中华人民共和国立法法》（2015年修正）。

④ 《中华人民共和国立法法》（2015年修正）。

然而，除了行政机关以外的其他国家机关并没有被纳入授权立法的授权对象范围内。《宪法》对最高人民法院、最高人民检察院和中央军事委员会的职权规定中，采用了“对全国人民代表大会及其常务委员会负责”的表述，并没有采用《宪法》中对国务院的授权立法的表述方式。在授权立法理论方面，目前学界公认的观点即“全国人民代表大会及其常务委员会拥有职权立法权，拥有原生立法权，国务院行使的行政立法权是一种授权立法权”。我国授权立法采用了法律保留，对立法权的授出做了必要的限制。我国不承认对司法机关和其他国家机关授予立法权。

综上，通过对目前立法实践和立法理论的实际情况的分析，我国没有对除行政机关以外的其他国家机关授权的相关规范和理论基础。按照合宪性解释原则，采用授权立法理论回答授权机关的范围是不可行的，因此对授权暂停法律实施制度的理解应当区别于授权立法制度。全国人大并未授权其他国家机关进行法律规范的制定，而是授权其他机关实施授权决定内容，暂停实施决定中规定的部分法律。因此，此处不适合采用已有的授权立法理论进行解释。基于此，授权暂停法律实施的授权对象为与授权事项有直接关联的国家机关。

二、授权暂停法律实施与相关概念辨析

（一）授权暂停法律实施与“立改废释”

通过对授权暂停法律实施的概念的界定，可以明确授权暂停法律实施不属于创制立法规范的行为，不是法律创制，不是法律修改，不是法律废止，不是法律解释。它只是通过权力机关的授权，暂停生效法律的效力，由代替方案继续发挥调整原有法律关系的行为，且仅在一定区域内发挥暂时的法律效力。

就是指法律的创制。法律创制是指具有立法权的机关依照《宪法》和法律规定的权限和程序，制定规范性法律文件的活动。通常法律创制需要严格遵守《立法法》规定的法律制定程序，才能最终形成效力确定的法律规范。授权暂停法律实施并不是一个创制法律的行为，它是暂停已经生效的法律效力，通过决定内容形成代替方案，暂时在一定时空内发挥法律效力，并没有创制新的法律规范。

法律修改指有立法权的国家机关通过改变现行规范性法律文件的某些内容或形式，使其适应新的需要或呈现新的面貌的活动，其中包括全面修改和部分修改。法律修改意味着法律规范经过立法机关的修改程序，最终颁布生效，修改前的条款内容失去效力。授权暂停法律实施虽然最终可能会启动法律修改，但授权暂停法律实施行为的核心在于暂停法律效力，通过代替方案的实施获得经验后，再确定是否进行法律的修改或者创制。

法律废止是指享有立法权的国家机关依法定程序和方式宣布终止某种现行法律效力的活动。国家机关废止法律的方式有以下几种：(1) 颁布专门文件宣布终止某项法律或某些条款的效力；(2) 制定新的法律文件代替原有的法律文件，使原有法律文件自然失效，或者在新法律文件中载明终止旧法律文件的效力；(3) 在法律文件中载明该文件有效的条件，当这些条件消失时，该法律文件的效力自然终止。[①] 调整或者停止法律实施并不是终止现行法律效力的行为，它仅仅是在一定时空范围内调整或者停止法律效力。同时有学者认为调整或者停止法律适用甚至不能算作法律废止的试验模式，因为法律废止的试验需要调整或者停止适用整部法律。[②]

法律解释是指对法律和法规条文的含义所作的说明。依据解释是否具有法律效力分为正式解释和非正式解释，依据解释所具有的法律效力范围分为规范性解释和个别性解释，依据解释的方法分为文法解释、逻辑解释、系统解释、历史解释，依据解释的尺度分为字面解释、限制解释、扩充解释。法律解释对于实现法律对社会关系的调整起着极为重要的作用，尤其在法律适用过程中，法律解释是一个必不可少的环节。[③] 根据法律解释的含义，调整或者停止法律适用与法律解释是不同的。

目前学界普遍认为授权暂停法律实施不属于法律创制、法律废止、法律解释，但对于其是否属于法律修改存在诸多争议。部分学者认为法律的修改包括“常务委员会自己直接修改，也包括授权国务院及其部门或者地方有关国家机关进行修改；既包括将该条款的内容全部或者部分删除和废

---

① 邹瑜：《法学大辞典》，中国政法大学出版社，1991 年版，第 12 页。

② 参见彭浩：《授权地方改革试点决定的性质与功能探析》，载于《法制与社会发展》，2018 年第 1 期，第 30 页。

③ 邹瑜：《法学大辞典》，中国政法大学出版社，1991 年版，第 22 页。

止，也包括将来某一时期再将该条款的内容全部或者部分恢复”①。但法律修改不仅要求出现内容的变动，而且要求变动的同时有新的具有法律效力的规范代替之前的法律规范发挥作用，即变动意味着“以新换旧”。同时，法律修改的最终效力即产生明确的可替代性的法律规范，其效力是确定的、非悬置的。因此，综上所述，法律修改与授权暂停法律实施并不匹配，授权暂停法律实施也不属于法律修改。

（二）授权暂停法律实施与“授权立法”

1. 授权立法制度概况

此处探讨的授权立法制度指的是相较于一般授权立法制度的特别授权立法制度，即全国人大根据授权决定对行政机关或者其他机关进行的授权立法制度。分析全国人大授权立法制度，可从全国人大授权全国人大常务委员会、全国人大及其常务委员会对国务院的授权两个方面来阐述。

首先，全国人大对全国人大常务委员会的授权。此类授权决定主要出现在两个阶段，以 1982 年《宪法》颁布为界，第一阶段为 1955—1982 年，第二阶段为 1982 年至今。

第一阶段的授权情况如下：1955 年 7 月 30 日召开的第一届全国人大第二次会议采用决议的形式将立法权授予全国人大常务委员会，此次授权内容并不包括授予全国人大常务委员会在全国人大闭会期间修改全国人大不合时宜的法律的权力。此授权依据《宪法》第三十一条规定的“全国人民代表大会授予的其他职权”。1959 年 4 月 28 日，第二届全国人民代表大会第一次会议《关于全国人民代表大会常务委员会工作报告的决议》明确提出“为了适应社会主义改造和社会主义建设事业发展的需要，大会授权常务委员会在全国人民代表大会闭会期间，根据情况的发展和工作的需要，对现行法律中一些已经不适用的条文，适时地加以修改，作出新的规定”②。此授权依据仍然是《宪法》第三十一条。1981 年 12 月 13 日，第五届全国人民代表大会第四次会议《关于全国人民代表大会常务委员会工

① 刘松山：《论自贸区不具有独立的法治意义及几个相关法律问题》，载于《政治与法律》，2014 年第 2 期，第 9 页。

② 第二届全国人民代表大会第一次会议《关于全国人民代表大会常务委员会工作报告的决议》，1959 年 4 月 28 日第二届全国人民代表大会第一次会议通过。

作报告的决议》中提出“原则批准《中华人民共和国民事诉讼法草案》，并授权人大常务委员会根据代表和其他方面提出的意见，在修改后公布试行。在试行中总结经验，再做必要的修订，提交全国人民代表大会审议通过公布施行”①，直到1991年4月9日，第七届全国人民代表大会第四次会议正式通过《中华人民共和国民事诉讼法》。此时授权主体范围扩大，授权方式多样化，授权事项宽泛化，最为明显的即授权主体由全国人大拓展到了全国人大常务委员会。直到1982年《宪法》颁布实施之前，全国人大对全国人大常务委员会的授权主要就是以上形式，全国人大常务委员会在此均不具有国家立法权。

第二阶段的授权情况如下：1987年4月11日关于《中华人民共和国村民委员会组织法（草案）》的决定中提到第六届全国人民代表大会第五次会议通过《中华人民共和国村民委员会组织法（草案）》，并授权全国人民代表大会常务委员会根据《宪法》规定的原则，参照大会审议中代表提出的意见，进一步调查研究，总结经验，审议修改颁布试行。1989年4月4日，第七届全国人大二次会议决定授权全国人大常务委员会在深圳市依法选举产生市人民代表大会及其常务委员会。

其次，全国人大及其常务委员会对国务院的授权。1982年《宪法》明确规定全国人大常务委员会具有国家立法权。《宪法》第八十九条规定：“国务院行使下列职权：（一）根据宪法和法律，规定行政措施，制定行政法规。”② 此处对国务院的授权立法是指全国人大及其常务委员会对国务院的授权。全国人大常务委员会授权国务院的决定包括：1983年9月2日授权国务院对《国务院关于安置老弱病残干部的暂行办法》《国务院关于工人退休、退职的暂行办法》的部分规定作一些必要的修改和补充；1984年9月《全国人大常务委员会关于授权国务院改革工商税制发布有关税收条例草案试行的决定》，在全国人大的批准决议中还授权国务院“根据实际情况及时予以调整和解决”③。1985年4月10日《全国人民代表大会关于授权国务院在经济体制改革和对外开放方面可以制定暂行的规定或者条例的决

① 第五届全国人民代表大会第四次会议《关于全国人民代表大会常务委员会工作报告的决议》，1981年12月13日第五届全国人民代表大会第四次会议通过。

② 《中华人民共和国宪法》（2018年修正）。

③ 全国人民代表大会常务委员会办公厅编：《中华人民共和国第五届全国人民代表大会第五次会议文件汇编》，人民出版社，1983年版，第112页。

定》，这次授权仅针对经济体制改革和对外开放方面的问题，不涉及刑法、刑事诉讼法等基本法律制度的问题。授权依据《宪法》第八十九条规定的“全国人民代表大会和全国人民代表大会常务委员会授予的其他职权”①。自1979年《地方组织法》颁布到2000年《立法法》修改之前，由于被授权主体拓展到中央行政机关、省级地方人大及其常务委员会、经济特区的人大及其常务委员会以及行政机关，因此授权立法的数量不断增加，同时也出现了诸多问题，因此2000年颁布的《立法法》对全国人大及其常务委员会作为授权立法主体、行使授权立法权力均进行了明确规定。《立法法》第九至十二条均为授权立法专门性规范。随着授权立法制度在规范层面的确立，授权立法发展迅猛，但相关立法和配套制度层面尚有诸多不足。2015年，立法机关针对出现的新问题，通过修订《立法法》，就全国人大及其常务委员会授权立法方面相关问题作出了制度化补充。

第三，全国人大及其常务委员会对地方的授权立法。在此探讨全国人大及其常务委员会对地方的授权立法的目的在于为后文完整的制度辨析作铺垫。全国人大及其常务委员会对地方的授权立法主要是针对经济特区，是全国人大及其常务委员会针对我国20世纪80年代的改革开放进行的多次授权。具体授权决定见表1—1：

表1—1　2000年《立法法》修改前全国人大及其常务委员会对地方的授权立法决定

授权时间	授权决定名称
1981年11月	《全国人民代表大会常务委员会关于授权广东省、福建省人民代表大会及其常务委员会制定所属经济特区的各项单行经济法规的决议》
1988年4月	《全国人民代表大会关于建立海南经济特区的决议》
1992年7月	《全国人民代表大会常务委员会关于授权深圳市人民代表大会及其常务委员会和深圳市人民政府分别制定法规和规章在深圳经济特区实施的决定》
1994年3月	《全国人民代表大会关于授权厦门市人民代表大会及其常务委员会和厦门市人民政府分别制定法规和规章在厦门经济特区实施的决定》
1996年3月	《全国人民代表大会关于授权汕头市和珠海市人民代表大会及其常务委员会、人民政府分别制定法规和规章在各自的经济特区实施的决定》

① 全国人民代表大会常务委员会办公厅编：《中华人民共和国第五届全国人民代表大会第五次会议文件汇编》，人民出版社，1983年版，第112页。

以上五次授权均按照《宪法》以及《立法法》规范作出。自2012年始，全国人大及其常务委员会作出的授权决定逐渐超出了本小节探讨的授权立法制度范畴。

除了对经济特区的授权立法外，根据《宪法》和《立法法》的规定，全国人大及其常务委员会可以对民族区域自治地方进行授权。授权其自治地方进行变通立法，这也是规范层面的全国人大授权立法内容，只是目前尚未有具体的全国人大及其常务委员会针对民族自治地方的授权立法决定，自治区变通立法多采用的是法条授权的形式。

综上，全国人大授权立法制度经历了从全国人大向全国人大常务委员会授权，到全国人大及其常务委员会向国务院、地方国家机关的授权的过程。2015年《立法法》的修改明确了授权立法的授权事项范围，细化了授权立法期限的规定，引入了专家论证制度，完善了部分授权立法的程序性规定。我国授权立法制度开始于1955年，目前已有65年的历史，在理论和实践方面均有一定的发展，但仍然存在一些问题，尤其是在面对全面深化改革与依法治国相结合的具体要求和改革任务复杂繁多的矛盾时，新的授权形式与原有授权立法理论和制度的分歧是亟待解决的关键问题。

2. 授权暂停法律实施与授权立法概念的辨析

(1) 从功能和目的角度辨析

最初，全国人大授权全国人大常务委员会立法，主要是为了解决全国人大会期短导致的立法效率低下的问题，后来，全国人大及其常务委员会对国务院以及地方的授权立法更多的是为了满足以下需要。第一，改革发展的实际需要。改革开放初期，立法任务繁多，中国特色社会主义法律体系尚未确立，立法需求极大，为了实现依法行政的基本要求，全国人大及其常务委员会授权国务院针对尚未制定法律的事项进行不突破绝对法律保留的事项立法。改革开放涉及破旧立新，制度层面的变革庞大，如果完全以政策推进改革，势必会产生动摇法律秩序根基的可能，因此授权地方经济特区的立法，以特区经验推动国家层面立法的变更。第二，立法机关的现实需求。由于全国人大立法效率较低，在面对具体的、复杂的立法事项时，可能会出现立法成效不佳的情况，因此将具体立法事项授权给具有实际话语权和专业经验的行政机关或其他机关，是弥补立法机关立法能力不足的现实需求。

依据《立法法》第九条的规定，全国人大授权立法制度授权目的是将全国人大及其常务委员会的专属立法权范围内尚未制定法律的事项授予国务院，由国务院制定行政法规。按照《〈中华人民共和国立法法〉释义》的内容“只能制定法律的事项，都是政治、经济等基本制度，如果制定法律的条件不成熟，可以授权国务院制定行政法规，有利于中央对改革的领导，也有利于法治的统一”[①]。《立法法》第七十四条和七十五条分别是关于全国人大授权经济特区和民族自治地方的变通法律、行政法规的规定，也可视为授权立法的内容，从授权目的上看，它不属于创设法律规范，它是对已有法律规范的变通，变通后的法律效力层级为地方性法规且效力确定。

从功能和目的上看，在全面深化改革背景下，授权暂停法律实施的功能主要体现立法对改革的引领和推动作用。授权立法制度的功能在于解决立法机关立法能力的不足与改革发展的实际需要之间的矛盾，但授权暂停法律实施制度明确了改革与法治的先后关系，明确了法治的引领地位，不只是为满足现实的立法需求。授权暂停法律实施的目的在于暂停已有法律规范的效力，通过在试点区域实施代替方案，并在一定期限内进行试验，期限届满后再决定是否修法或恢复原状。

（2）从主体角度辨析

《宪法》以及《立法法》中关于授权主体的规定，包括全国人民代表大会及其常务委员会。《立法法》第九条、第七十四条、第七十五条规定被授权主体包括国务院、经济特区所在地的省、市人民代表大会及其常务委员会、民族自治地方人民代表大会。其中，被授权主体主要承担着制定或者变通行政法规、地方性法规、自治条例、单行条例的任务。

依据《立法法》第十三条，授权暂停法律实施的授权主体并未明确，按照目前已经作出的26项授权暂停法律实施决定，被授权对象包括国务院、最高人民法院、最高人民检察院、中央军事委员会。被授权对象主要承担的是实施决定的任务，而非制定具体的法律规范。

授权暂停法律实施与授权立法在被授权主体的范围以及被授权主体的职责方面均不相同。

（3）从授权事项及范围角度辨析

---

① 全国人大常务委员会法制工作委员会国家法室：《〈中华人民共和国立法法〉释义》，中国民主法制出版社，2015年版，第190页。

依据《立法法》第八条、第九条，授权立法制度的授权事项及范围为专属立法权范围内尚未制定法律的内容。专属立法权范围外尚未制定法律和行政法规的，可以先行制定地方性法规。针对经济特区的授权立法，授权事项主要是经济特区所在地的省、市的人大及其常务委员会依据授权决定在经济特区范围内制定市场经济和城市管理方面的经济特区法规。这些法规的内容包括：在坚持国家法律、行政法规的基本原则的前提下，对国家法律、行政法规进行变通、补充和细化；借鉴香港地区及国外法律，做出试验立法；加强行政法治、环境保护、城市管理和精神文明建设需要制定的规范。① 不得授权变通的是违背国家法律和行政法规的基本原则的内容。在此《〈中华人民共和国立法法〉释义》也对此变通权限进行了论述，根据立法者的考虑，“仍应允许经济特区法规在经济体制改革和对外开放方面作出变通规定。同时，经济特区的人大及其常务委员会在行使经济特区立法权时，应当从国家的整体利益出发，维护国内市场的统一和社会主义法制的统一。对涉及国家主权以及其他只能由中央立法的事项，经济特区法规不能涉及。如果中央立法时已经考虑到经济特区的情况之后作出全国统一规定的，经济特区应当遵循中央立法的规定，制定或者修改经济特区法规时，不应再作出与中央立法不一致的规定”②。针对民族自治地方的授权立法，全国人大及其常务委员会授权民族自治地方的人大有权依照当地民族的政治、经济和文化特点在权限范围内对法律和行政法规予以变通。不得变通的事项则是《宪法》《民族区域自治法》的规定以及其他法律、行政法规专门就民族自治地方所作的规定。

依据《立法法》第十三条，授权暂停法律实施的授权事项限定为“行政管理领域的特定事项”。行政管理领域包括经济建设、文化教育、市政建设、社会秩序、公共卫生、环境保护等方面。同时按照立法规范的含义“等领域”也有突破行政管理的意指，并且法条还增加了一个后缀“特定事项”，虽然用词很模糊，但大致意思为一定要作具体的某一项内容或某几项内容的授权，不能采用笼统和原则的授权。通过分析授权决定，可见

---

① 全国人大常务委员会法制工作委员会国家法室：《〈中华人民共和国立法法〉释义》，中国民主法制出版社，2015 年版，第 257 页。

② 全国人大常务委员会法制工作委员会国家法室：《〈中华人民共和国立法法〉释义》，中国民主法制出版社，2015 年版，第 258 页。

授权事项已经突破了行政管理领域的法律规范，包括司法领域、国家机构调整、国防、军队和武装警察部队制度改革等，远远超出了《立法法》第十三条规定的授权事项范围。

综上，从授权事项角度进行辨析，可以发现授权立法与授权暂停法律实施的授权事项范围不一致，授权立法的授权事项范围为专属立法事项内尚未制定法律的内容，以及经济特区内部的经济管理和对外开放等方面法规的变通立法、民族自治地方针对法律规范的变通立法（有明确变通原则限制）。授权暂停法律实施的授权事项主要是行政管理等领域的特定事项，这些事项通常都是已经有明确的法律①予以规定了。

授权暂停法律实施的整个行为过程应该是：首先，全国人大调整或者停止已经制定生效的法律规范中部分条款在一定期限和范围内的生效状态。其次，针对暂停效力的法律规范提供一个替代方案，具体的替代方案分为全国人大常务委员会在决定中明确规定和其他机关制定的执行方案。最后，实施授权决定。

在授权暂停法律实施决定实施的实际效力方面，授权暂停法律实施决定或决定执行方案已经与生效的法律发挥相同的效果。例如“认罪认罚从宽试点”中，最高人民法院、最高人民检察院依据授权决定制定的实施办法效力为司法解释性文件，并明确规定“如果之前制定的司法解释与本内容不一致，以本内容为准”。然而在最高人民法院、最高人民检察院相关规范性文件中规定只能是新的生效的司法解释才能代替旧的司法解释发挥效力，所以在此作为授权决定执行文件的司法解释性质文件发挥了生效司法解释的效力。因此笔者认为，应该明确授权暂停法律实施决定实施文件的效力，否则仅仅通过实践采取默示的行为无益于此项制度的完善。

三、授权暂停法律实施的特点

（一）授权暂停法律实施的目的具有独特性

授权暂停法律实施的目的即应对并解决全面深化改革过程中出现的迫切改革需要与突破现有法律的问题。随着 2010 年中国特色社会主义法律

① 此处的法律就是指全国人大及其常务委员会制定的法律。

体系的基本建成，各个方面的法律规范逐步建立完善，但改革却随着时代发展的需求变得更加复杂，矛盾也更为突出，单纯的立法先行或者改革先行已经不能顺利解决改革突破法律的难题，因此授权暂停法律实施制度应运而生，这是改革开放40余年来改革与法治在不同时代交替主导国家建设发展的理性选择。

自党的十八大召开以来，全面深化改革与依法治国成为时代主题，第十八届四中全会通过的《关于全面推进依法治国若干重大问题的决定》明确了建设中国特色社会主义法治体系，指出了法律制定和实施过程存在的问题，其中就包括对改革决策与立法决策相衔接的要求。授权暂停法律实施制度缓解了改革与法律之间的冲突，尤其是改革进入了多层次、复杂化且需求迫切的阶段，改革势在必行，同时在法律制度体系已经基本建立的背景下，如何保障在不违背法治统一性原则的前提下推进改革，成为授权暂停法律实施制度建立的目的。

（二）授权暂停法律实施的被授权主体具有独特性

首先，授权暂停法律实施的被授权主体为除全国人大常务委员会以外的国家机关，包括国务院、最高人民法院、最高人民检察院、中央军事委员会。除此以外，2018年《宪法》修改后监察委员会也被纳入被授权主体范围。相较而言，我国授权立法制度中规定的被授权主体并没有涵盖以上所有的国家机关。

其次，一般通过概括授权的方式确定被授权主体，即行政管理领域事项一般授权国务院，司法领域事项一般授权最高人民法院和最高人民检察院，军队领域事项一般授权中央军事委员会。具体被授权主体在授权决定中承担的职责会出现特殊情况，比如授权最高人民法院、最高人民检察院的决定中可能出现被授权主体并不承担制定代替方案的职能，因为虽然其为被授权主体，但它并非为暂停实施的法律规范的草案提出主体，授权暂停实施决定中之所以包含它，是因为试点决定需要新的主体的参与，才能实现授权决定的调整目的。

（三）授权暂停法律实施决定的内容设定具有系统性

授权暂停法律实施的内容设定具有系统性，可分为对被授权主体的选择、对暂停实施的法律的选择、对暂停法律实施的空间范围的选择、对暂停实施的期限的设定、制定暂停法律实施执行方案、监督暂停法律实施等方面。授权暂停法律实施从整体出发，以全局观来设定授权的具体内容。一方面，在授权试点区域选择上能够充分体现授权目的，为法律修改或者创制提供实际经验。另一方面，充分思考授权暂停法律实施试点区域与外部区域法律适用方面可能产生的现实冲突，处理好改革、法治与稳定三者间的关系。满足以上条件方能确保授权暂停法律实施的顺利运行。

另外，授权暂停法律实施决定还要考虑其是否能满足改革的具体需求，是否有助于化解突出的社会问题等。授权暂停法律实施的内容既要解决改革突破法律的问题，又要对决定内容进行充分的考量，只有全面系统的内容才有可能顺利实现授权决定的试验效果，从而为之后的法律修改或者法律制定提供有价值的经验。

（四）授权暂停法律实施的方法具有创新性

授权暂停法律实施的方法是指授权时采用的具体方式，即授权在部分地区有期限的暂停法律部分规定的实施。依据改革开放 40 多年来应对改革突破法律问题的做法，通常情况下都采用了带有试验性质的方式来缓解改革与法治之间的矛盾，包括目前《立法法》中的授权立法制度以及全国人大及其常务委员会制定的“暂行法”，这些类型的立法都具有试验性质，通过实践积累出有益的经验。伴随着改革的不断深入，尤其是第十八届三中全会召开后，全面深化改革的任务和难度都不断增大，改革与大量现存法律之间存在冲突，改革已经不能保持渐进式推进，国内外环境中影响稳定的因素日益凸显，法治与改革的冲突在全面深化改革时期对社会稳定的不利影响不可估量，因此解决改革突破法律问题的方法需要变革，并结合各地的改革实践进行探索。从顶层设计上确保方向的准确，结合区域试验低改革风险的优势，以具有法律性质的文件授权暂停部分法律实施的方式进行改革，以应对改革突破法律的难题。

第二节　授权暂停法律实施制度建立的历史过程

授权暂停法律实施制度的建立的目的在于应对改革突破法律难题，在改革和法治的辩证关系中寻求平衡之道。

自1978年第十一届三中全会始，中国进入了一个以“改革”为主题的历史时期，改革与立法之间交错前行。在这个过程中改革突破法律的情形频频出现，最初应对改革突破法律的策略是通过大量立法填补改革涉及的法律空白。但随着政治体制改革和经济体制改革的深入，以及在中国特色法律体系逐步建成的过程中，改革成为改革与法治关系中的侧重点，此时，改革突破法律更多地体现为改革与现存法律不相适应。为了服从改革需求，诸多创新的立法思想被提出，诸如立法试验等。在改革与立法之间来回变动的过程中，立法在协调改革、发展、稳定三者关系中的重要作用逐渐凸显。从微观层面来看，在这个过程中，立法的重心也随着时代需求的不同在维持稳定和保障发展间变动。直到2010年中国特色社会主义法律体系基本建成，虽然实现了有法可依，但改革进入了攻坚期，改革内容更加系统复杂，改革范围更加广泛，于是，授权暂停法律实施的授权决定在2012年出现。直到2015年全国人大常务委员会作出了多项授权决定，内容均是依据深化改革的现实部署。在此期间，党中央召开的十八届三中全会、十八届四中全会对全面依法治国和全面深化改革作了顶层设计，制定了具体的指导思想，并提出了改革的目标和实现方式。最终在2015年《立法法》修正案中，授权暂停法律实施制度正式以法律的形式建立，授权暂停法律实施决定成为之后全国人大应对改革突破法律问题的重要解决措施。

一、初步探索期（1978—2012）

1978—2012年，应对改革突破法律问题主要呈现出几种不同的模式，包括大量立法推动改革进程，立法服从改革，立法平衡改革、发展与稳定的关系。

（一）大量立法推动改革进程

1978年第十一届三中全会召开以后，改革开放成为时代主题，但改革与立法之间的关系尚未理论化，更未上升到认识论的高度。中共中央重要文件并未对改革与立法关系进行系统的阐述，但在具体的实践过程中，通过大量的立法来贯彻改革的决定已成为主要途径。其内容主要是围绕政治体制改革和经济体制改革。在1978—2012年，政治体制改革和经济体制改革进程的助推器即大量立法，其中大部分都是通过先立法来推动具体的改革决策的贯彻。虽然改革开放着重于对经济体制的改革，但改革实际发端于政治体制改革。

1978年12月13日，邓小平在中央工作会议上提出了“解放思想是当前的一个重大政治问题”，而“民主是解放思想的重要条件”。[①] 政治体制是否民主，决定并影响着解放思想的程度和效果，如果思想解放不能彻底，就无法保障社会主义事业的蓬勃发展。“为了保障人民民主，必须加强法制”[②]，在1978年召开的第十一届三中全会上，邓小平强调了政治体制改革的重要意义。1978年7月，第五届全国人大二次会议通过了七部法律，其中六部法律针对政治体制改革。1982年《宪法》的制定是以上七部法律颁布之后推动政治体制改革的又一重要立法。“八二宪法”涵盖了政治体制改革以及相关重大改革内容，包括将党的领导写入序言、设立国家主席和国家中央军事委员会、改革人民代表大会制度的相关内容、确立民族区域自治制度的基本事项、赋予公民广泛的基本权利等。以上重大政治体制改革内容均在实践推开之前便通过立法予以确认。1983—1984年，全国人大常务委员会制定了政治体制改革方面的执行性立法。1984年全国人大批准海南行政区建制，制定颁布民族区域自治法。1979—1984年大量政治体制改革相关立法均是在毫无实践经验积累的情况下制定的，充分体现了立法推动改革的策略，也体现了这个时期政治体制改革的迫切与法律空白之间的矛盾。

1985—2010年政治体制改革方面的立法数量直线下滑，这个阶段直接采用立法推动改革的策略明显发生了改变，与此同时改革重点逐渐回到了主线——经济体制改革。实际上早在十一届三中全会上，改革开放的重心便被定位为经济体制改革“要采取一系列新的重大的经济措施，对经济管理体制和经济管理方式着手认真的改革”[③]。在1978年十一届三中全会召开前，邓小平就认为需要制定《工厂法》和《人民公社法》等各种必要的法律。同时针对立法推动经济体制改革可能遇到的经验不足的问题，提

---

① 邓小平：《邓小平文选》（第2卷），人民出版社，1994年版，第41～144页。

② 邓小平：《邓小平文选》（第2卷），人民出版社，1994年版，第146页。

③ 中共中央文献研究室编：《十一届三中全会以来重要文献选编》（上），中央文献出版社，2011年版，第4页。

出了解决的办法。第一，“现在立法的工作量很大，人力很不够，因此法律条文开始可以粗一点，逐步完善”。第二，“有的法规地方可以先试搞，然后经过总结提高，制定全国通行的法律”。第三，“修改补充法律，成熟一条就修改补充一条，不要等‘成套设备’”，“总之，有比没有好，快搞比慢搞好”。① 第十二届三中全会《关于经济体制改革的决定》明确提出“经济体制的改革和国民经济的发展，需要将越来越多的经济关系和经济活动准则用法律形式固定下来”“国家立法机关要加快立法”。② 1986 年，国务院在《关于第七个五年计划的报告》中提出：“加强社会主义法制的一个重要目的，就是要促进改革的顺利进行，保证改革健康发展，巩固改革的胜利成果。”③ 1987 年，党的十三大报告提出，法律明确“应尽应革的事情”④。这次报告之后的立法推动改革仍然集中在经济体制改革，但实际上至 1992 年，立法推动经济体制改革的成效并不明显。因此当时应对经济体制改革与法律冲突的策略在这个时期并不主要依托立法推动改革，而更多地采用立法服从改革需求。虽然立法在推动政治体制改革和经济体制改革方面在 20 世纪 80 年代中期至 90 年代初期效果不佳，但在 1992 年邓小平南方谈话后，立法推动改革的具体实践重新呈现其活力，主要体现在经济体制改革方面。党的十四大报告提出“我国经济体制改革的目标是建立社会主义市场经济体制”⑤。随后，乔石在第八届全国人大常务委员会第二次会议上发表讲话，认为不仅要通过法律来巩固改革的成果，也要“打破一点常规，避免立法工作滞后于改革的事情”⑥。在 1993—1997 年，全国人大及其常务委员会组织起草、审议通过了大量规范经济体制的法律，大体上形成了社会主义市场经济法律体系的框架。

---

① 邓小平：《邓小平文选》（第 2 卷），人民出版社，1994 年版，第 147 页。

② 中共中央文献研究室编：《十二大以来重要文献选编》（中），中央文献出版社，2011 年版，第 60 页。

③ 中共中央文献研究室编：《十二大以来重要文献选编》（中），中央文献出版社，2011 年版，第 395 页。

④ 中共中央文献研究室编：《十三大以来重要文献选编》（上），中央文献出版社，2011 年版，第 40 页。

⑤ 中共中央文献研究室编：《十大以来重要文献选编》（上），人民出版社，1999 年版，第 18~19 页。

⑥ 中共中央文献研究室编：《十大以来重要文献选编》（上），人民出版社，1999 年版，第 340 页。

在应对改革突破法律的问题时，采用大量立法推动改革的方式基本是在2000年之前的改革和立法实践中进行的，这个阶段中也不全然是单纯采用立法推动改革的方式，因为还存在复杂的现实问题，但这一时期的改革突破法律也主要是弥补法律的空白，针对经济体制改革和政治体制改革中一些深层次的问题，即便直接通过立法推动，在后期也存在乏力的情况，因此在探索过程中也出现了另一种应对策略——立法服从改革。

（二）服从改革需求创新立法思想

立法服从改革需求从根本上讲是从中国实际出发，即刻解决改革需求。改革开放以来，我国立法主要是从改革的实际出发，这是中国改革开放40多年来重要的立法背景。1978—1984年，我国的立法主要集中于政治体制改革领域，体现为前文中的“立法引领改革”模式，但在20世纪80年代中后期，经济体制改革囿于自身的复杂与艰难，以及存在“市场经济体制与计划经济体制”的政治立场上的困惑，“立法引导改革模式”遭遇阻滞。

自1978年第十一届三中全会召开后，党中央提出制定一系列经济法，包括《民法》《劳动法》《工厂法》《破产法》等。其中，从1978年底邓小平首次提出制定《民法》，到1986年全国人大才制定并颁布《民法通则》。第九届全国人民代表大会期间，党中央提出要制定《民法典》，但直到2007年《中华人民共和国物权法》才颁布实施，至于《民法典（草案）》直到2019年12月才全文公布，整个过程经历了近40年。《工厂法》《破产法》等都是在改革开放初期就提出制定的，但在制定过程中均存在条件不成熟、经验不足、难以推动立法的问题。虽然其中几部法律最终都制定并颁布，但均采用特殊的立法方式。面对困境，1985年彭真在与浙江省人大常务委员会组成人员谈话中提出“立法与改革，立法要适应改革开放的需求”①。在改革没有到位时，预先立法反而会阻滞改革，针对改革与立法之间的矛盾，在这一阶段全国人大及其常务委员会在坚持立法推动改革的基本思想的前提下，顺应改革发展的实际，采取了一些创新措施和应对策略。彭真的立法服从改革的思想直接影响了随后的立法策略。

---

① 彭真：《论新时期的社会主义民主与法制建设》，中央文献出版社，1998年版，第265页。

第一，以授权的方式解决改革中的立法之急。20世纪80年代中后期经济体制改革和对外开放需求迫切，由于缺乏立法经验，国家通过授权立法，授权国务院或经济特区在经济体制改革和对外开放方面制定行政法规、地方性法规和政府规章。这一时期涌现了大量授权决定，解决了立法之急需，也推动了改革实践，积累了大量可推广的经验。

第二，通过试验的方式为立法积累经验。这种方式重在通过探索和试错，突出试验功能的释放。具体的实践包括：(1)授权国务院进行探索和试验，制定“暂行”的法规或者条例。(2)通过修改地方组织法，扩大地方立法权，让地方首先进行立法探索试验，在试验中解决地方实际问题，同时为全国立法提供有效的经验。(3)由全国人大及其常务委员会制定试行法的方式进行试验立法，具体包括1979年《森林法》《环境保护法》、1982年《民事诉讼法》《食品卫生法》、1986年《企业破产法》、1987年《村民委员会组织法》等，这些试行法为改革探索及正式立法提供了重要经验。

第三，将立法作为一种工具，使立法与改革基本同步。在这方面的探索也经历了一个发展变化的过程。彭真在1984年指出，“要从依靠政策办事，逐步过渡到不仅依靠政策”，还要“依法办事”，“宪法和法律是武器”。[①] 1985年中共中央《关于七五计划的建议》承认了立法在改革中发挥了工具作用，明确提出经济体制改革的深入进行需要“使法律成为调节经济关系和经济活动的重要手段”[②]。1992年，全国人大常务委员会提出法律是推动市场经济体制建立的首要手段。1993年，中共中央《关于建立社会主义市场经济体制若干问题的决定》再一次重申了这个观点。2000年，李鹏在全国人大常务委员会立法工作会议上有关“立法工作必须服从和服务于改革、发展、稳定的大局”议题中强调了立法对改革的服从意义。立法作为推动改革的重要工具，在实践中体现为如下几个方面：(1)立法巩固改革成果，通过立法形式将好的经验总结和固定下来。(2)立法与改革重大决策相结合，将改革的进程和方向确定立法的进程与方向，“将立法的重点放在改革迫切需要的项目上”，“将每件法律案放在

---

① 彭真：《论新时期的社会主义民主与法制建设》，中央文献出版社，1989年版，第271页。

② 中共中央文献研究室编：《十二大以来重要文献选编》（中），中央文献出版社，2011年版，第278～279页。

党和国家工作大局上加以审视、研究、修改”，“将党的改革主张体现在立法中”。[①]（3）充分发挥立法平衡改革发展与稳定的关系的功能。

在解决改革突破法律问题的发展历程中，“立法服从改革”发挥了创新立法思想的作用，为解决立法先行带来的改革经验不足的问题提供了重要的思想圭臬。针对改革突破法律过程中出现的立法条件不成熟问题，全国人大及其常务委员会主要采取拓展立法思路、创新立法思想的方式，在“摸着石头过河”思想的指导下出现了“经验主义立法”和“工具主义立法”两种观点。[②]

经验主义立法坚持实践对立法的价值，形式上与授权暂停法律实施有相似的因素，但本质上两者并不相同，比如“授权”“试点”这些关键因素。但在不同的历史背景下，尤其是在中国特色社会主义法律体系尚未建立时，全国人大及其常务委员会通过授权国务院或者地方直接制定暂行的行政法规、地方性法规、政府规章等生效的法律规范，或者授权在部分地方进行试点等积累经验，尽快弥补法律空白，目的在于促进中国特色社会主义法律体系的建成。授权暂停法律实施虽然也是依托经验促进立法，但其背景不同，中国特色社会主义法律体系基本建成，授权暂停法律实施更多地需要暂停已经生效的法律，并非制定新的法律规范。授权暂停法律实施决定首先确认了试点的合法性，也降低了试点的风险，保障了经验主义立法存在的合法性问题和高风险问题，同时也处理好了暂停生效法律与实施调整后方案之间的矛盾。

“工具主义立法”与本书研究主题“授权暂停法律实施”在形式上也有重合点，如“立法服务于改革、立法是推动改革的工具”与党的十八大之后强调的“立法决策与改革决策相衔接”在内涵上有共同的地方，但“工具主义立法”侧重于立法的工具作用，而忽视了立法对改革的引领，忽略了立法与改革的双向互动与融合的关系。

（三）通过立法平衡改革、发展与稳定关系

改革开放过程中形成的第三种模式突出了法治是改革的根本，立法能

---

① 中共中央文献研究室编：《十六大以来重要文献选编》（上），中央文献出版社，2008 年版，第 235 页。

② 刘松山：《国家立法三十年的回顾与展望》，载《中国法学》，2009 年第 1 期，第 40 页。

够充分协调改革、发展和稳定的关系。改革是动力，发展是目的，稳定是前提，在应对改革突破法律的过程中，立法引领改革和立法满足改革需求必须充分考虑发展和稳定。改革和发展最重要的影响因素就是稳定，因此在改革面临立法空白和立法不适应的困境时，首先考虑的因素即能否维护社会稳定。

1978 年第十一届三中全会后，政治体制改革和经济体制改革随即启动，但当时的社会治安形势并不乐观，“文化大革命”的不良影响仍未消散，经济类犯罪猖獗，包括《刑法》在内的一大批维护治安和经济秩序的法律被制定并颁布。从 1978 年到 1990 年，国内立法重心不断向保障稳定转移。1990 年，李鹏在十三届七中全会上表明：“推进改革的步骤，要充分考虑国家、企业和人民群众的承受能力，有利于社会稳定，避免引起过大的社会震动。”① 但在这种保障稳定的指导思想下产生的部分改革法律实际处于虚置状态，如《全民所有制工业企业法》《破产法》等。1978—1990 年，政治局面的不稳定是改革面对的最大威胁。改革开放初期，社会主义政治发展道路不同思潮之间存在激烈交锋。1987 年党的十三大报告明确表明“法制建设必需贯穿于改革的全过程”②。党的十三大结束后邓小平提出“中国的问题，压倒一切是稳定”。1989 年通过了《集会游行示威法》等相关法律法规。以上均体现了“稳定”在立法中的优先地位。

1992 年后，建立市场经济体制成为改革与发展的共识。1993 年《关于建立社会主义市场经济体制若干问题的决定》将立法的重心从维护稳定转移到改革与发展上。

1990 年李鹏在第十三届七中全会上提出“既要安排经济和社会发展，又要规划经济体制改革，并把两者紧密结合起来，避免改革是改革、发展是发展的两者脱节现象”③。此时的改革面临的重要问题就是通过立法协调改革与发展的关系。此阶段立法引领改革还是重心，因此改革与发展之间的紧密结合还是在立法在先思想的指引下进行的。1993 年中共中央

---

① 中共中央文献研究室编：《十三大以来重要文献选编》（中），中央文献出版社，2011 年版，第 724～725 页。

② 中共中央文献研究室编：《十三大以来重要文献选编》（上），中央文献出版社，2011 年版，第 40 页。

③ 中共中央文献研究室编：《十三大以来重要文献选编》（中），中央文献出版社，2011 年版，第 721 页。

《关于建立社会主义市场经济体制若干问题的决定》中提出了“改革决策与立法决策的紧密结合”①。这个阶段“改革”已经从从属于立法之下上升为和“立法”处于同一层次的状态，并且更为重视改革，这个时期立法的重心大幅度转变为“服务于改革”，“改革决策与立法决策的结合”要求立法更多地考量实际改革需求。1995年《关于制定“九五”计划和二〇一〇年远景目标的建议》表明，在立法与改革决策结合的基础上，立法要与发展决策结合，实现“改革决策、发展决策与立法决策紧密结合”②。这一阶段立法与改革、发展的结合多体现在经济领域。第八届全国人民代表大会期间的立法虽然体现了在改革发展方面的突进，但“稳定”仍然是要考虑的题中应有之义。1994年《劳动法》在确立劳动合同制度的同时，又在附则中规定“省、自治区、直辖市人民政府根据本法和本地区的情况，规定劳动合同制度的实施步骤，并报国务院备案”③。随着市场经济法律体系框架的基本建成，改革从横向的发展逐渐转向了纵向的深入，政治、经济、文化等方面的矛盾不断凸显，稳定再次成为影响改革发展的因素。党的十五大报告提出“正确处理改革、发展同稳定的关系”④，必须“把改革的力度、发展的速度和社会可以承受的程度统一起来，在社会政治稳定中推进改革、发展，在改革、发展中实现社会政治稳定”⑤。1998年，李鹏在第九届全国人大常务委员会第一次会议上就立法与改革发展之间的关系处理提出了具体的策略，立法要把握好度，运用立法平衡改革、发展与稳定三者的关系。

从第九届人大至今，党和国家积极探索立法中如何平衡改革、发展、稳定之间的关系，改革突破法律的情形实际就是因为出现了改革、发展、稳定三者的冲突。1999年，第九届全国人民代表大会二次会议提出了

① 中共中央文献研究室编：《十三大以来重要文献选编》（中），中央文献出版社，2011年版，第721页。

② 中共中央文献研究室编：《十四大以来重要文献选编》（中），人民出版社，1997年版，第1501页。

③ 顾昂然：《立法札记》，法律出版社，2006年版，第567页。

④ 中共中央文献研究室编：《十五大以来重要文献选编》（上），人民出版社，2000年版，第17页。

⑤ 中共中央文献研究室编：《十五大以来重要文献选编》（上），人民出版社，2000年版，第18页。

"改革的重点和难点也是立法的重点和难点，把立法同改革、发展、稳定的重大决策结合起来"[①]。2003 年，第十届全国人民代表大会第一次会议就立法与改革、发展、稳定的关系提出了"集中力量、保证急需制定和修改的法律，以及形成法律体系必不可少的重要法律实施出台"[②]。第十届全国人民代表大会期间，立法工作提出的工作原则是"统筹兼顾最广大人民的根本利益、现阶段群众的共同利益和不同群体的特殊利益"[③]。第十届全国人民代表大会以来，立法一直秉持着"以改革创新精神、积极探索科学立法、民主立法的有效形式" "正确处理立法中遇到的矛盾和问题"。[④] 2007 年，吴邦国在第十届全国人大常务委员会工作报告中提出"处理好法律的稳定性和变动性、前瞻性和可操作性的关系"[⑤]。2008 年，全国人大宪法和法律委员会就第十届全国人大的立法工作进行总结，提出"把每一件法律都放在党和国家的大局中审视和把握，着力用法律手段促进经济又好又快发展和社会全面进步"[⑥]。

从改革开放到 2012 年，党和国家在应对改革突破法律的过程中经历了曲折的探索过程。由于中国特色社会主义法律体系处于建设期，百废待兴，改革涉及面广且深，从立法引领改革到立法满足改革需求，再到立法与改革发展协同前进，无不体现了中国在历史发展当下的实际需求。稳定是改革与法治发展的重要影响因素，每一次"立法与改革"关系发生变动均与保障稳定相关。通过 40 多年的探索，应对改革突破法律问题已经形成了初步的策略，但由于改革、发展、稳定自身具有不确定性和动态特点，因此在立法中如何把握仍然需要深入探索，形成更为成熟的做法。

---

① 全国人大常务委员会办公厅编：《中华人民共和国第九届全国人民代表大会第二次会议文件汇编》，人民出版社，1999 年版，第 201 页。

② 全国人大常务委员会办公厅编：《中华人民共和国第十届全国人民代表大会第一次会议文件汇编》，人民出版社，2003 年版，第 114 页。

③ 全国人大常务委员会办公厅编：《中华人民共和国第十届全国人民代表大会第五次会议文件汇编》，人民出版社，2007 年版，第 297 页。

④ 全国人大常务委员会办公厅编：《中华人民共和国第十一届全国人民代表大会第一次会议文件汇编》，人民出版社，2008 年版，第 162～164 页。

⑤ 全国人大常务委员会办公厅编：《中华人民共和国第十届全国人民代表大会第五次会议文件汇编》，人民出版社，2007 年版，第 297 页。

⑥ 杨景宇：《法治实践中的思考》，中国法制出版社，2008 年版，第 531～532 页。

二、发展成熟期（2012—2015）

（一）改革深化催生授权暂停法律实施实践

2010年中国特色社会主义法律体系基本建成。在2011年的全国人大常务委员会上，吴邦国强调“法律体系形成后应当把更多的精力放在法律的修改完善上来，完善中国特色社会主义法律必须继续深入推进科学立法、民主立法”①。第十一届全国人大及其常务委员会和第十二届全国人大及其常务委员会的立法工作实践都明显偏向了对法律的修改。由于中国特色社会主义法律体系的基本建成，改革推进过程中涉及的法律问题更多的是对法律的修改和补充。这一阶段更多的是改革实践与现存法律不相适应、法律需要修改或者补充的问题。

党的十八大以来，法律与改革之间的互动频繁，全面深化改革成为立法目的。“立法引领和推动全面深化改革”“立法决策与改革决策保持一致”已经在前一阶段的探索中初步固定下来，“法律修改项目”基本与重大改革项目一致。用立法来平衡改革、发展与稳定的关系是当时立法与改革协调共进的重要策略，但这项策略本身存在不确定性，因此随着改革的不断深化，应对改革突破法律的具体策略仍在不断发展中。

自2001年始，政治体制改革再次被作为重要内容提上了改革日程。在十多年的改革实践中，国务院先后分6轮取消和调整了部分行政审批事项，改革成效显著。随着2010年中国特色社会主义法律体系的建成，全面实施法律是依法治国的题中应有之义。在我国行政管理领域，对行政审批制度的改革有助于充分转变政府职能，扭转了改革集中于经济体制领域所形成的政治体制改革相对较弱的局面。行政审批制度的改革能够提高政府的执政能力，在地方行政审批改革中，海南省的实践卓有成效，但由于我国行政审批制度规范分散于大量法律、行政法规、部委规章中，内容涵盖了经济、社会、文化、国防、外交等领域，面对系统复杂内容繁多的行政审批制度，地方实践在转变政府职能、有效监督行政权力、建立行政审

① 吴邦国：《在形成中国特色社会主义法律体系座谈会上的讲话》，载于《中国人大》，2011年第2期，第8页。

批制度改革责任主体等方面成效甚微。这些全局性、普遍性的问题，急需通过完善全国性的行政审批制度来解决，否则改革可能止步不前。国务院撤销部分行政审批无法正本清源，因此通过权力机关就行政审批中涉及根本性质和基本原则的法律进行调整成为推进改革的有效做法。2012 年 12 月，全国人大常务委员会作出《全国人大常务委员会授权国务院在广东省暂时调整部分法律规定的行政审批决定》。2013 年 8 月，全国人大常务委员会作出了《全国人大常务委员会授权国务院在（上海）自由贸易试验区暂时调整有关法律规定的行政审批的决定》。

2013 年，中共第十八届三中全会提出了全面深化农村改革。农村改革的重点在土地产权。农村土地制度改革的重点在于“赋予农民更多财产权利”①。2014 年中央一号文件主题为“深化农村土地制度改革”，其中包含了农村土地承包政策改革、集体经营性建设用地入市改革、完善农村宅基地管理制度和征地制度改革。2014 年 11 月，中共中央办公厅、国务院办公厅印发《关于引导农村土地经营权有序流转发展农业适度规模经营的意见》。2015 年，中央提出“三块地”改革，主要集中于农地征收、集体经营性建设用地入市、宅基地制度改革。2015 年 2 月，全国人大常务委员会授权国务院在北京市大兴区等 33 个试点县（市、区）行政区域暂时调整实施土地管理法、城市房地产管理法中关于农地征收、集体经营性建设用地入市、宅基地管理制度等相关规定。土地制度改革的根源在于我国城乡二元土地制度背景下形成的土地经营体系和利益分配格局。城乡建设用地价格差异过大，加之土地管理法中关于“农地转建设用地的规定”并未对集体建设用地入市保留适当空间，在这一背景下如何赋予农民更多的财产权利成为顺应时代发展的重要航标。改革必须进行，而改革背后存在突破现有法律的问题。党的十八大报告明确提出“重大改革于法有据”“立法决策与改革决策相衔接”的要求，授权暂停法律实施制度应运而生。

（二）党中央对全面深化改革与全面依法治国作出顶层设计

党的十八大以来，“顶层设计”成为一项新的改革理念，突出表现为“有领导、有组织”地系统推进改革。“顶层设计”的改革观与“摸着石头

---

① 冯海发：《对十八届三中全会〈中共中央关于全面深化改革若干重大问题的决定〉有关农村改革几个重大问题的解读》，载于《农业展望》，2013 年第 9 期，第 10 页。

过河”的改革观是辩证统一的关系。党的十八大之后，顶层设计是指一种“自上而下的统筹协调的改革方式”，它与以往的自下而上的渐进式改革不同，面对改革中的一些复杂情况，通过顶层设计来把握改革进度更易于突破改革的藩篱。

2013年第十八届三中全会对全面深化改革作出顶层设计，提出了“全面深化改革的指导思想、目标任务、重大原则，描绘了全面深化改革的新蓝图、新愿景、新目标，合理布局了深化改革的战略重点、优先顺序、主攻方向、工作机制、推进方式和时间表、路线图，汇集了全面深化改革的新思想、新论断、新举措，是我们党在新的历史起点上全面深化改革的科学指南和行动纲领”①。其中最为关键的是提出了深化改革的总目标是完善和发展中国特色社会主义制度，推进国家治理体系和治理能力现代化，决定以经济、政治、文化、社会、生态文明、党建六大改革领域为主线，包括经济制度、市场体系、政府职能、财税体制改革、城乡一体化、开放型经济、政治制度、法治建设、反腐败、文化体制改革、社会事业改革、创新社会治理、生态文明、国防和军队、党的领导。第十八届三中全会的全面深化改革是党的十八大提出的全面建成小康社会的重要动力。习近平在2013年12月召开的中央经济工作会议中明确强调：“要准确推进改革。全会提出的各项改革举措都是经过精心考虑、精密设计的，要按照中央要求来推进，不要事情还没弄明白就盲目推进，不要超出中央确定的界限来推进，过犹不及，弄不好适得其反。要有序推进改革。该中央统一安排的各地不要抢跑，该尽早推进的不要拖延，该试点的不要仓促面上推开，该深入研究后再推进的不要急于求成，该先得到法律授权的不要超前推进。要避免在时机尚不成熟、条件尚不具备的情况下一哄而上，欲速而不达。要协调推进改革。全面深化改革涉及面广，对推进改革的系统性、整体性、协同性的要求大大提高，要注重改革的关联性和耦合性，把握全局，注意协调，力争最大综合效益，避免畸轻畸重、顾此失彼，避免各行其是，相互掣肘。”②

---

① 《中共中央关于全面深化改革若干重大问题的决定》，载于中华人民共和国中央政府网，2013年11月15日，http://www.gov.cn/jrzg/2013－11/15/content_2528251.htm。

② 中共中央文献研究室编：《习近平关于全面深化改革论述摘编》，中央文献出版社，2014年版，第43页。

通过讲话内容可知，第十八届三中全会对改革的部署在内容上体现了顶层设计的全面性，以及顶层设计对地方实践的引领和指导作用，遵循中央推动、地方有序实施、各方协同的步骤进行改革。第十八届三中全会决定对改革突破法律问题作出了一些具体的部署，其中就全面深化改革中涉及的法制改革和法治建设进行了阐释。首先，《中共中央关于全面深化改革若干重大问题的决定》（简称《决定》）提出要充分维护社会主义法制统一、尊严和权威。在处理改革与法制方面，习近平提出“这次全会提出的许多改革措施涉及现行法律制度。凡属重大改革要于法有据，需要修改法律的可以先修改法律、先立后破，有序进行。有的重要改革举措，需要得到法律授权的，要按法律程序进行”。其次，《决定》提出了法治改革，包括适应法治发展的趋势和规律进行的自身改革创新和为了保证、引导和规范改革进行的配套改革。自身改革创新包括立法体制机制改革、行政执法体制机制改革、司法体制机制改革。最后，《决定》内容要求在改革中要加快推进法治中国建设。推进国家治理体系和治理能力的现代化必然要表现为法治现代化，体现为运用法治思维和法治方法深化改革，推动发展，维护稳定。

第十八届三中全会后，党中央成立中央深化改革领导小组，下设专门办公室和 6 个专项小组，具体负责全面深化改革决定中的 60 项改革任务，关于改革的重大原则、方针以及重大改革等措施则由中央深化改革领导小组统一部署。中央深化改革领导小组在 2014 年召开了 8 次会议，审议通过文件 37 件，在 2015 年召开了 11 次会议，审议通过文件 65 件。2015 年始，所有国家机关党组每年年初都需要向中央政治局常务委员会汇报工作，接受中央指示。党中央就改革试点进行了规范。习近平认为试点改革主要解决的是“必须取得突破但一时还不那么有把握的改革”[①]。在党的十八大之后，试点改革被限定在整个顶层设计框架下有组织、有目的地实施进行。从党的十八大召开到 2014 年 12 月，中央深化改革领导小组第三次会议上审议通过改革试点文件 6 项，具体为 2014 年 6 月 6 日审议通过的《关于司法体制改革试点若干问题的框架意见》《上海市司法改革试点工作方案》，2014 年 10 月 27 日审议通过的《关于中国（上海）自由贸易

① 中共中央文献研究室编：《习近平关于全面深化改革论述摘编》，中央文献出版社，2014 年版，第 43 页。

试验区工作进展和可复制改革试点经验的推广意见》，2014 年 12 月 2 日审议通过的《关于农村土地征收、集体经营性建设用地入市、宅基地制度改革试点工作的意见》《最高人民法院设立巡回法庭试点方案》《设立跨行政区划人民法院、人民检察院试点方案》。试点内容均为相关领域内的改革难点。

在全面依法治国方面，党的十八大明确提出了全面依法治国，加快建设社会主义法治国家的战略任务。依法治国成为“四个全面”的重要组成部分，从建设“法治国家”发展到建设“法治中国”。党的十八大明确提出了“科学立法、严格执法、公正司法、全民守法”新十六字方针。党的第十八届四中全会专题研究了全面依法治国，通过了《中共中央关于全面推进依法治国若干重大问题的决定》。该决定与党的第十八届三中全会通过的《决定》组成了姊妹篇。

第十八届四中全会就我国法治建设过程中的突出问题提出了一系列依法治国新观点、新举措。《中共中央关于全面推进依法治国若干重大问题的决定》就《宪法》实施、推进依法行政、保证公正司法、推进法治社会等各方面进行了顶层设计，提出全面依法治国总体目标即建设中国特色社会主义法治体系，建设社会主义法治国家。依法治国需要完善《宪法》为核心的中国特色社会主义法律体系，加强《宪法》实施。深入推进依法行政，加快建设全民法制观念，推进法治社会建设。加强法治工作队伍建设。加强和改进党对全面推进依法治国的领导，针对总体目标提出全局部署，内容涵盖法治改革各个方面。总结起来，第十八届四中全会作出的《中共中央关于全面推进依法治国若干重大问题的决定》论述了中国特色社会主义制度是中国特色社会主义法治体系的根本制度基础，是全面推进依法治国的根本制度保障，安排和部署了如何建设中国特色社会主义法治体系，对全面深化依法治国与全面深化改革的关系提出了具体要求，包括“实现立法和改革决策相衔接，做到重大改革于法有据，立法主动适应改革和经济社会发展需要。实践证明行之有效的，要及时上升为法律，实践条件还不成熟的、需要先行先试的，要按照法定程序作出授权。对不适应改革要求的法律法规，要及时修改和废止”。

《中共中央关于全面推进依法治国若干重大问题的决定》将党的十八大提出的全面建成小康社会、全面深化改革同全面依法治国充分联系起来。改革成果需要法治予以固定，依法治国为深化改革提供了坚实的法律保障。

三、制度建立期（2015 年《立法法》修改）

改革开放以来，改革突破法律的情形包括“改革领域相关法律空白”“改革与现存法律不相适应”。在总结具体实践经验的过程中，2000 年《立法法》将授权立法制度纳入其中，使得改革发展过程中的授权立法实践法制化。针对地方变通立法的情形，《立法法》也作了相应的规定。然而全面深化改革过程中出现的“改革与现存法律之间冲突”的问题已经无法通过授权立法或者扩大地方立法权试点予以解决。伴随着全面深化改革的高速进展与推进法治中国建设目标的急迫需求，改革与现存法律的冲突问题需要运用法治思维予以解决。

在党的十八大和第十八届三中全会、第十八届四中全会召开后，完善中国特色社会主义法律体系，推进国家治理体系和治理能力现代化，推进依法治国，建立社会主义法治国家，建设法治中国成为重要的时代任务。纵观建成小康社会的总体目标、全面深化改革、全面依法治国三者之间的关系，依法治国是根本，是核心。《立法法》作为调整立法关系的根本法，有必要对其进行修改完善，从而释放法治的效力。在经过认真总结科学立法和民主立法的实践经验基础上，全国人大常务委员会经过 2014 年 8 月、12 月及 2015 年 3 月三次会议审议后，于 2015 年 3 月最终通过了《立法法》修正案，其中新增第十三条，就改革突破法律时可进行授权暂停法律实施作出了“全国人大及其常务委员会可以根据改革发展的需要，决定就行政管理等领域的特定事项授权在一定期限内在部分地方暂时调整或者暂时停止使用法律的部分规定”的明确规定。

（一）授权暂停法律实施制度建立的原因

1. 从宪法形态变革的角度

有学者从法理角度对宪法形态进行了分类，将宪法形态分成三种：政治形态、法律形态、社会形态。这三种形态体现出宪法的三重属性——政治属性、法律属性、社会属性。这种观点主要见于美国当代宪法学家、政治学家罗文斯坦的学说著作。宪法的发展形态可以依托这种对形态的分类，不同的宪法形态体现在不同时代的宪法文本中，对宪法形态变革的理解有助于疏解对立宪、行宪过程中遇到的困境。有学者认为“宪法的属性所对应的宪法演进形态，并不是严格依照先后顺序依次显现。各种形态之间或有牵连，或有重叠，应当将宪法属性同宪法演进形态进行相互印证”①。但是从根源上看，宪法形态必然有个不断演进的过程，由政治性向法律性、社会性演进。

宪法的重要属性“政治性”对应着宪法的政治形态。立宪的过程和宪法的内容通常是围绕政权的合法性问题和国家统治根基问题展开。② 宪法的产生必然是基于对某种政治目的的确认，对于政权存在的肯定，通过宪法规范对政权合法性、政府组织形式、政治权力的源头和权力的分配等进行最高权威的确认。这种政治属性作为立宪阶段的重要属性，贯穿于整个宪法产生的实施过程中。如果运用政治属性对产生过的《宪法》进行分析，可以发现 1982 年以前的《宪法》的政治属性带有“革命”特征，“八二宪法”的政治属性则体现了鲜明的改革意图，在一定程度上可以被认为属于“改革宪法”③。宪法的另一个重要属性“法律性”对应着宪法的法律属性，宪法所秉承的理念和价值需要通过具体法律的实施得以实现。立宪意味着政治宣言和纲领的确认，接着就是宪法的真正实施并彰显它对社会生活的影响，这就集中体现了宪法的法律属性。法律性的宪法意味着把政治争论置于法律的语言和修辞之中。④ 我国经历了宪法司法化尝试和摒弃的过程，目前的宪法法律属性主要是通过“合宪性审查机制”的探索和构建得以体现的。作为宪法发展的高级形态，宪法的社会属性本质主要通过“宪法如何保持作为社会变革和建设工具的持续价值以及宪法经验在不同社会中是否可输出以及交换”⑤ 来体现。宪法的社会属性要求宪法和社会生活建立紧密的联系，因此社会变革带来了频繁的宪法修改，“八二宪法”制定后便经历了数次修改。宪法的频繁修改在一定程度上体现了其不稳定性，这种不稳定会损害宪法的权威。为了维护宪法权威，这种宪法形

---

① 万娟娟：《宪法发展形态论》，载于《河北法学》，2018 年第 2 期，第 163 页。

② 万娟娟：《宪法发展形态论》，载于《河北法学》，2018 年第 2 期，第 163 页。

③ 朱军：《论全国人大授权制度的法理基础与实践完善》，载于《内蒙古社会科学》(汉文版)，2018 年第 2 期，第 95 页。

④ Finn，John E，Peopling the constitution，University Press of Kansas，2014，p. 98.

⑤ ［美］小伍德福德·霍华德：《从比较法的观点看宪法和社会》，李凌燕译，载于《环球法律评论》，1989 年第 3 期，第 10 页。

态必然会转向一种“宪制宪法”，仅仅靠修改宪法满足改革需求是无法保障宪法权威的，应该赋予改革合法性和正当性，真正实现“重大改革于法有据”，通过改革来促进法律和宪法的实施。

2. 从党对立法的领导的角度

1982 年《宪法》的颁布深化了党对立法工作的领导。在探索党领导立法的过程中形成了一些重要的观点，包括“我们的法律是党和国家的方针、政策的定型化。法律是党领导制定的，但是必须经过全国人民代表大会或全国人大常务委员会审议通过”①。有学者分析党领导立法的法理基础即“目的和手段”的关系。党对立法的领导需要考察关于党领导立法的三项文件：1991 年 2 月中共中央印发的《关于加强对国家立法工作领导的若干意见》，2005 年制定的《中国共产党全国人大常务委员会党组关于进一步发挥全国人大代表作用加强全国人大常务委员会制度建设的若干意见》，2016 年中共中央印发的《关于加强党领导立法工作的意见》。三个文件明确了党领导立法的原则、体系和格局，在提出党需要明确领导方式的同时加强了人大对立法的主导作用。

授权暂停法律实施制度的形成来源于习近平总书记提出的“重大改革于法有据”的明确要求。只有实现了党对立法的领导，才能将党的正确方针上升为国家的意志即法律，只有加强全国人大的立法能力，才能更好地实现政策的转化。因此“重大改革于法有据”的政治领导是为了将重大的改革决策转化为国家意志，成为法律。只有通过全国人大民主、科学、依法立法，将执政党的领导决策上升为法律，才能更好地发挥党的政策的引领作用，这是一个相辅相成的关系。“重大改革于法有据”转化为“授权暂停法律实施制度”是完善党领导立法的必要做法。

3. 从促进宪法实施的角度

宪法实施的重要途径包括宪法解释和宪法监督机制的建立和完善。宪法监督机制的运转在一定程度上依赖于宪法解释。宪法解释是指在具体事例中阐明宪法条文含义的实践活动。② 宪法监督主要包括：对行为或者法律文件等现象是否违宪进行审查，并作出是否违宪的结论；对违宪行为或

---

① 彭真：《彭真文选（1941—1990 年）》，人民出版社，1991 年版，第 389 页。

② 刘国：《我国宪法实施与释宪机制的完善探析》，载于《法学评论》，2016 年第 2 期，第 30 页。

者法律文件等现象予以纠正、撤销，并追究相关违宪主体的责任。[①] 目前，我国尚未形成完备的宪法解释机制和监督机制，除《宪法》第六十二条规定“全国人民代表大会行使监督宪法实施的职权”，我国并未规定任何具体的监督机制，也并未规范宪法解释机制。在宪法实施缺乏宪法解释和宪法监督机制的情况下，需要由我国最高国家权力机关对具体的实践活动进行授权，代表人民意志的国家权力机关的授权默示了行为的合法（宪）性，从维护宪法权威的角度，授权暂停法律实施制度是促进宪法实施的必然选择。

（二）授权暂停法律实施制度的原则

1. 全国人民代表大会及其常务委员会责任主体原则

全国人民代表大会及其常务委员会作为最高国家立法机关，在行使立法权过程中应当充分发挥其主体地位。授权暂停法律实施属于行使职权的重要内容，要强调其责任主体的地位。全国人大及其常务委员会在作出授权暂停法律实施决定前、作出决定时、作出决定后实施过程中、期限届满后这四个过程中都肩负着组织、引导、监督、评估以及审议职责。因此调整或者停止法律适用制度的构建应当充分考虑全国人大及其常务委员会在每个环节中的职权配置。

2. 授权审慎性原则

授权审慎性原则主要包含两个层次的要求。首先是基于法律修改原则所要求的稳定性而提出的审慎性原则。法律修改在一定程度上影响了法律的稳定性，虽然被修改的法律一般经过了反复论证且确有修改必要，但仍然会造成法律稳定性的受损。法律的常规修改尚且有损法律的稳定性[②]，授权暂停法律实施决定在试点区域内暂停生效法律的行为，对法律稳定性带来的挑战更不可估量。因此在授权暂停法律实施决定作出之前，进行可行性、必要性论证也是必备程序。其次是授权暂停法律实施在调整的法律规范方面并没有明确的条件约束，既有可能包括尚未制定法律规范的事

---

① 刘松山：《备案审查、合宪性审查和宪法监督需要研究解决的若干重要问题》，载于《中国法律评论》，2018 年第 4 期，第 29 页。

② 蔡金荣：《授权国务院暂时调整法律实施的法理问题——以设立中国（上海）自由贸易试验区为例》，载于《法学》，2014 年第 12 期，第 66 页。

项，也包括已经制定法律规范的事项，因此授权暂停法律实施需要坚持审慎原则，针对改革迫切需要的事项进行授权。

3. 授权明确性原则

授权明确性原则的作用主要是针对授权暂停法律实施过程中可能出现的对法律稳定性的损伤。因为公权力是法无授权不可为，并且其权力往往会对公民权利造成一定的克减，所以授权调整或者停止法律适用需要严格遵循明确性的原则。具体而言，授权明确性主要体现在授权决定中需要明确包含授权目的、被授权机关、授权事项范围、授权调整或者停止法律适用的具体期限、具体范围以及调整或者停止的法律条款，不能无边界、无条件限制地授权。这是针对授权决定内容的要求，其实也是授权审慎性原则在具体决定内容层面的体现。

4. 坚持平等原则

《宪法》第三十三条第二款明确规定“中华人民共和国公民在法律面前一律平等”①。平等是我国《宪法》的构成性原则，也是公民的基本权利。平等原则要求所有中国公民平等地享有法律赋予的权利，承担法律规定的义务。授权暂停法律实施制度设置在试点区域的试验行为在形式上对平等原则带来了冲击，但授权暂停法律实施制度本身并非针对特定区域和具体对象的授权决定，其本质是为将试验成果推广至全国而进行试点。因此在作出授权暂停法律实施决定时，要充分论证改革的必要性，发挥党的领导在改革决策中的核心作用，严格选择试点区域以及试点时间，对调整或者停止使用的法律规范设置合理的替代方案，最大化地保障公民平等享有基本权利。

5. 坚持法制统一原则

《宪法》第五条第二款规定“国家维护社会主义法治的统一和尊严”②。此项规定体现了《宪法》对法制统一原则的基本要求。法制统一原则的基本要求即“一个统一的主权国家范围内，有统一的立法权、统一

① 《中华人民共和国宪法》(2018 年修正)。

② 《中华人民共和国宪法》(2018 年修正)。

的司法权、统一的法律解释权、统一的法律监督权、统一的法律体系”①。授权暂停法律实施在形式上似乎违背了法制统一的要求，但是其最终目的是修改法律或者创制新的法律，因此在暂停法律实施过程中对其内容和条件进行限定，不得违背《宪法》基本原则和精神，也不得抵触基本法律中的基本原则，仅仅就授权限定的具体事项在限定时间和区间内进行调整，不得超出授权规定的范围。在授权暂停法律实施过程中，加强对替代内容的合宪性审查，调整或者停止法律适用的终极目标在于对现行的法律规范不断进行完善，因此在实施过程中所呈现的部分不一致的外在表现形态并不影响其最终价值目标的实现，应该承认“不冲突”。对法制统一的判定标准应当从“一致”向“不冲突转化”。②

（三）授权暂停法律实施制度的价值

截至目前共有 26 项授权暂停法律实施决定产生。这些决定涉及行政审批制度改革、司法体制改革、行政管理体制改革、国家机构改革、国防和军队改革。这些改革成效显著，在实践和理论方面展现出诸多价值。

1. 实践方面的价值

（1）行政审批制度改革方面

2013 年《中共中央关于全面深化改革若干重大问题的决定》规定进一步简政放权，深化行政审批制度改革。全国人大常务委员会在 2012 年、2013 年、2014 年、2015 年、2019 年作出了 6 项授权暂时调整或者停止法律适用的决定，主要涉及经济管理领域的行政审批改革，主要解决国内经济转型需求和国际对外贸易话语权的取得问题。目前失效的授权决定为 2013 年 8 月全国人大常务委员会关于授权国务院在中国（上海）自由贸易试验区暂时调整或者停止法律规定的行政审批的决定，失效原因为全国人大常务委员会修改了《中华人民共和国外资企业法》等四部法律的决定。2012 年 12 月全国人大常务委员会授权广东省暂时调整部分法律规定的行政审批决定中，仅有两项调整适用的法律规范尚未修订，其他调整或

① 蔡华、王逸飞：《法制统一原则再思考》，载于《云南社会主义学院学报》，2014 年第 3 期，第 167 页。

② 蔡华、王逸飞：《法制统一原则再思考》，载于《云南社会主义学院学报》，2014 年第 3 期，第 168 页。

者停止适用的法律规范已经修订。2015 年 3 月全国人大常务委员会授权国务院在中国（广东）自由贸易试验区、中国（天津）自由贸易试验区、中国（福建）自由贸易试验区以及中国（上海）自由贸易试验区扩展区域暂时调整有关法律规定的行政审批决定失效，失效原因也是《中华人民共和国外资企业法》等四部法律涉及的暂时调整或者停止的法律规范已经获得修订。目前关于《药品管理法》的暂时调整或者停止法律适用决定还在实施过程中，关于实施股票发行注册制改革中调整适用《中华人民共和国证券法》的决定目前延期。行政审批制度方面的授权调整或者停止法律实施决定对行政审批改革产生了实效，最为突出的表现就是改革试点证明暂时调整或者停止法律实施有效，最终促进了相关法律制度的修改，同时在行政审批事项数量上实现了大幅精简，行政审批流程明显实现了简化。

（2）司法体制改革方面

司法体制改革作为我国政治体制改革的重要组成，被视为促进社会进步和民主法治建设发展的动力。依据党中央的相关政策文件，可以大致梳理出司法体制的改革和完善的发展脉络。党的十五大提出“依法治国、建设社会主义法治国家，推进司法改革，从制度上保证司法机关依法独立公正地行使审判权和检察权”；党的十六大提出“要深化司法体制改革，进一步健全权责明确、相互配合、相互制约、高效运行的司法体制”；第十七大提出“要深化司法体制改革”；党的十八大提出“进一步深化司法体制改革”；第十八届三中全会则提出“对司法体制改革作出全面、深入部署和安排”；第十八届四中全会对司法体制改革提出进一步、更高的要求；党的十九大之后提出要不断深化司法体制综合配套改革。

司法体制改革过程采取了试点改革的方式。究其原因主要包括：司法公信力危机愈发严重、司法体制改革范围广、触动既有规制秩序、体制改革全面铺开风险大、基层实践特点迥异但富有创新精神、党中央理政经验的决策指引。① 试点改革提升了司法体制改革方案的可行性，但试点改革不是无限制地随意推进，第十八届四中全会明确提出“实现立法与改革相衔接，做到重大改革于法有据、立法主动适应改革发展需要。实践证明行之有效的，要及时上升为法律。实践条件还不成熟的、需要先行先试的，

① 刘风景：《论司法体制改革的试点方法》，载于《东方法学》，2015 年第 3 期，第 115 页。

要按照法定程序作出授权”。试点改革作为党中央的政策方针，只有上升为国家意志才能更好地维护国家的整体秩序，因此在改革过程中必然要坚持尊重制度规范，依法试点。司法体制改革不同于其他改革，其改革内容涉及国家机关权力的运行。司法制度相关立法体系较为完备且覆盖面广，司法改革层次多且内容丰富，因此必然需要严格进行制度层面的约束，以保证单一制国家司法权归人民所有的基本权力分配形态。坚持最高国家权力机关对改革试点的制度约束，对司法体制改革中可能突破全国人大既有法律规范的情况予以明确授权，从而正本清源，将改革控制在合法合宪的正常秩序之下。具体涉及的暂时调整或者停止法律适用的改革决定有2014年6月发布的《全国人民代表大会常务委员会关于授权最高人民法院、最高人民检察院在部分地区开展刑事案件速裁程序试点工作的决定》，2015年4月发布的《全国人民代表大会常务委员会关于授权在部分地区开展人民陪审员制度改革试点工作的决定（草案）》，2015年7月发布的《全国人民代表大会常务委员会关于授权最高人民检察院在部分地区开展公益诉讼试点工作的决定》；2016年9月发布的《全国人大常务委员会关于授权最高人民法院、最高人民检察院在部分地区开展刑事案件认罪认罚从宽制度试点工作的决定》，2019年12月发布的《全国人民代表大会常务委员会关于授权最高人民法院在部分地区开展民事诉讼程序繁简分流改革试点工作的决定》。2015年的人民陪审员制度试点在2017年以延期决定的形式继续试点一年，2018年4月27日公布实施《中华人民共和国人民陪审员法》后，授权决定仍然有效。2015年4月关于开展公益诉讼试点工作的决定于2017年4月到期，全国人大常务委员会在2017年6月27日发布的关于修改《中华人民共和国民事诉讼法》和《中华人民共和国行政诉讼法》的决定中明确规定“公益诉讼”授权决定仍然有效。2016年9月授权试点刑事案件速裁制度以及决定中继续试点的认罪认罚制度于2018年9月到期，2018年10月发布的《全国人民代表大会常务委员会关于修改〈中华人民共和国刑事诉讼法〉的决定》明确规定了认罪认罚和刑事案件速裁相关制度，授权决定仍然有效。

综上可见，司法制度的试点基本促成了对已有法律规范的修改。

（3）行政管理体制改革方面

全国人大常务委员会关于行政管理体制改革方面的授权决定，即2015年2月发布的《全国人民代表大会常务委员会关于授权国务院在北京市大兴区等33个试点县（市、区）行政区域暂时调整实施有关法律规定的决定（草案）》，2015年12月发布的《全国人民代表大会常务委员会关于授权国务院在北京市大兴区等232个试点县（市、区）、天津市蓟县等59个试点县（市、区）行政区域分别暂时调整实施有关法律规定的决定》，2016年12月发布的《全国人民代表大会常务委员会关于授权国务院在部分地区和部分在京中央机关暂时调整适用〈中华人民共和国公务员法〉有关规定的决定》，2017年1月实施的《全国人民代表大会常务委员会关于授权国务院在河北省邯郸市等12个试点城市行政区域暂时调整适用〈中华人民共和国社会保险法〉有关规定的决定》。以上四项决定均为行政管理体制改革方面的授权决定。①

我国行政管理体制改革从1982年至今主要经历了6次较大改革，每次改革的内容和焦点都各不相同。1982年的改革主要是精简机构、减少编制和领导职数，1988年的改革主要是转变政府职能使其适应经济发展，1993年的改革主要是建立适应社会主义市场经济体制的管理制度，1998年的改革主要是对投资、金融、外贸体制进行改革，大幅度压缩编制，2003年的改革主要进行简政放权和行政审批制度的改革，2008年的改革主要是实行大部制改革，解决机构臃肿问题。② 2003年温家宝对行政管理体制改革的问题进行了阐述，“行政管理体制改革的关键在于推进政府管理创新，最根本的是转变政府职能”③。行政管理体制改革包含转变政府职能、实行依法行政、推行政务公开、建立民主参与制度、加快电子政务建设、加强廉政建设等。④ 经过六次改革，行政管理体制改革仍然存在诸多问题，包括政府职能转变不良，职责法律依据缺乏，行政权责监督问责机制不健全等。只有通过全面深化政治体制改革才有可能解决这些体制层面的难题，因此授权决定这种形式发挥了它的历史性作用。

---

① 以上列举的授权决定均不包括延期或通过新决定变相延期的情况。

② 刘影：《新时代我国行政管理体制改革探析》，载于《管理观察》，2018年第7期，第53页。

③ 温家宝：《深化行政管理体制改革，加快实现政府管理创新——在国家行政学院省部级干部政府管理创新与电子政务专题研究班上的讲话》，载于《国家行政学院学报》，2004年第1期，第5页。

④ 中国行政管理学会课题组：《深化行政管理体制改革的理论与实践》，载于《中国行政管理》，2003年第3期，第6页。

2015 年全国人大授权国务院进行集体建设用地使用权制度改革、宅基地审批制度改革、征地补偿制度改革的决定，在 2017 年 11 月通过全国人大常务委员会授权的形式延长了一年，试点结束时间为 2018 年 12 月 31 日。2015 年 12 月全国人大常务委员会授权国务院在北京市大兴区等地进行的农村承包土地经营权抵押贷款试点和农民住房财产权抵押贷款试点决定，也于 2017 年 12 月通过全国人大常务委员会授权的形式延长至 2018 年 12 月 31 日，此后又延长到 2019 年 12 月 31 日。2019 年 8 月 26 日发布了《〈中华人民共和国土地管理法〉修正案》，2020 年 1 月 1 日正式实施。2017 年 1 月实施的全国人大常务委员会授权国务院进行调整适用《中华人民共和国社会保险法》有关规定的决定目前正在试验期内，因此尚未出现制度的修改或其他的变化。2016 年 12 月实施的全国人大常务委员会授权暂时调整或者停止使用《中华人民共和国公务员法》相关规定的决定目前也正在两年的试验期内，因此也尚未出现对暂时调整或者停止法律规范的修改或者恢复。虽然全国人大常务委员会关于修改《中华人民共和国法官法》等八部法律的决定中有包含对《中华人民共和国公务员法》的条款的修改，但均未触及授权决定调整或者停止使用的法律规范。

（4）国防和军队改革方面

1997 年，中共中央确立了国防和军队建设“三步走的国家发展战略”。① 习近平总书记在党的十九大报告中对国防和军队建设发展提出了新的战略安排，要求国防和军队建设“同国家现代化进程相一致，全面推进军事理论现代化、军队组织形态现代化、军事人员现代化、武器装备现代化，力争到 2035 年基本实现国防和军队现代化，到本世纪中叶，把人民军队全面建成世界一流军队”②。

全国人大常务委员会针对国防军队改革进行的授权主要是 2016 年 12 月的《关于军官制度改革期间暂时调整适用相关法律规定的决定》。该决定涉及调整适用几部法律中的部分条款。2017 年 11 月全国人大常务委员会还作出了《关于中国人民武装警察部队改革期间暂时调整适用相关法律

---

① 肖天亮：《全面推进国防和军队现代化的战略部署》，载于《前线》，2018 年第 5 期，第 33 页。

② 习近平：《决胜全面建成小康社会　夺取新时代中国特色社会主义伟大胜利——在中国共产党第十九次全国代表大会上的报告》，人民出版社，2017 年版，第 53 页。

规定的决定》。这两项决定均未规定试验时间，根据授权决定名称可以界定为在军官制度改革期间和武装警察部队改革期间。2019 年 3 月 8 日，栗战书在向第十三届全国人民代表大会第二次会议作出的《全国人民代表大会常务委员会工作报告》中提出制定“军民融合发展法”“退役军人保障法”，修改《现役军官法》《兵役法》《人民武装警察法》。

（5）国家机构改革方面

有关国家机构改革方面的授权决定主要是 2016 年 12 月《全国人民代表大会常务委员会关于在北京市、山西省、浙江省开展国家监察体制改革试点工作的决定（草案）》，2017 年 11 月《全国人民代表大会常务委员会关于在全国各地推开国家监察体制改革试点工作的决定（草案）》，2018 年 3 月 20 日中华人民共和国第十三届全国人民代表大会第一次会议通过《中华人民共和国监察法》，公布之日起即实施。两项授权决定中涉及的暂时调整或者停止的法律规范包括：（1）《中华人民共和国行政监察法》，（2）《中华人民共和国刑事诉讼法》第三条、第十八条、第一百四十八条等规定，（3）《中华人民共和国人民检察院组织法》第五条第二项，（4）《中华人民共和国检察官法》第六条第三项，（5）《中华人民共和国地方各级人民代表大会和地方各级人民政府组织法》第五十九条第五项内容。以上法律规范中（1）失效，（2）、（3）、（4）均修订，（5）尚未修订，目前授权决定仍然有效。

监察体制改革授权试点的实践价值在于从根本上实现了制度试点的初衷，形成了新的国家机构。2018 年 3 月 11 日，《〈中华人民共和国宪法〉修正案》于第十三届全国人民代表大会第一次会议通过，于《宪法》第三条第三款、第六十二条、第六十三条、第六十五条第四款、第六十七条、第八十九条、第一〇一条、第一〇三条第三款、第一〇四条、第一〇七条第一款中修改增设了关于监察制度的规定，同时《宪法》第三章“国家机构”增加第七节“监察委员会”。

授权暂停法律实施制度在具体的实施过程中获得了明显的成效，推动了很多法律规范的修改或更新。制度的运行切实解决了部分改革过程中既有法律规范与改革不相适应的问题，授权暂停法律实施制度促进了改革与法治关系的融合，加强了依法治国的切实实践力度。

2. 授权暂停法律实施制度为我国法治理论提供了有益的启发

（1）授权暂停法律实施制度优化了超前立法观

所谓超前立法，是指具有立法权的国家机关为了更有效地实现统治阶级的意志和利益，根据事物发展的客观规律，针对某些尚未成熟或者处于未然状态的社会关系，预先所进行的以促进、阻碍或者禁止该社会关系出现的立法。① 超前立法在我国被提出并适用，最早是以服务经济体制改革为目的，以实现法治与经济发展同步的需求。

超前立法观的法理基础主要体现在：第一，理性与经验的统一；第二，立法兼具主动和被动之功能特点；第三，立法建构与改革相生相和。超前立法观秉持在一定条件下立法于改革经验之前，针对一些可预见的情形抛开具体的经验积累直接立法。授权暂停法律实施制度优化了超前立法观，它缓和了“改革先还是立法先”的难题，不否认超前立法的价值，而是将超前立法的内涵进行了拓展，将授权暂停法律实施也包含在“立法”范畴中，并不即刻制定在全国范围内产生效力的法律规范，而是采取“试验”形式处理立法与实践经验的辩证矛盾，从而优化了超前立法观。

（2）授权暂停法律实施制度为法治改革观的深化提供了实践经验

授权暂停法律实施制度是对超前立法观的优化，笔者认为授权暂停法律实施制度是对法治改革观的实践。有学者认为，在对法律和社会关系的调适中，法治能够引领改革，法治改革观的内涵可以理解为以现代法治确定改革的目标，以法治方式推动改革进程。② 在法治改革观中，对改革和法治的理解不是按照惯常的辩证关系进行的，而是直接将法治认定为引领者。理由如下：第一，法治能够遏制改革沦为“革命”。第二，法治先行能够避免高风险改革的不良后果。“当社会矛盾激化、社会转型风险因素增多时，一些高风险的改革措施往往难以出台，因为已有的社会矛盾或秩序失范的状态加上高风险改革，可能会突破社会既有风险的承受能力，把改革进程导向失控的状态，这是渐进式改革所力求避免的情况。”③ 第三，

---

① 刘风景：《超前立法论纲》，载于《中国人民大学学报》，1999 年第 3 期，第 66 页。

② 陈金钊：《法治改革观及其意义——十八大以来法治思维的重大变化》，载于《法学评论》，2014 年第 6 期，第 8 页。

③ 江必新：《辩证司法观及其应用》，中国法制出版社，2014 年版，总序。

法治能凝聚改革内容。改革的方式强调了所有的改革措施都要符合法治思维，以法治方式展开，都将通过法律的立、改、废手段来实现，使改革更加稳定、更加有序、更加科学地展开。[①] 第四，改革举措具备法治化的说服力。

授权暂停法律实施制度是为了实现全面深化改革与依法治国相适应而产生的，制度本身坚持改革依据“法治”手段，即通过全国人大授权来暂时实施法律的部分规定，来保障改革举措突破现有法律规范的情形，保障法治对改革的引领作用，一切改革均在法治之后，授权之后才可改革。授权暂停法律实施制度是新时代改革与法治融合的产物。

① 陈金钊：《法治共识形成的困难——对当代中国“法治思潮”的观察》，载于《法学论坛》，2014 年第 3 期，第 58 页。

第二章　授权暂停法律实施制度的理论逻辑

授权暂停法律实施制度是改革开放过程中为应对改革突破法律这一问题而产生的新制度。为了满足全面建成小康社会的总体目标，实现国家治理体系和治理能力现代化的要求，需要继续探索释放此制度效能的具体方式，构建授权暂停法律实施制度的应然框架，探索授权决定制定和实施过程中应当遵循的理论逻辑，确定授权暂停法律实施应然状态的理论参照。在作出授权决定时，既要保障《宪法》和法律的实施，也要确保改革发展需求得以实现。

第一节　理论起点："新"改革方法论

作为应对改革与法律冲突的制度，授权暂停法律实施制度本质上是改革发展进程中针对突出的改革难题所形成的策略和方法的制度化。方法与策略是制度形成的起点，也是授权暂停法律实施制度理论逻辑的起点。

改革开放之后，在改革实践中形成的具体方法和策略成为"改革方法"，在此之前的关于社会变革和社会发展变化的实践与理论均可以统称为"改革方法论"。但值得注意的是 1978 年之前的"改革"更倾向于"变革"，因此改革方法论的研究起点更适宜定为 1978 年。笔者认为 1978 年到 2012 年之间，基于改革实践需要所形成的改革方法为"旧"改革方法，党的十八大至今所形成的新时代改革方法为"新"改革方法。这种划分的依据是党的十八大提出的"四个全面"战略布局。党的十八大之后的改革发展难度更大、深度更深、内容更复杂，因此新时代改革方法也呈现了新的特点。

一、对“旧”改革方法论的反思

（一）“旧”改革方法论的产生背景

“旧”改革方法论主要指1978—2012年基于改革开放的实践需求所形成的、关于改革策略与方法的、指导改革工作的基本遵循。它是规范改革行为的基本依据。① “旧”改革方法论的产生历经马克思、恩格斯社会变革理论—列宁社会变革理论—毛泽东的社会主义矛盾理论。在变化发展过程中，“旧”改革方法论不断丰富和完善，马克思主义理论作家对社会主义社会的假想逐渐成为现实，其中值得注意的是，毛泽东的社会矛盾理论对“旧”改革方法论的形成发挥了关键作用。

1. 马克思、恩格斯关于社会变革的方法论

马克思、恩格斯关于社会变革的理论见诸马克思主义哲学方法论，即辩证唯物主义和历史唯物主义。马克思主义哲学观点认为，这是历史唯物主义对社会发展的基本观点。辩证唯物主义包含了狭义的辩证唯物主义、唯物辩证法、历史唯物主义。其中历史唯物主义被看作马克思主义哲学关于人类历史和社会的哲学理论。辩证唯物主义和唯物辩证法认为事物发展的动力、源泉和实质内容即“矛盾”和“对立统一规律”。历史唯物主义的基本观点认为“社会基本矛盾是社会发展的根本动力”。

马克思主义哲学首先分析了矛盾的对立统一关系，进而提出了推动社会进步发展的基本矛盾，即“生产力和生产关系、经济基础和上层建筑”的矛盾，这两对矛盾自身也存在对立统一关系。而马克思主义哲学认为正是矛盾自身的对立统一关系促进了自身的发展和变革。马克思主义哲学中矛盾的同一性和斗争性的关系如下：任何事物内部都存在矛盾，而矛盾内部也存在两个基本属性，即同一性和斗争性。唯物辩证法观点认为有条件的相对的同一性和无条件的绝对的斗争性结合起来，构成一切事物的矛盾运动。矛盾内部的同一性和斗争性主要在物质的量变和质变过程发挥作用，矛盾的斗争性促进事物从量变到质变，矛盾的同一性则是为事物内部

① 陈曙光、刘小莉：《改革方法论与方法论改革》，载于《思想理论研究》，2018年第2期，第32页。

矛盾双方相互依存、发展并向着自身对立面转化的趋势，矛盾内部双方的关系促进了事物的发展。历史唯物主义认为人类社会发展的根本动力也来自矛盾对立统一关系，生产力与生产关系的矛盾运动、经济基础与上层建筑的矛盾运动共同促成了人类社会的发展变革进步。

生产力是具有劳动能力的人和生产资料结合后共同作用形成的改造自然的能力。生产关系是在生产过程中形成的人与人之间的关系，生产资料所有制是生产关系的基础。“随着新生产力的获得，人民改变自己的生产方式，随着生产方式即谋生的方式的改变，人民也会改变自己的一切社会关系。手推磨产生的是封建主的社会，蒸汽磨产生的是工业资本家的社会。”① 生产力的发展会促使生产关系发生变化，如果生产关系不适应生产力的需求，便会阻碍生产力的发展，这种情况下就会发生社会变革，新的生产关系就会取代旧的生产关系，以适应生产力发展的需求，由此循环往复、不断发展。

经济基础决定上层建筑的矛盾运动理论认为：“人民在社会生产中产生一定的、必然的、不以他们的意志为转移的关系，即同它们的物质生产力在一定发展阶段相适合的生产关系。这些生产关系的总和构成社会的经济结构，上层建筑竖立其上并有一定的社会意识形态与之相适应。”② 这段话阐述了经济基础是由生产关系总和构成的，上层建筑置于经济基础之上。上层建筑与经济基础之间的对立统一关系主要体现为：上层建筑与经济基础之间是不同步的，经济基础作为社会发展变化的物质基础，决定着上层建筑的产生与变革，上层建筑通过政治和思想方面的作用维护经济基础。一般情况下，如果上层建筑维护的经济基础总体是符合社会需求和时代发展要求的，那么社会就会发展进步；相反，如果其维护的经济基础腐朽没落，则会阻碍社会发展。如果上层建筑不适应经济基础时，经济基础则会催生重新构建上层建筑的行为，社会形态便在这种上层建筑与经济基础不断相互作用的情况下发生变化。在经济基础与上层建筑的对立统一关系中，经济基础是更为重要的因素。

---

① ［德］马克思、恩格斯：《马克思恩格斯选集》（第 2 卷），中共中央编译局译，人民出版社，1995 年版，第 32 页。

② ［德］马克思、恩格斯：《马克思恩格斯选集》（第 4 卷），中共中央编译局译，人民出版社，1995 年版，第 695～696 页。

马克思主义社会变革原理蕴含了指导社会变革或者发展的方法和策略。中国共产党作为无产阶级政党，在与资产阶级斗争的过程中，所制定的路线、方针和政策，均需要充分地尊重和把握生产力和生产关系的辩证统一关系。无产阶级需要坚信社会主义终将代替资本主义，通过前期的革命积淀取得政权，建立新的生产关系，建立社会主义的经济制度，大力发展社会主义制度之下的生产力，不断调整生产关系中存在的不适应生产力的情形。值得关注的是，如果社会发展变革放缓甚至停滞不前，则有两种可能：第一种是上层建筑所保障的经济基础不适应时代了，其保障的经济基础抑制了社会发展；第二种则是上层建筑极度不适应经济基础，需要构建新的上层建筑以适应经济基础。这些理论产生的方法论对我国无产阶级政党实现革命和建设发挥了重要的作用。

2. 列宁关于社会变革的方法论

列宁关于社会变革的理论包括“整体社会变革理论”和“对抗性矛盾和非对抗性矛盾”。列宁关于社会变革的理论背后也阐述了一系列可供遵循的促进社会变革、增强社会变革和发展的指导性的方法论。

首先，与马克思主义哲学思想中社会变革理论的观点不同，列宁思想体系中的诸多理论均基于经济文化较为落后的俄国的具体实际而产生，社会变革思想即属于突破了马克思主义的大胆创新。他认为：“我们没有从理论（一切书呆子的理论）所规定的那一端开始，我们的政治和社会变革成了我们目前正面临的文化革命的先导。”① 列宁的社会变革理论是在肯定了马克思历史唯物主义和辩证唯物主义关于社会发展的一般规律基础上的创新。他结合俄国具体的实践探索了“整体社会变革理论”。他认为政治革命是社会变革中的首要任务，因为“真正民主的政治改革，尤其是政治革命，无论何时，无论在何种情形和何种条件下，都不会模糊和削弱社会主义革命的口号。相反，它们总是在促使社会主义革命早日到来，为它扩展基础，吸引更多的小资产阶级和半无产阶级群众参加社会主义斗争。另一方面，政治革命在社会主义革命的过程中是不可避免的，不能把社会主义革命看作是一次行动，而是把它看作是一个充满剧烈的政治和经济动

① ［俄］列宁：《列宁全集》（第43卷），中共中央编译局编译，人民出版社，1987年版，第368页。

荡、最尖锐的阶级斗争、国内战争、革命和反革命的时代”①。在十月革命无产阶级取得政权之后，列宁的社会变革理论不断发展，他认为政治变革、经济变革、文化变革是社会变革的主要内容，三者之间的关系即政治变革是先导，经济变革和文化变革负责巩固政治变革。列宁关于社会变革的理论构建是基于俄国特殊的历史环境，但为其他社会主义国家建设提供了有力的借鉴。整体社会变革理论的方法论体现了社会变革和发展需要政治、经济、文化的整体作用。对经济发展落后的社会主义国家而言，政治变革由于担负着阶级斗争成果的巩固责任，因此需要首先推进，同时也需要实现经济变革和文化变革来不断支持政治变革。

其次，社会矛盾理论作为马克思主义哲学的重要基本内容，在俄国十月革命后被列宁赋予了更多的内涵。列宁不仅提出了社会主义社会基本矛盾的客观存在，同时对社会主义社会基本矛盾及其表现形式进行了新的理论阐述。他通过反驳布哈林的《过渡时期的经济》中提到的“资本主义是对抗的、矛盾的制度”的说法，认为“对抗和矛盾完全不是一回事。在社会主义下，对抗将会消失，矛盾仍将存在”②，创造性地提出了社会主义社会矛盾是“非对抗性矛盾”。

列宁以俄国当时的社会现实为背景，分析了十月革命之后的政权更替并不代表剥削阶级完全消失。“从历史上看，在清除了一代资产阶级的土壤上总是不断出现新的一代，只要土壤还长东西，而土壤长出资产者是要多少有多少的。”③ 他认为当时的俄国社会处于一个过渡时期，先进的社会主义政治制度与落后的经济文化之间的矛盾背后仍然隐藏着阶级斗争，包括国内的战争、剥削者的反抗斗争、对中农的中立、充分运用资产阶级专家的智力能力等，这些斗争都是当时俄国社会矛盾的体现，属于非对抗性的社会矛盾，可以称为人民内部的矛盾，并在社会主义社会的发展进程中产生决定作用。

列宁的非对抗性矛盾的观点不是单一和孤立的，他认为矛盾包括对抗

---

① ［俄］列宁：《列宁全集》（第 26 卷），中共中央编译局编译，人民出版社，1988 年版，第 364 页。

② ［俄］列宁：《列宁全集》（第 60 卷），中共中央编译局编译，人民出版社，1959 年版，第 281、282 页

③ ［俄］列宁：《列宁全集》（第 34 卷），中共中央编译局编译，人民出版社，1985 年版，第 242、257 页。

性矛盾和非对抗性矛盾，对抗性矛盾作为资本主义社会的基本特征影响其发展进程，但资本主义社会仍然有非对抗性矛盾，只是这种非对抗性矛盾并不会发挥决定性作用。随着社会主义社会的建立，无产阶级取得政权，阶级对抗逐渐消失，阶级内部的矛盾逐渐成为社会的主要矛盾，即便在十月革命后的过渡时期，阶级斗争的内容也变得更复杂。除资产阶级与无产阶级的对抗外，阶级内部的矛盾也纷纷涌现，因此非对抗性的矛盾逐渐成为社会矛盾的主要内容，成为推进社会主义发展进程的新能源。这两种矛盾之间同时还存在着相互转化的情形，这是对马克思主义辩证法观点的丰富和发展。两种矛盾的转化主要体现在，充分利用资产阶级的智慧成果，邀请他们参与社会主义建设，将这种对抗关系转化成非对抗关系，以此揭示“没有任何一种现象不能在一定条件下转化为自己的对立面”的内在规律。妥善处理本阶级内部的政治、经济、文化等方面的非对抗性矛盾，科学地预见可能出现的不利发展趋势，判明矛盾的性质。

列宁的非对抗性矛盾观点蕴含的方法论强调了在社会主义社会建设发展过程中，需要认清各种矛盾的性质，尤其是对人民内部矛盾的判定。需要把握矛盾的性质，掌握矛盾转化的可能性，并结合现实条件提前预见矛盾转化的影响因素，避免出现有碍社会发展的情况。

3. 毛泽东关于社会主义社会发展的方法论

毛泽东的社会矛盾理论对推进我国社会主义建设发挥了重要的指导作用。马克思主义哲学思想中关于社会主义社会的理论主要是一种推论，其没有见证实际上的社会主义社会，而列宁主义中关于俄国社会主义矛盾的阐述也是基于俄国当时的实际情况进行的推论，且列宁所处的时代主要是资本主义社会向社会主义社会过渡的时期，因此其无法对社会主义的具体矛盾进行分析和论述。

毛泽东的社会矛盾理论主要包括以下几个方面：

第一，社会主义社会仍然存在矛盾。毛泽东运用矛盾的普遍性原则阐释了事物内部的矛盾绝对不会消失，旧的矛盾的消失必然伴随着新的矛盾的出现。社会主义建立之后，新的矛盾与社会主义相生相伴。在此基础上，毛泽东进一步论证了社会主义社会的基本矛盾和以往社会形态下的基本矛盾无异。毛泽东结合我国社会主义建立发展的实际，运用矛盾普遍性原理和唯物史观基本观点，解答了在巩固和发展社会主义社会过程中所必须面对的社会难题，正确认识并提出了调和对立矛盾的策略。

第二，根据矛盾的普遍性和特殊性的辩证统一关系，毛泽东认为社会主义社会基本矛盾也是普遍性和特殊性的辩证统一。社会主义社会的基本矛盾存在特殊性，“同旧社会……具有根本不同的性质和情况”[①]。社会主义社会基本矛盾的特殊性集中体现在矛盾性质的特殊性、矛盾双方适应的特殊性、矛盾解决方式的特殊性。其中矛盾性质的特殊性主要是指区别于私有制社会中的对抗冲突，体现为敌我矛盾和人民内部矛盾。矛盾双方适应的特殊性主要是针对生产力和生产关系这对矛盾提出的，指“社会主义生产关系比旧时代生产关系更能够适应生产力发展，能够容许生产力以旧社会所没有的速度迅速发展……”[②] 矛盾解决方式的特殊性主要表现在相对于私有社会矛盾双方的对抗性，社会主义社会矛盾更多地属于非对抗性矛盾，通过社会制度的自我更新和自我完善可以得到解决，无须通过暴力革命。

第三，毛泽东不仅认识到了社会主义社会存在矛盾，社会主义社会的基本矛盾具有普遍性和特殊性，同时他还系统地论述了基本矛盾是社会主义发展的根本动力。马克思主义哲学认为内部矛盾是事物发展变化的根本动力，毛泽东大胆地发展了马克思主义哲学思想，提出了社会主义社会基本矛盾论，并运用了重点论方法，提出只有抓住社会主义的主要矛盾，解决社会主义的基本矛盾，才能确保社会主义基本矛盾发挥推动社会发展的作用。社会主义的主要矛盾观点回答了社会主义基本矛盾如何推动社会主义发展的问题，为如何发展提供了明确的理论依据和方法依据。

第四，毛泽东在阐释和构建社会基本矛盾理论的过程中提出了社会主义社会存在两类性质不同的矛盾。毛泽东对矛盾特殊性原理进行了深入研究。他认为社会主义社会基本矛盾的特殊性包括体现阶级对抗的敌我矛盾和体现无对抗的人民内部矛盾。对这两类矛盾的把握是在承认矛盾的普遍性与特殊性对立统一的辩证关系基础上结合我国社会主义政权巩固和社会主义建设的实际所进行的理论原创。毛泽东认为对敌我矛盾和人民内部矛盾的认识仍然要坚持辩证法理论，针对不同的矛盾采取不同的解决方法，充分认识到两种矛盾可能会出现转化，要准确地把握两者的关系，将正确解决人民内部矛盾作为社会主义建设的首要任务，人民内部矛盾即社会主义建设过程中的社会主要矛盾。

---

① 毛泽东：《毛泽东文集》（第 7 卷），人民出版社，1999 年版，第 214 页。
② 毛泽东：《毛泽东文集》（第 7 卷），人民出版社，1999 年版，第 214 页。

毛泽东的社会主义矛盾理论中蕴含了科学的思维方法，承认社会主义存在矛盾，坚持了实事求是的方法论，提出透过现象看本质，具体问题具体分析。明确社会主义社会基本矛盾不仅普遍存在，甚至之前社会形态中的矛盾仍然存在于社会主义社会之中。毛泽东在明确社会主义社会基本矛盾的基础上，结合中国实际提出了两种不同矛盾和运用不同的方法解决矛盾的观点。这种观点为社会主义社会发展过程中面对不同问题时该如何应对提出了方法论依据。他提出的“社会基本矛盾是社会发展的根本动力，而社会主要矛盾是社会基本矛盾特殊性的核心体现”，集中体现了在解决社会主义建设发展过程中的各种矛盾时要抓住“解决人民内部矛盾这个重点，做到有的放矢”。

（二）“旧”改革方法论的基本内容

在经历了社会主义改造以及“文化大革命”之后，党中央逐渐认识到马列主义、毛泽东思想才是指导中国社会主义建设与发展的正确思想。社会主义社会中的内部矛盾需要调节，主要通过不断完善自身制度得以实现。尤其是在经历了“文化大革命”之后，中国的生产力水平处于极其低下的状态，当时的社会主要矛盾是人民日益增长的物质文化需要同落后的社会生产之间的矛盾，社会生产力的低下极大地阻碍了社会主义的建设发展。解决主要矛盾的方法不是通过社会主义革命，而是通过“改革”来实现。第十一届三中全会之后，我国进入改革开放时期。改革是解决社会主义主要矛盾的根本途径，如何改革是改革开放初期着重探索的内容。在社会主义初级阶段，中央提出改革开放应当将重点放在解放和发展生产力上。邓小平认为“社会主义的本质，是解放生产力，发展生产力，消灭剥削，消除两极分化，最终达到共同富裕”①。在解放生产力的同时，也要注意调整生产关系中与生产力发展不相适应的地方，改革是促进矛盾解决的最好方法。改革要以发展生产力为目标，吸收其他社会形态中的优良做法。邓小平明确指出其对计划经济和市场经济的看法，“计划经济不等于社会主义，资本主义也有计划；市场经济不等于资本主义，社会主义也有市场，计划和市场都是经济手段”②。

---

① 邓小平：《邓小平文选》（第3卷），人民出版社，1993年版，第372页。

② 邓小平：《邓小平文选》（第3卷），人民出版社，1993年版，第373页。

改革开放是解决社会主要矛盾的最有效方法，而改革开放这种社会行动也必须要有一套系统的理论予以指导。这套理论即“改革方法论”。改革方法论就是改革的认识、改革的实践和评价改革成效的方法理论。以邓小平为核心的党的第二代领导集体充分探索改革开放实践，经过历史和实践的检验形成了一套行之有效的改革方法体系。笔者认为 2012 年至今的改革方法论是对 1978—2012 年形成的改革方法论的继承和发展，因此，此处“旧”改革方法论意指“邓小平改革方法论”。

“旧”改革方法论是在马克思主义哲学方法论即辩证唯物主义和历史唯物主义基础之上发展起来的理论。其中包含的对为什么改革、如何改革、改革的效果的阐释均是在对生产力与生产关系、经济基础与上层建筑、社会存在与社会意识等哲学原理基础上形成的。

1. 改革的基本方法

改革开放初期，中国改革发展面临旧势力和旧传统观念的双重阻力。旧势力需要解决，旧的传统观念需要革新，人民的思想需要统一，如何保证改革如期推进，一方面需要解放思想，削弱阻力；另一方面需要通过改革实践，统一认识，形成坚强的理论基础。这是改革开放初期推进改革进程的根本方法——坚持解放思想、实事求是。

实事求是是中国共产党长期形成的思想方法，主要体现在：（1）坚持一切从实际出发。邓小平认为：“按照实际情况决定工作方法，这是一切共产党员所必须牢牢记住的最基本的思想方法、工作方法。”① “针对客观现实，采取实事求是的态度，一切从实际出发，我们只有这样做了，才有可能正确地或者比较正确地解决问题。”② （2）坚持调查研究。调查研究是实事求是、一切从实际出发的重要途径，通过各种方法获取真实的资料和信息，运用科学的思维和方法对信息进行去伪存真、去粗取精、由此及彼、由表及里。（3）具体问题具体分析。马克思提出“具体之所以具体，因为它是许多规定的综合，因而是多样性的统一”③。邓小平认为：“马克

① 邓小平：《邓小平文选》（第 2 卷），人民出版社，1994 年版，第 114 页。

② 邓小平：《邓小平文选》（第 2 卷），人民出版社，1994 年版，第 114 页。

③ ［德］马克思、恩格斯：《马克思恩格斯选集》（第 2 卷），中共中央编译局译，人民出版社，1995 年版，第 18 页。

思主义的活的灵魂，就是具体问题具体分析”①。（4）坚持探索与总结相结合。在社会主义建设过程中“大胆地试，大胆地闯”②，在实践中“对的就坚持，不对的赶快改，新问题出来就抓紧解决”。③

邓小平在丰富发展实事求是理论时，将解放思想和实事求是结合在一起，完整地论述了解放思想与实事求是的辩证统一关系。邓小平说：“不打破思想僵化、不大大解放干部和群众的思想，四个现代化就没有希望。”④ 他认为实事求是必然要求解放思想，实践决定认识，客观实践的变化必然要求主观思想与之相适应，主观与客观不能分离，因此坚持实事求是就是要求人的思想认识随着实际不断发展变化。同时，解放思想也意味着实事求是。“解放思想，就是要运用马列主义、毛泽东思想的基本原理，研究新情况，解决新问题”⑤，“解放思想，就是使思想和实际相结合，使主观和客观相符合，就是实事求是”⑥。所以解放思想是实事求是的前提，是达到实事求是的必经环节。

2. 改革的具体方法

除了探究改革开放的哲学基础和根本方法外，还需要研究改革开放初期指导改革的具体操作层面的策略和步骤，包括改革的认识方法、改革的实践方法、改革的评价方法。改革是一个动态的过程，改革的具体方法也随事物的发展变化而变化，因此需要全面系统和深刻地认识改革的具体方法。

（1）改革的认识方法

改革的认识方法是指认识改革的具体思想方法。只有在科学认识了改革问题之后，才能开展正确的改革实践。改革的认识方法不是独立的，它自始至终遵循着解放思想和实事求是的根本思想。邓小平的改革认识方法包括矛盾分析法和系统分析法。

邓小平运用矛盾分析法分析了社会主义社会的基本矛盾，他认为社会主义社会的基本矛盾仍然是马克思主义哲学中阐释的两对重要矛盾，但是

---

① 邓小平：《邓小平文选》（第2卷），人民出版社，1994年版，第118页。
② 邓小平：《邓小平文选》（第3卷），人民出版社，1993年版，第372页。
③ 邓小平：《邓小平文选》（第3卷），人民出版社，1993年版，第372页。
④ 邓小平：《邓小平文选》（第2卷），人民出版社，1994年版，第179页。
⑤ 邓小平：《邓小平文选》（第2卷），人民出版社，1994年版，第364页。
⑥ 邓小平：《邓小平文选》（第2卷），人民出版社，1994年版，第179页。

我国社会主义基本矛盾的特殊性决定了我国现阶段的矛盾是人民内部矛盾，解决矛盾不需要使用暴力，而是通过改革去调整生产关系和上层建筑中与生产力不相适应的部分。邓小平分析社会主义的主要矛盾是集中力量解放生产力、发展生产力。同时，邓小平更通过对中国社会突出矛盾的特殊性的研究，提出了有中国特色的社会主义、中国社会主义市场经济和社会主义现代化。

邓小平运用系统分析方法，充分阐释了如何通过“从整体中把握事物，在矛盾的整体中决策和判断”和“注意整体内部诸要素的联系、系统分析”来认识改革。一般意义上的系统分析法是指“要把解决的问题作为一个系统，对系统要素进行综合分析，找出解决问题的可行方案”①。邓小平运用系统分析方法对改革进行了系统分析，分析了改革的整体目标，提出了“以经济建设为中心、坚持四项基本原则和改革开放”。他认为：“现在需要的是全国党政军民一心一意地服从国家建设这个大局，照顾这个大局。”② 邓小平在1992年重申了党的基本路线，党的十四大确立了社会主义市场经济体制，党的十五大提出“全党要毫不动摇地坚持在社会主义初级阶段的基本路线，把以经济建设为中心同四项基本原则、改革开放这两个基本点统一于建设有中国特色社会主义的伟大实践”③。在此基础上，邓小平对改革开放系统内部的诸要素进行分析，他认为“文化大革命”对我国的经济、政治、文化等各个方面都造成了极大的破坏，他提出了“各方面都存在一个整顿问题”④，“改革是全面的改革，不仅经济、政治，还包括科技、教育等各个行业”⑤。邓小平认为，除了考虑改革整体目标和改革系统各个要素外，还需要考虑改革系统内部的相关性问题，也就是处理好改革与开放的关系，同时处理好改革、发展与稳定的关系。

（2）改革的实践方法

邓小平改革方法论中的实践方法指在改革开放过程中改革主体进行改

① 蔡景浩：《基于系统思考角度谈企业会计制度设计》，载于《广西财经学院学报》，2011年第1期，第90页。

② 邓小平：《邓小平文选》（第3卷），人民出版社，1993年版，第99页。

③ 江泽民：《高举邓小平理论伟大旗帜，把建设有中国特色社会主义事业全面推向二十一世纪》，人民出版社，1997年版，第2页。

④ 邓小平：《邓小平文选》（第2卷），人民出版社，1994年版，第35页。

⑤ 邓小平：《邓小平文集》（第3卷），人民出版社，1993年版，第117页。

革实践的具体方法，其是连接主体与客体关系的重要环节。改革实践方法包括制定科学的战略决策、通过试验实现战略决策、循序渐进推进改革。

在论述邓小平改革方法论的实践方法时，首先需要提出改革实践的前置程序，即先制定科学的战略决策。1981 年在党的第十一届六中全会上，邓小平提出了四个现代化的战略，“把我们的国家，逐步建设成为具有现代农业、现代工业、现代国防和现代科学技术的具有高度民主文明的社会主义强国”①。邓小平根据改革任务的变化调整改革主体行动的节奏，对政治、经济、对外开放都作了具体的战略部署。邓小平改革方法论中最具有现实效果的就是探索试验的方法，主要包括“摸着石头过河”和“建立试验点和试验区”。“摸着石头过河”意味着“在改革实践中，为了取得宝贵经验，克服艰难险阻，通过探索试验，有把握地实现战略目标，达到现代化彼岸的重要方法”②。“摸着石头过河”需要首先明确目标、勇往直前。其次需要在前进的过程中稳扎稳打，要充分把握“稳和闯”的关系。“摸着石头过河”理论符合辩证唯物论的认识论，它并未抛弃理论的指导，而是通过马克思主义哲学理论来引导实践，并通过探索积累经验，发现事物规律，趋利避害，制定符合人民意愿的政策，形成科学完善的理论体系。“建立试验点和试验区”具体是指选择试验地点，通过不断总结经验，逐步扩大开放区。邓小平改革方法论中把握改革节奏的方法为“循序渐进式改革”。循序渐进式改革用邓小平的话说就是“改革开放胆子要大一些，敢于试验，不能像小脚女人一样。看准了的，就大胆地试，大胆地闯”③。改革是存在风险和困难的，需要充分认识改革的风险和步骤，进而有的放矢地推进改革。邓小平改革方法论中把握改革实践进程的方法为“宏观控制法”。邓小平用宏观控制法控制和推进改革实践进程，将建立健全社会主义市场经济列为主要目标，配套推进政治体制改革和社会主义精神文明建设，整体推进社会主义的经济改革。邓小平改革方法论中针对特殊问题的特殊解决方法为“矛盾对立面结合法”。他认为矛盾对立面相结合的方法适用于改革实践就是“一个你吃不掉我，我也吃不掉你的办法”④。基

---

① 中共中央文献研究室编：《十一届三中全会以来重要文献选编》（下），中共中央党校出版社，1981 年版，第 783～784 页。

② 周振国等：《邓小平改革方法论》，河北人民出版社，1997 年版，第 170 页。

③ 邓小平：《邓小平文选》（第 3 卷），人民出版社，1993 年版，第 372 页。

④ 邓小平：《邓小平文选》（第 3 卷），人民出版社，1993 年版，第 97 页。

本的思路即寻找矛盾双方的共同点，将矛盾对立限制在一定范围内，找准结合点，实现矛盾的最好调和。具体案例包括邓小平处理社会主义与市场经济“一国两制”战略构想等，这些例子均是通过对立面结合法来调和矛盾的具体实践。

(3) 改革的评价方法

改革方法论不仅包括改革实践的战略制定、改革的认识方法、改革实践的具体操作方法，还应该包括改革的评价方法，因为只有完整的评价方法，才能确保改革是有目的的行为，确保改革目标的顺利实现。邓小平的改革评价方法主要包括两个方面：以是否实现人民利益为标准进行评价，以是否符合“三个有利于”为标准进行评价。“三个有利于”即“是否有利于发展社会主义社会的生产力，是否有利于增强社会主义国家的综合国力，是否有利于提高人民的生活水平”①。邓小平继承和发展了马克思主义群众史观，他认为“中国共产党的根本宗旨决定了中国共产党进行的社会主义革命和建设都是为了维护人民的根本利益，中国共产党始终践行着全心全意为人民服务的宗旨”，应该充分体现在“共产党人的一切言论行动，必须合乎最广大人民群众的最大利益，为最广大人民群众所拥护为最高标准”②。充分尊重人民对改革的评价，是对改革实施效果最客观的认识，人民群众的客观评价有利于更加深入地推进改革。

(三)“旧”改革方法论面临的新挑战

1. 经济体制方面

从 1978 年到 2012 年，我国经济发展迅猛，国内生产总值从 1978 年的 3678 亿元增长到 2012 年的 53.86 万亿元，34 年间增长了 53.4902 万亿元。在产业结构方面，34 年来，我国三大产业不断优化，农业基础地位不断提高，第二产业发展平稳，第三产业实现了极快增长，出现了跨越式的发展。进出口总额实现持续增长，1978 年进出口总额为 355 亿美元，进口总额为 187.4 亿美元，出口总额为 167.6 亿美元。随着改革开放的不断深入，进出口总额飞速发展，截至 2012 年进出口总额达到了 38671.19 亿美元，进口总额为 18184.05 亿美元，出口总额为 20487.14 亿美元，进

---

① 邓小平：《邓小平文选》(第 3 卷)，人民出版社，1993 年版，第 372 页。
② 毛泽东：《毛泽东选集》(第 3 卷)，人民出版社，1991 年版，第 1096 页。

出口增长了109倍。①

“旧”改革方法论对我国经济发展起到了明显的促进作用，经济不断增长，产业结构不断优化，对外开放水平极大提高。但随着改革的不断深化，经济体制改革面临新的问题：首先是经济增速放缓。2010年经济增长速度指数为10.63%，2011年为9.49%，2012年为7.75%，经济增长速度持续放缓，第一产业发展不稳定，农村农民和土地的问题深层复杂，第二产业平庸化发展，核心竞争力不强，第三产业质量低下。2008年全球次贷危机爆发，我国经济受到重创，国家为了保持国民经济平稳较快发展，出台了一系列经济刺激政策，但随着国内经济的复苏，政策进入消化期，与此同时，人口红利也在逐渐消失。国家统计局信息显示，2010年以后，15～64岁人口占全国人口比重逐年下降，65岁以上人口占全国总人口比重逐年上升，老龄化现象出现，劳动密集型产业优势逐渐消失。出口竞争力减弱，尤其是2010年之后，出口额增长速度不断下降，经济增长动力不足。

2. 政治体制方面

政治体制改革总体是围绕经济体制改革这一中心不断有序推进。改革开放初期，我国废除领导干部终身制，完善了党的人才选拔机制，加强了民主法制建设，实现了“使民主制度化、法制化，使这种制度和法律不因领导人的改变而改变，不因领导人的看法和注意力改变而改变”②。20世纪80年代中期，我国政治体制改革主要集中在党和国家机构的改革上，明确了党政关系，党政分家，在人事制度改革方面取得了显著成果。20世纪80年代末到90年代初，我国政治体制改革坚持了社会主义方向，加强了党的领导地位和基层党组织决策的“科学化、民主化”。中国民主政治制度得到了完善，主要体现为人民代表大会制度进一步完善，社会主义法律体系于2011年建成，基本民主制度得到发展，政治协商和民主监督以及参政议政职能得到强化。

改革开放过程中，各种利益矛盾激化。为了统筹协调矛盾，中国共产党第十六届六中全会通过《中共中央关于构建社会主义和谐社会若干重大问题的决定》，提出了建立“利益协调机制、诉求表达机制、矛盾调处机

① 以上数据均来自国家统计局网站。

② 邓小平：《邓小平文选》（第2卷），人民出版社，1994年版，第146页。

制、权益保障机制”。但以上机制的提出无法从根本上解决社会利益矛盾冲突，只有健全有序的、实质性的公民参与体制，才能保障决策过程的民主化和科学化。公民利益诉求和表达通过制度化实现合法化，通过纳入体制，以正当合法的途径才能实现矛盾的有序消解。

随着改革的深入，国有企业也面临监督和制约的问题，国有企业自身的性质特点决定了其权力的公权力属性，需要将其纳入政治体制改革，否则无法实现经济体制改革相关目标的达成。

改革中还容易出现的问题即如何制约公权力机关的寻租行为。在竞争的市场环境中，公权力可能会干预正常市场秩序，导致经济活动主体丧失发展生产力的动力，增大经济转型的难度，经济发展就可能面临停滞不前的危机。改革开放进程中，政治体制中关于公权力的监督和制约方面存在不足，尤其是民主监督机制不完善，这是政治体制需要深化改革的重要原因之一。

3. 文化体制改革方面

改革开放以来，我国公共文化体制改革取得了重大进展，尤其是党的十六大提出了全面推进文化体制改革，深入开展社会主义核心价值观体系建设，中国文化服务体系改革建设取得丰硕的成果。全国有 23 个省、区、市组建了新华发行集团，新闻媒体改制转型不断推进，文化事业单位的人事与社会保障改革也不断推进，中国特色的文化产品从数量和质量上都有了显著提高。但文化体制方面仍然面临很多挑战，广大群众的实际文化需求没有得到满足；文化管理体制存在管理机构权力过于集中，管理层级过多，职能不清，权限交叉，机构冗杂，效率低下等问题；文化产业发展滞后于文化事业发展，文化事业发展面临改制不彻底和观念转变不够等问题。

4. 社会建设方面

改革开放以来，我国在社会建设方面取得了一定的成效，其中比较突出的是 2012 年新型农村社会养老保险实现全国覆盖，教育领域获得长足发展。截至 2012 年，中央财政对教育支出为 1101.46 亿元，占中央财政总支出的 6%。2012 年教育部下发《关于做好进城务工人员随迁子女接受义务教育后在当地参加升学考试工作意见的通知》，针对教育公平的措施在不断实施与完善。

但社会建设仍然存在城乡区域建设差距，城乡居民收入分配不均，教育、医疗、就业、社会保障、医疗、住房、生态环境、食品药品安全、安全生产、社会治安、执法司法等方面仍然存在问题。

5. 生态文明建设方面

胡锦涛同志在十六届三中全会上提出了科学发展观，在党的十七大报告中提出“建设生态文明，走生产发展、生活富裕、生态良好的文明发展道路，成为生态环境良好的国家”①。党的十七大提出把生态文明作为国家政治思想理念，标志着我国生态文明建设的正式开始。② 生态文明建设发展刚刚起步，国内的生态文明建设在以下方面均需要不断推进：生态文明的思想引导、生态文明观念的形成、生态文明制度的确立、生态生产力的挖掘（例如绿色经济、环保产业、循环经济等）、生态生活方式的建立、生态文明指标体系的建设、环境治理与保护、健全生态法制等。

以上五个方面揭示了随着改革的不断深化暴露出的深层次的问题，旧的改革方法论已经不能顺利解决新问题，因此新的改革方法论在历史的推动下应运而生。

二、“新”改革方法论概述

（一）“新”改革方法论是对“旧”改革方法论的改革

1. 新的问题催生新的改革

习近平多次提出“改革是由问题倒逼而产生”③，问题意识是催生中国改革开放的根源。“中国改革经过30多年，已进入深水区，可以说容易的、皆大欢喜的改革已经完成，好吃的肉都吃掉了，剩下的都是难啃的硬骨头。”④ “改革开放越向纵深发展，发展中的问题和发展后的问题、一般

① 张鸿文：《论林业在建设生态文明中的作用》，载于《林业经济》，2008年第6期，第17页。

② 胡锦涛：《高举中国特色社会主义伟大旗帜，为夺取全面建设小康社会新胜利而奋斗》，人民出版社，2007年版，第4页。

③ 习近平：《之江新语》，浙江人民出版社，2007年版，第235页。

④ 习近平：《习近平谈治国理政》，外文出版社，2014年版，第2页。

矛盾和深层次矛盾、有待完成的任务和新提出的任务交织叠加、错综复杂。”① 随着改革的不断深入，新的问题推动着改革方法的更新换代，思维、策略和办法就需要与改革实践相适应，不断创新。

2. 与时俱进促进方法论的改革

习近平强调：“冲破思想观念的障碍、突破利益固化的藩篱，解放思想是首要的。”② “思想不解放，我们就很难看清各种利益固化的症结所在，很难找准突破的方向和着力点，很难拿出创造性的改革举措。”③ 而实事求是追求的是探索改革的规律，与时俱进则侧重于改革方法论的创新。全面深化改革的提出正是对改革实践充分认识后的结果。在解放思想和实事求是的基础上创新改革方法，保障改革方法与改革实际需求相符合。从过去的“摸着石头过河”到“摸着石头过河和加强顶层设计的辩证统一”④，从强调改革“胆子要大、步子要稳”“有错就改，小错误不要变成大错误”⑤，到“绝不能在根本性问题上出现颠覆性错误”⑥ 等创新策略，无不体现了习近平在改革方法论上的新突破和新认识。

3. 优化改革效果的现实需求

改革开放进入了一个瓶颈期，改革不再仅仅为了解决温饱问题，更多的是“着眼全面发展，追求的是社会公正、关切的是民众尊严、铸就的是发展动力”⑦。习近平将这种现实需求界定为：“我们的人民热爱生活，期盼有更好的教育，更稳定的工作，更满意的收入，更可靠的社会保障，更高水平的医疗卫生服务，更舒适的居住条件，更优美的环境，期盼孩子们能成长得更好，工作得更好，生活得更好。”⑧ 对改革效果的需求促进了

---

① 习近平：《习近平关于全面深化改革论述摘编》，中央文献出版社，2014 年版，第 132 页。

② 习近平：《习近平谈治国理政》，外文出版社，2014 年版，第 3 页。

③ 习近平：《习近平谈治国理政》，外文出版社，2014 年版，第 2 页。

④ 习近平：《习近平谈治国理政》，外文出版社，2014 年版，第 2 页。

⑤ 邓小平：《邓小平文选》（第 3 卷），人民出版社，1983 年版，第 174、267、372 页。

⑥ 习近平：《习近平谈治国理政》，外文出版社，2014 年版，第 150 页。

⑦ 人民日报评论部：《改革，回应人民的强烈期待——深化改革方法论之一》，载于《人民日报》，2013 年 1 月 4 日第 5 版。

⑧ 习近平：《习近平谈治国理政》，外文出版社，2014 年版，第 4 页。

改革方法的不断升级。

随着认识的不断深入，新的问题催生新的改革方法。“新”改革方法论是对“旧”改革方法论的改革、继承和发展，它并非全盘否定，“新”改革方法论与“旧”改革方法论之间一脉相承，有着同样的哲学基础和理论渊源。

（二）“新”改革方法论的主要观点

党的十八大以来，以习近平同志为核心的党中央立足改革，在改革开放 30 多年的成果和经验的基础上，深入分析了改革的现实需求，并对全面深化改革作出了若干重大决策和全面部署，在改革推进过程中也探索了新时代全面深化改革的方法论。

1. 坚持改革问题导向与改革目标导向相结合

首先，坚持改革问题导向就是要坚持从群众最期盼的领域改起，从制约经济社会发展最突出的问题改起。生产力问题是人类社会一产生便出现的问题，生产力对社会发展的作用自马克思主义哲学家揭示之后，便成为整个人类社会不懈关注的对象。我国改革开放以来，改革的目的即促进社会生产力的解放和发展。进入全面深化改革阶段，改革的初衷和目的未曾改变，改革即“强国之路、富民之路”①。习近平在第十八届三中全会上说道：“我们党靠什么来振奋人心，统一思想、凝心聚力？靠什么来激发全体人民的创造精神和创造活力？靠什么来实现我国经济社会快速发展，在与资本主义竞争中赢得比较优势？靠的就是改革开放。”② 全面深化改革阶段，改革更加注重通过整合国家事务中的各个要素、环节和细枝末节的部分，通过更加科学的方式释放这些系统中各要素的生产力，从而实现全面深化改革阶段社会生产力的发展。改革的目的归根到底就是解放和发展生产力，但解放生产力最终的目的是实现人民的根本利益，因此改革坚持的问题导向一定要一切为了人民。中国共产党在“四个全面”和“五大发展理念”中对改革体现人民利益进行了充分的考量。全面建成小康社

---

① 习近平：《习近平关于全面深化改革论述摘编》，人民出版社，2015 年版，第 2 页。

② 习近平：《习近平关于全面深化改革论述摘编》，人民出版社，2015 年版，第 8 页。

会，让人民群众获得最大程度的“幸福感”。全面深化改革将更加注重解决人民面临的难以解决的现实问题，切实保障人民能够享受改革成果。全面依法治国要求健全社会主义法律体系，维护社会公平正义，维护多数人的合法权益。全面从严治党要求的是体现党全心全意服务人民的宗旨。“应对‘四大考验’、化解‘四种风险’，通过密切党同人民群众的血肉联系和增进人民福祉，筑牢党的群众基础，夯实党的执政根基。”① 全面深化改革带来的“创新、协调、绿色、开放、共享”五大发展理念，更是充分体现出创新成果惠及广大人民，协调资源兼顾人民发展的公平性，绿色发展保障人民享受可持续优质环境，而开放和共享理念则是让人民群众充分享受更多的发展成果。

其次，党的十八届三中全会《决定》明确提出：“全面深化改革的总目标是完善和发展中国特色社会主义制度，推进国家治理体系和治理能力现代化。”自改革开放到党的十八大的 30 多年，中国特色社会主义制度已经打下了坚实基础，“从形成更加成熟更加定型的制度看，我国社会主义实践的前半程已经走过了”②，接下来通过统筹，依靠各领域改革，形成系统全面的改革体系。党的十九大报告中明确指出完善和发展中国特色社会主义制度就是把“党的领导、人民当家作主、四个全面、五大发展理念、社会主义价值体系、安全、军事、外交等领域”都完善好。在党的领导方面，要坚持党对社会主义建设事业的全面领导，提高党的执政水平，充分尊重人民的主体地位，维护和实现公平正义。

推进国家治理体系和治理能力现代化，作为我国“第五个现代化”，成为我国全面深化改革的总目标之一。但是“我们在国家治理体系和治理能力方面还有许多亟待改进的地方，我们的制度还没有得到更加成熟更加定型的要求，有些方面甚至成为制约我们发展和稳定的重要因素”③，因此《中共中央关于坚持和完善中国特色社会主义制度、推进国家治理体系和治理能力现代化若干重大问题的决定》进一步提出了坚持和完善中国特

---

① 竞辉、王岩：《“四个全面”战略布局：全方位贯彻以人民为中心的发展思想》，载于《红旗文稿》，2016 年第 10 期，第 15 页。

② 习近平：《习近平关于社会主义政治建设论述摘编》，中央文献出版社，2017 年版，第 6～7 页。

③ 习近平：《习近平关于全面深化改革论述摘编》，人民出版社，2015 年版，第 29 页。

色社会主义法治体系，提高党依法治国、依法执政能力，用法治思维和法治方法实现国家治理体系和治理能力现代化。

2. 坚持全盘谋划与协同发展相结合

全面深化改革在系统性上作出调整，主要体现在“顶层设计与基层探索的结合、整体推进与重点突破结合”这两个方面。

顶层设计与基层探索的结合实际上就是“顶层设计与摸着石头过河的辩证统一”。顶层设计的意义即要求充分估计到系统性，统筹安排总体，通过一定的实践充分考量各个部分之间的关系，并且作出科学合理的设计。改革开放期间每项改革事业的完成都离不开顶层设计，但新时代的改革方法论则创新地将基层探索与顶层设计作为一对有机联系的辩证统一体。“摸着石头过河”作为一种基层探索行为，包含积累成功经验和失败经验的重要制度设计，如果探索的结果满足顶层设计的初衷，那么这种探索行为就可以推广；反之则可通过规避，避免出现更大风险。改革开放前30多年的探索主要集中在基层试验的层面，在很多具体问题上的顶层设计还不够。顶层设计要依靠基层探索总结经验，基层探索形成的零散的经验也需要总结抽象成顶层设计，只有两者的辩证统一，才能保障改革决策的科学性、有效性和稳定性。

整体推进与重点突破相结合是全面深化改革阶段解决改革问题的重要方法，其核心即在协调各方面矛盾的同时，抓住主要问题，解决主要矛盾，从而推动事物朝着好的方向发展。全面深化改革的任务繁重，改革任务复杂，如果全面铺开，可能会将过多精力消耗在不必要的方面，因此需要抓住能够促进整体推进的重点内容，逐一突破，便能通过此突破口，逐步推进整体发展。新改革方法论强调的侧重点集中在经济的转型和供给侧结构性改革这两个方面。

3. 创新突破与稳定大局相结合

全面深化改革阶段，创新突破和稳定大局相结合强调：第一，坚持改革发展与稳定的高度统一，既要大胆试探又要稳扎稳打；第二，改革力度、速度和社会承受度的辩证统一；第三，理论创新与实践创新相结合。

习近平指出：“我们要拿出勇气，坚持改革正确方向，敢于涉险滩，既勇于冲破思想观念的障碍，又勇于突破利益固化的藩篱，做到改革不停顿、开放不止步。”① 改革开放的成就为中国经济的发展注入了重要的活力，改革是不能停止的，但是“全面深化改革涉及面广，重大改革举措可能牵一发而动全身，必须慎之又慎”②。因此改革需要集大胆、扎实与稳慎于一身，不仅要考虑大胆试探和稳扎稳打的辩证统一，还需要思考改革发展的力度、速度和社会承受度的问题，牢牢把握“我们要坚持把改革的力度、发展的速度和社会可承受的程度统一起来，把改善人民生活作为正确处理改革发展稳定关系的结合点，在保持社会稳定中推进改革发展，通过改革发展促进社会稳定”③ 的大局。

改革力度的把握，需要考虑各改革环节的发力是否均衡，关注改革环节和步骤之间的关系是否合拍。改革的速度则应该谋求“以质取胜”，国家经济转型，发展速度不再追求牺牲资源环境，不再依靠人口红利，更多的是考虑如何提高效益和质量，并与改革力度和社会承受度相协调。社会承受度则应该充分关注不同群体之间的利益关系，既要充分考虑各种群体理性表达利益的诉求，又要避免孰轻孰重偏向，以维护全社会的稳定和发展。

理论创新和实践创新的融合则强调解放思想和实事求是的辩证统一。贯穿改革开放 40 多年的成功经验就是“解放思想、实事求是”。习近平指出：“中国人民坚持解放思想、实事求是，实现解放思想和改革开放相互激荡、观念创新和实践探索相互促进，充分显示了思想引领的强大力量。”思想上的解放带来了理论与行动中的创新，而理论创新又为实践探索提供尽可能的思想指导，并在取得一定的实践经验后验证理了论的科学性，在不断地循环往复中，带领中国人民奋勇向前。所以“解放思想有大有小，大解放大发展，小解放小发展，不解放不发展”④。

---

① 习近平：《习近平关于全面深化改革论述摘编》，人民出版社，2015 年版，第 30 页。

② 习近平：《习近平关于全面深化改革论述摘编》，人民出版社，2015 年版，第 42 页。

③ 习近平：《习近平关于全面深化改革论述摘编》，人民出版社，2015 年版，第 36 页。

④ 张国玉：《勇于自我革命，推进解放思想和实事求是相统一》，载于人民网，2018 年 5 月 29 日，http://theory.people.com.cn/n1/2018/0529/c40531-30021146.html。

4. 完善改革落实方法

改革的成效关键在于落实，落实的关键在于认真执行。改革措施对应的政策、制度、理论设计都需要责任主体去落实，“越是改革的紧要关头，越需要一把手顶住压力、担起责任、沉得下来，豁得出去”[①]。第一步，改革需要强化“一把手”权责，“一把手”既抓改革的宏观布局，又是推动改革的第一责任人。第一责任人需要走到第一线，亲自参与改革，推进落实。“全面深化改革，啃硬骨头、涉险滩，更需要领导干部敢于担当，尤其要牢固树立进取意识、机遇意识、责任意识。”[②] 第一责任人的担当意识和责任意识在于细化改革工作措施，将具体的改革措施、推进计划层层落实分工到位，通过责任的落实，实现改革目的。对改革过程中的责任主体及其意识的强化一般通过“钉钉子”精神来表达。钉钉子需要在钉前选定切入点，才能钉得准，砸得实。第二步是持之以恒，锲而不舍。习近平指出：“我们要牢记一个道理，政贵有恒。为官一方，为政一时，当然要大胆开展工作、锐意进取，同时也要保持工作的稳定性和连续性。”[③] 第三步，需要确定第一责任人在推进工作时的先锋垂范作用。最后，建立完善的选人用人机制，要任用品行优良，真心为民服务的人。用人不正是对社会发展最大的威胁，要把选人用人提高到净化党内政治生态的高度。

落实改革措施，除了坚持“钉钉子”精神外，还需要健全外部的监督督查机制。中共中央针对“一把手工程”和责任主体意识强化方面明确提出了“督任务、督进度、督成效，察认识、察责任、察作风”的“三督三察”监督措施。党中央对抓督查、促落实提出了具体的要求，为进一步提高督查工作的广度深度划定了范围，确定了重点，是全面深化改革步步为

---

① 人民日报评论部：《一把手抓，抓一把手——今天我们怎样抓改革落实》，载于《人民日报》，2017 年 4 月 18 日第 5 版。

② 江岩：《敢于担当是领导干部必备的基本素质》，载于《人民日报》，2014 年 4 月 8 日第 7 版。

③ 习近平：《习近平总书记系列重要讲话读本》，人民出版社，2016 年版，第 292 页。

营“每推进一步，就更进一步”① 的推手。全面深化改革的各项举措的落实需要与时俱进的切实可行的监管方法。只有实施动态的监管机制才能持续保障各项改革措施顺利推进。

5. 更新改革成果衡量标准

习近平通过分析新时代的主要矛盾，强调改革的目的是发展生产力和满足人民的根本利益，因此对全面深化改革的成果的评价标准仍然应当围绕这两个方面。

首先，改革效果的第一个评价标准就是改革是否促进了经济社会发展。是否促进经济发展表现为发展速度、发展规模、发展质量、发展效益是否达到改革预期。发展速度的评判一般集中在供给侧结构改革是否优化了我国经济内部结构，是否保障了我国经济增速没有大幅度降低。发展规模的评判主要是看是否释放了公有制经济的活力，是否规范了非公有制经济，以及公有制和非公有经济的契合度。发展质量和效益方面的评判标准主要是看是否转变为制造强国，是否实现了产业利润向中高端转变，是否提高了我国资源利用效率。改革的效果要关注发展各方的协调性，“注重系统性、整体性、协同性是全面深化改革的内在要求，也是推进改革的重要方法。改革越深入，越要注意协同，既抓改革方案协同，也抓改革落实协同，更抓改革效果协同，促进各项改革的举措在政策取向上相互配合，在实施过程中相互促进，在改革成效上相得益彰，朝着全面深化改革总目标聚焦发力”②。改革成效如何需要看是否统筹了区域、城乡、经济与社会、人与自然、国内发展与对外开放发展的协调性。经济增长不再是判断改革效果的唯一要素，要坚持“五个统筹”。

改革发展标准的判断除了是否促进经济社会发展以外，还需要判断是否给人民群众带来实实在在的获得感。这种“获得感”主要体现在政治体制改革、经济体制改革、文化体制改革、社会体制改革、法制改革、生态文明建设等方面。政治体制改革的“获得感”集中于政治体制改革带来的

---

① 《习近平主持召开全面深化改革领导小组第三十四次会议》，载于中央政府门户网站，2017 年 4 月 18 日，http://www.gov.cn/xinwen/2017－04/18/content_5186936.htm。

② 《习近平主持召开全面深化改革领导小组第三十四次会议》，载于中华人民共和国中央人民政府网，2017 年 4 月 18 日，http://www.gov.cn/xinwen/2017－04/18/content_5186936.htm。

公共服务的优化成果，具体来讲，政治体制改革是否提高了行政效率，是否增强了公共服务的质量。经济体制改革的“获得感”在于人民拥有了公平稳定的经济环境，享受到了改革开放在经济领域的成果。文化体制改革的“获得感”在于人民精神世界的丰富、文化层面的自信。社会体制改革的“获得感”在于改革带来的社会制度的完善，人民可以充分享受社会组织作为协调补充机构提供的更丰富的公共服务。法制改革的“获得感”体现在社会主义法治体系的健全、法律规范的完善，人民不仅有法可依，而且有“良法”可依，法制改革能够真正实现中国人民对“人情”和“法理”契合点的追求。生态文明建设的“获得感”主要是为人民创造一个良好的生产生活环境，提高人民生活质量，保障国家发展的科学可持续性。

（三）“新”改革方法论带来的改革成果

1. 市场在资源配置中的地位取得重要突破

市场作为配置资源的主要手段，其对资源配置发挥的作用也经历了一个循序渐进、不断发展的过程。党的十五大提出市场对资源配置起到基础性作用。党的十六大进一步提出加大市场对资源配置的基础性作用力度。党的十七大提出从制度角度来发挥市场对资源配置的基础性作用。党的十八大不仅强调更大程度地发挥市场在资源配置中的基础性作用，还强调更“广泛地”发挥基础性作用。第十八届三中全会《中共中央关于全面深化改革若干重大问题的决定》则明确提出，使市场在资源配置中发挥决定性作用。这是一个重大的转变和突破，体现了我国对改革开放以来，对政府与市场之间的关系有了更为透彻的认识。面对经济新常态，党中央作出了供给侧结构性改革的决策，改革的核心是“三去一降一补”，即去产能、去库存、去杠杆，降成本，补短板。政府通过“简政放权、放管结合、优化服务”来充分激发市场经济活力。

我国进入新常态，最大的一个挑战就是扭转过去政府在资源配置中起决定性作用所带来的产能过剩的问题。第十八届三中全会《中共中央关于全面深化改革若干重大问题的决定》指出：“能由市场形成价格的就必须由市场来定，凡是市场和企业能解决的事情就要交给市场和企业去解决，鼓励社会中介组织履行自己职能来承担社会责任，大量降低政府对资源的直接配置。”

具体的成果体现在政府与市场关系中政府职能的转变。第一，经过机构改革，国家行政机构精简高效。2013 年组建国家食品药品监督管理总局，2014 年成立中央网络安全和信息化领导小组，2018 年 3 月“两会”正式公布《深化党和国家机构改革方案》，党政机构获得深刻重塑、重构和优化。第二，项目审批减量增质。“简政放权中项目审批的具体成效，具体体现在项目审批的减少数量、力度大小以及其涉及的范围等方面。”① 第三，便民利民措施推广，提高行政效率。具体包括：取消各种证明，权力运行更透明，基层公共服务质量提高。2016 年 1 月《关于加强公安机关窗口单位规范化建设指导意见》出台，明确了各种公安事务的首接责任、办事指南等各种服务工作的具体规则和服务细则，不断提高窗口部门的服务水平。各种电子政务、网上办公系统相继推出，在简政放权方面实现公权力机关服务效率和群众办事效率的提升。第四，服务企业业务方面，调整办税、备案等办理形式，增加网上自助办理途径，取消部分许可证备案流程，节省办事时间，简化交易流程，提高交易效率，扩大人民币跨境使用，打破领域限制，例如许可外企经营资信调查公司，规定具备条件的租赁公司设立子公司不受最低注册资金限制等。

2. 国家政治体制的顶层设计适应时代需要

领导部门本身的决策能力和执行能力是改革能否顺利推进的关键，所以在全面深化改革的过程中，中央首先设立了中央全面深化改革领导小组，重点关注和讨论“户籍问题、农村土地问题等各种复杂的改革问题”。在第十九届三中全会上通过的《中共中央关于深化党和国家机构改革的决定》将中央全面深化改革领导小组更改为中央全面深化改革委员会，这一转变使党和政府之间的权力关系走向更为科学合理的方向，加强了党对重大工作的领导。

除了对领导机构的改革以外，社会主义民主政治制度建设也通过各项制度的推出丰富和扩大了公民的政治参与空间。2015 年，党中央审议通过了《关于改革完善专题询问工作的若干意见》《关于加强县乡人大工作和建设的若干意见》《关于加强社会主义协商民主建设的意见》等，主要在人大制度、政协制度、选举制度等方面进行了完善。党的十八大以来，基层民主建设要求更加具体化。全国人大先后制定了《村民委员会组织法》《居民

① 于新东：《简政放权是深化改革的总开关》，载于《中国发展观察》，2013 年第 10 期，第 39 页。

委员会组织法》《全民所有制工业企业法》，颁布了《全民制工业企业职工代表大会条例》。在实现民主监督方面，2015 年颁布了《工商行政管理机关执法监督规定》，2016 年颁布了《交通行政执法监督规定》，2018 年颁布了《国土资源执法监督规定》，各省市还发布了地方行政监督规定或办法，党中央也制定了《中国共产党党内监督条例》《党政领导干部选拔任用工作监督检查办法（试行）》《中国共产党党员权利保障条例》等文件。

同时国防和军队建设也在 2015 年之后持续推进。2015 年 7 月中央政治局常务委员会正式审定通过《深化国防和军队改革总体方案建议》，全国人大就改革过程中突破法律的问题作出了几项相应的授权决定。

在进行政治体制改革的过程中，规范政府行为、预防政府寻租行为、严惩腐败侵权也是改革的重要内容。党的十八大报告指出，“少数党员干部理想信念动摇，宗旨意识淡薄，形式主义、官僚主义问题突出，奢侈浪费现象严重；一些领域消极腐败现象易发多发，反腐败斗争形势依然严峻”，要“坚定不移反对腐败”。① 党的十九大报告指出“坚持全面从严治党”，要“以零容忍态度惩治腐败”，强调“人民群众最痛恨腐败现象，腐败是我们党面临的最大威胁”。② 党的十八大以来各种防范和惩治措施通过建立制度和规范得以落实，包括《监察法》《行政机关公务员处分条例》《国有企业纪律检查工作条例》《国有企业领导人员廉洁从业若干规定（试行）》。党内则制定了一系列制度，包括《中国共产党党员领导干部廉洁从政若干准则（试行）》《中国共产党纪律检查机关控告申诉工作条例》《中国共产党纪律处分条例》《中国共产党巡视工作条例》《关于实行党风廉政建设责任制的规定》《中国共产党廉洁自律准则》。

3. 依法治国有序推进

2014 年 10 月，党中央召开第十八届四中全会，通过了《中共中央关于全面推进依法治国若干重大问题的决定》。同年，习近平在中央深化改革领导小组第二次会议上提出了“重大改革于法有据”的要求，明确了改

---

① 《坚定不移沿着中国特色社会主义道路前进　为全面建成小康社会而奋斗——在中国共产党第十八次全国代表大会上的报告》，载于人民网，2012 年 11 月 9 日，http://cpc.people.com.cn/18/n/2012/1109/c350821-19529916.html。

② 《决胜全面建成小康社会　夺取新时代中国特色社会主义伟大胜利——在中国共产党第十九次全国代表大会上的报告》，载于新华网，2017 年 10 月 27 日，http://www.xinhuanet.com/201710/27/c_1121867529.htm。

革与法律的关系，并提出了“用法治思维和法治方式”推进改革，实现立法和改革决策相衔接，立法主动适应改革的需要。

自党的十八大以来，全面依法治国主要成果包括：第一，形成了习近平特色社会主义法治思想。习近平总书记历史性地提出要建设“中国特色社会主义法治理论体系”，并丰富和充实了“中国特色社会主义法治理论”的内涵与外延。第二，2018 年党中央组建中央全面依法治国委员会，加强党的领导方式和执政方式转变，将依法治国和以规治党结合起来。第三，自 2011 年以来，中国特色社会主义法律体系基本建成之后，针对重点领域的法律规定进行了进一步的立法，中国特色社会主义法律体系不断完善。2015 年对《立法法》的修改进一步推进了科学立法、民主立法、依法立法，宪法实施不断加强。2018 年 3 月 11 日，第十三届全国人大一次会议审议通过《中华人民共和国宪法修正案》。第四，加强了法治政府建设，中共中央国务院印发了《法治政府建设实施纲要（2015－2020)》，针对法治政府建设实际，作出具体部署。行政立法方面加强了行政法规的备案审查工作。司法部推动出台《关于开展法治政府建设示范创建活动的意见》《法治政府建设责任落实与监督工作规定》《重大行政决策程序暂行条例》，同时制定印发了《国务院规范性文件合法性审查工作规程》《司法部行政规范性文件制定和管理办法》，进一步加强和改进了司法行政复议工作。① 第五，司法体制改革稳步推进。党的十八大提出“进一步深化司法体制改革”，党的十九大提出“深化司法体制综合配套改革”。改革成果包括：司法系统推行员额制改革，精简人员编制；推行司法责任制，遏制司法行政化，提高判案质量。全国人大授权试点推进认罪认罚从宽制度试点。改革案件公开的方式，增强公众对司法机关的信任；推行立案登记制度。司法机关关注人权保障，积极纠正冤假错案。2018 年《〈刑事诉讼法〉修正案》获得通过。2019 年第十三届全国人大常务委员会第十次会议表决通过新修订的《法官法》和《检察官法》。第六，全民守法和法治社会建设不断推进。法治宣传教育加强，法律服务体系不断健全，制定并颁布实施了《关于完善矛盾纠纷化解机制的意见》，充分发挥人民调解化解社会矛盾纠纷“第一道防线”的作用。制定并颁布实施《关于进

① 刘子阳：《加快推进法治政府建设取得新成效》，载于司法部网站，2019 年 7 月 20 日，http://www.chinalaw.gov.cn/subject/content/2019-07/20/1117_3228624.html。

一步把社会主义核心价值观融入法治建设的指导意见》，推动社会主义核心价值观入法入规。第七，法治工作队伍建设不断加强。

4. 生态文明建设落到实处

党的十八大以来，生态文明建设的顶层设计逐步完善。2015 年，中共中央、国务院联合印发了《关于加快推进生态文明建设的意见》。2015 年 7 月，中央深化改革领导小组审议通过《关于开展领导干部自然资源资产离任审计的试点办法》和《党政领导干部生态环境损害责任追究办法(试行)》。2015 年 9 月，《生态文明体制改革总体方案》出台，随后，生态环保法制建设不断加强。《大气污染防治行动计划》《水污染防治行动计划》《土壤污染防治行动计划》出台，生态环保执法监管力度空前。2016 年 12 月，《生态文明建设目标评价考核办法》公布。随后，中央深化改革领导小组审议通过自然资源管理体制改革的若干试点方案，通过严守生态保护红线、控制污染物排放许可等措施，初步建立了相关制度。2016 年发布的《绿水青山就是金山银山：中国生态文明战略与行动》报告为全世界各国可持续发展提供了重要的经验借鉴。

5. 文化体制改革推动了文化事业的繁荣

党的十八大以来，我国文化体制改革方面的成果主要体现为文化行政管理体制逐步健全，现代公共文化服务体系快速发展，现代文化市场体系日益完善，文化交流传播体系逐步建成。

2014 年，党中央审议通过了《深化文化体制改革实施方案》。同年，中央印发了《关于推动传统媒体和新兴媒体融合发展的指导意见》，以提高媒体传播引导力。通过文化领域供给侧结构性改革，文化产业规范集约化，质量明显提高。2015 年，中共中央办公厅、国务院办公厅印发《关于加快构建现代公共文化服务体系的意见》，促进公共文化服务体系建设发展。同年，中共中央办公厅、国务院办公厅印发《关于推动国有文化企业把社会效益放在首位、实现社会效益和经济效益相统一的指导意见》，确保文化体制改革中文化产业社会效益和经济效益的有机统一。紧接其后，《网络安全法》《电影产业促进法》等法律相继颁布。中共中央办公厅、国务院办公厅于 2017 年 5 月 7 日印发并实施《国家“十三五”时期文化发展改革规划纲要》，配套出台了“两个效益”相统一、媒体融合发展、特殊管理试点等 40 多个改革文件，搭建了文化体制改革的四梁八柱。

2018年12月，国务院办公厅颁发了中共中央宣传部会同发改委、科技部、国家广播电视总局等部门制定的《关于印发文化体制改革中经营性文化事业单位转制为企业和进一步支持文化企业发展两个规定的通知》等，确保两个效益的统一。在对外交流方面，中央先后印发了《关于进一步加强和改进中华文化走出去的指导意见》《关于加快发展对外文化贸易的意见》《关于加强"一带一路"软力量建设的指导意见》等文件，提高了中华文化的国际影响力。

第二节　理论落脚点：法律实施理论

一、法律实施理论的基本内容

（一）法律实施的含义

亚里士多德在法治理论中提道："法治的含义就是制定好的法律，并严格实施这种法律。"[①] 法律实施的含义本质上就是指将静态的法律规范变为动态的实施过程。"如果包含在法律规定部分中的'应当是这样'的内容仍然停留在纸上，而不影响人的行为，那么法律就是神话，而非现实。另一方面，如果私人与政府官员的所作所为不受符合社会需要的行为规则、原则或准则的指导，那么是专制而不是法律。"[②] 张文显教授对法律实施的理解则更为直接，他认为："法律实施产生实效不仅需要全民自觉守法，还要求国家机关尊重宪法、严格执法、公正司法。"[③] 法律的生命在于实施，法律实施是为了体现立法者的立法意志，实现法律制定的目的。值得注意的是，党的十八大以来的历次会议精神表明法治建设的重心

① ［古希腊］亚里士多德：《政治学》，吴寿彭译，商务印书馆，1965年版，第199页。

② ［美］博登海默：《法理学——法哲学及其方法》，邓正来等译，华夏出版社，1987年版，第232页。

③ 张文显：《习近平法治思想研究（中）——习近平法治思想的一般理论》，载于《法治与社会发展》，2016年第5期，第22页。

由立法转向了法律的完善和落实。因此对法律实施的含义的理解需要在法治概念下进行。中国特色社会主义法律体系的建成只是实现了立法方面的部分成果，但立法的具体效果以及法治建设尚未终结，法治建设是指法治中国、法治政府、法治社会“三位一体”的建设。因此“在后法律体系时代，法律实施对于已经制定的法律而言，发挥着检视和反馈的作用，立法的不适当处需要通过法律实施来完善”①，“法律实施中呈现出来的问题对今后的修法与立法将提供实践性素材”②。

我国对法律实施的含义的研究最早可以从20世纪80年代初算起。改革开放初期，我国制定并颁布了大量的法律，如何保障这些法律的实施成为学界研究的重点。但当时的研究成果一般见诸《法理学》等教材，主要将法律实施分成司法、执法和守法等内容来表述。随着对法律实施的分体式理解，甚至有学者将“法律实施”等同于“法律适用”。随着研究的不断深入，20世纪90年代末期，学界逐渐形成了对法律实施的内涵、构成等一般理论的认识框架，但更多的研究集中于部门法实施中的专门问题。这种较为微观的研究视角导致对法律实施一般理论的研究进展缓慢，法律实施的具体概念、原则、制度等在20世纪90年代末仍未明确。随着社会主义法律体系的建成，“有法必依、执法必严、违法必究”的问题凸显。法律实施研究顺应了国家法治建设的转向，法律实施宏观层面的内涵再次被重视，“法律实施学”构建也成了研究重点。宏观层面的法律实施理论的提炼对法律实施实践具有重要的指导作用。

综上所述，法律实施就是把宪法和法律规定付诸实践，把文字的规定变为实际行动。③ 在法律实施实践中，对法律实施的具体内容的理解存在不同的观点，包括“四分法”“三分法”“两分法”。四分法是指“司法、执法、守法和法律监督”④，三分法是指“法的遵守、法的执行和法

① 王方玉：《论立法过失的基本内涵》，载于《南京大学法律评论》，2012年春季卷，第25页。

② 刘作翔：《中国法治国家建设的战略转移：法律实施及其问题》，载于《法治与社会发展》，2016年第5期，第57页。

③ 吴大英、沈宗灵：《中国社会主义法律基本理论》，法律出版社，1987年版，第259页。

④ 刘作翔：《中国法治国家建设的战略转移：法律实施及其问题》，载于《中国社会科学院研究生院学报》，2011年第2期，第58页。

的适用”[①]，两分法是指“法的适用和法的遵守”[②]。通过分析法律的具体实施，要实现中国特色社会主义法治，建设法治中国、法治政府、法治社会，需要执法、司法、守法、法律监督全方位全环节联动。

（二）法律实施的原则

法律实施的原则是指法律实施过程中所坚持的基本准则，这种原则将指导法律在执行、遵守、司法适用、法律监督过程中发挥重要作用。有学者将法律实施的原则概括为法的执行的主要原则、依法行政原则和讲究效能原则。[③] 法的适用原则包括司法公正，公民在法律面前一律平等，以事实为依据、以法律为准绳原则，司法机关独立行使职权原则，以及国家赔偿与司法责任原则。[④] 还有学者认为法律适用应当包括融通性原则、一致性原则、形式正义原则和可接受性原则。[⑤] 而守法的原则包括公民守法和政府守法，公民守法遵循法无明文禁止即可为，政府守法遵守法律明文规定才可为。这些原则都是对法律实施具体环节和具体实施过程所遵循原则的总结。根据现有的法律实施实践，结合社会主义法治体系建设的要求，法律实施的原则需要从具体环节中抽离出来，从更宏观的层面进行概括。法律实施原则包括依法实施原则、全面实施原则、平等实施原则、诚实守信实施原则、高效益实施原则。

1. 依法实施原则

从法律实施的内容看，依法实施原则包括依法执法、依法司法、依法守法、依法执政。依法实施原则落实到具体的实施过程中还需要注意几个特殊内容，需要遵循“程序正义”和“缺陷法亦法”。首先，根据“程序正义”的要求，法律实施需要严格遵守程序，“现代法治社会中，与结果正义相比，程序正义被置于更优越的地位”[⑥]，遵循程序是实现法律制定目的的最有力的途径，“程序正义的价值即能够限制实施主体滥用权力。

---

① 沈宗灵：《法理学》，北京大学出版社，2000年版，第457页。

② 郁忠民：《法律实施评述》，载于《政治与法律》，1988年第4期，第6页。

③ 沈宗灵：《法理学》，北京大学出版社，2000年版，第460～461页。

④ 沈宗灵：《法理学》，北京大学出版社，2000年版，第477～486页。

⑤ 胡建淼：《法律适用学》，浙江大学出版社，2010年版，第36～39页。

⑥ 易军：《法律行为制度的伦理基础》，载于《中国社会科学》，2004年第6期，第124页。

某种意义上，可以说程序是法律实施的关键”①。在法律实施过程中，实施主体尤其是执法主体和司法主体需要探索更有效的实施程序，并且实现其制度化，以增强法律实施的实施效果。坚持“缺陷法亦法”的观点在我国现实语境下是必要的。早在苏格拉底时代，就有“恶法亦法”的观点。“恶法亦法”的法制理论最早由奥斯丁提出，他认为法律具有权威性，即便是违背上帝旨意，也必须按照程序做出相应行为。但这个理论是建立在“对人行为的控制”这样一种理念之下，因此在面对我国社会主义法治建设中出现的缺陷法的实施问题时，要辩证地借鉴。承认法律的滞后性和先天的不完美，才能推动法律的实施。当然“恶法亦法”观点提出了一个问题：如果法律现有的缺陷影响了社会经济发展或者出现了很糟糕的社会效果，在面对这种情形时是“强制性地要求公民服从”还是立刻进行“立法废释”？有学者认为“调和法律的稳定性与社会的变动性之间的矛盾，应当运用法律方法，通过法律解释、法律论证，或价值衡量弱化相互间的张力；而就法律漏洞而言，法学理论和实践已经发展出多种途径和方法来减少和弥补”②。

2. 全面实施原则

全面实施原则是指在建设法治中国、法治政府、法治社会的过程中，不仅要保证执法、司法、守法、法律监督各个环节的实施，同时还需要保证实施的持续性，即全面实施和持续实施。首先，全面实施是指执法、司法、守法、法律监督过程中需要兼顾各方，不得人为地选择性实施。现实中，“选择性执法”“弹性执法”广泛存在，司法领域出现的对司法资源的“随意使用”等问题均体现了法律实施过程中的失衡状态，例如只实施某一项法律，不实施其他相关法律，直接造成其他相关问题得不到及时处理而影响法律的实施效果。其次，持续实施旨在强调法律实施需要保持有规律的和持续性的节奏，体现为不间断的、彻底的、连续的执法、司法、守法、法律监督，因为法律实施只有持续进行，才能释放出其预期效果。

---

① 孙笑侠：《法治、合理性及其代价》，载于《法治与社会发展》，1997 年第 1 期，第 3 页。

② 陈金钊：《法治战略实施的“战术”问题》，载于《法学论坛》，2016 年第 5 期，第 15 页

3. 平等实施原则

“平等是社会主义法律的基本属性，是社会主义法治的基本要求。”① “平等实施是法治的最大公约数之一”②，是“实现法律公正性的基本保证”③。平等实施原则追求的是法律实施过程的平等和公平，法律实施过程中所有的人和机构、组织都享有平等的机会、信息、资源去执法、守法、适用法律、监督法律。平等实施原则需要对满足法律规定情形的相对人给予相同的处理措施，无论其出身、年龄、受教育程度等，执法和司法方面均要平等地对待。守法方面主要是涉及享有权利、获得利益的机会平等。例如“大量关于社会保障基本权利的应用案例都涉及法律实施的平等”④。平等实施原则在面对不同情况的相对人时，需要分辨不同的情形，作出正确的决定。此时“差别对待是从反向来解释平等的例外要义，即受待人之间存在实质性的差别，应不受相同对待规则的约束，做出不同的处理决定”⑤。除了平等对待受待人以外，还需要注意在法律实施过程中保证社会成员平等地享用和掌握法律资源，但“社会经济发展不平衡所带来的人们拥有财富多寡的不同”⑥ 会造成人们在使用法律资源，维护自身权利过程中沉陷差序格局，面对如此情形，最有效的实现公平的途径就是通过完善法律实施制度，确保国家的法律资源能够公平地分配给社会各成员。

4. 诚实守信实施原则

诚实守信实施原则又叫诚信实施原则。

---

① 张文显：《治国理政的法治理念和法治思维》，载于《中国社会科学》，2017 年第 4 期，第 49 页。

② 朱景文：《论法治评估的类型化》，载于《中国社会科学》，2015 年第 7 期，第 110 页。

③ 冯治良：《公正性：法律的本性辨考》，载于《现代法学》，1997 年第 3 期，第 77 页。

④ ［德］V. 诺依曼：《社会国家原则与基本权利教条学》，娄宇译，载于《比较法研究》，2010 年第 1 期，第 156 页。

⑤ 章剑生：《“选择性执法”与平等原则的可适用性》，载于《苏州大学学报》（法学版），2014 年第 4 期，第 114 页。

⑥ 郝铁川：《权利实现的差序格局》，载于《中国社会科学》，2002 年第 5 期，第 112 页。

诚信实施原则要求法律实施过程中实施主体能够遵循法律的宗旨，同时法律实施一定要遵循真实的目的，不能虚假实施。首先，做到诚实守信实施原则对公权力机关的要求尤其高。公权力机关的行为相对人的影响极大，因此需要确保行政执法和执法检查以及行使司法权力时防止权力滥用，避免出现例如“钓鱼执法、诱惑侦查”“恐吓性、蛊惑性和张扬性行政执法”等严重违背诚信实施原则的行为。其次，公力救济中可能出现权利滥用的情形，例如“滥用诉权、虚假诉讼”① 等，侵害相对人合法权益，妨害司法秩序，要防止此类行为发生。最后，对守法领域中出现的选择性守法行为应当予以禁止。公民和行政机关或者组织在守法时可能会根据自身的好恶选择遵守或者规避法律。法律规避是一种恶意选择守法的形式，即“法律规避的本质是行为人试图通过变换法律事实而选择适用对自己最有利的法律规范”②。还有一种通过寻找有力的法律依据，并通过恶意适用公力救济实现自己的私欲的方法。针对以上两种情形，要尽可能甄别，并保障法律正常实施。

5. 高效益实施原则

高效益实施原则要求法律实施的效果是花费尽量小的成本，收获尽可能大的收益。法律实施会花费一定的人力、物力以及其他社会资源，守法者自身也需要在法律实施过程中承担一定的成本，这些都是实施成本。在法律实施过程中，国家和社会以及个人的利益是否被保护，违法者是否受到应有的制裁都是需要考量的问题。具体而言，高效益实施原则需要遵循一些具体的原则，例如促进执法、司法、守法和法律监督过程中的利益激励，突出激励机制，降低实施主体成本，提升收益，从而获得实施的动力。同时，还需要向私人寻求帮助，通过私人提供帮助，降低法律实施中的实施成本，拓展实施渠道。高效益实施法律除了激励机制、寻求私人帮助外，还应当注意提升法律实施威慑力，以及建立执法、司法、守法、法律监督的沟通机制。沟通是法律实施中重要的润滑剂，能够更好地促进法律实施。

---

① 王红霞：《2016 年中国法治实施总体回顾与展望》，法律出版社，2017 年版，第 32 页。

② 王军：《法律规避行为及其裁判方法》，载于《中外法学》，2015 年第 3 期，第 647 页。

（三）法律实施的制度

法律实施包括执法、司法、守法、法律监督以及法律实施效果的评估。我国法律实施制度内容包含以上所有环节，已经形成行政执法制度、司法制度和法律监督制度，守法制度更多地体现在其他各项法律规范的条文和制度之中。

1. 行政执法制度

姜明安在《行政执法研究》一书中对行政执法的含义进行了细致的分析，结合实践和理论研究的基本情况，阐释了不同场合下的行政执法。第一种行政执法是最广泛意义的执法行为，指行政机关及工作人员基于法律规定的职权和职责，依法做出影响相对人的权利义务的行为。第二种行政执法指直接实施法律和行政规范的行为，与行政立法行为相区分。具体的行政执法行为还包括直接处理行政相对人行为的管理行为、裁决行政相对人和行政主体之间关系的行为。行政执法行为在此与行政立法相区别，包括具体的行政执法行为和行政司法行为。第三种行政执法指的是狭义上的执法行为，即“监督检查、行政处罚、行政强制措施”意义上的行为。

法律实施理论中的执法概念指的是行政机关的所有执法行为，此处的行政执法指的是第二种以行政的性质和功能而适用的行政执法，包含行政司法和具体的行政执法行为。

行政执法制度包含行政执法主体基于法定职责，通过法律规定的程序对社会进行管理的制度规范的总称。经过改革开放40多年的努力探索，行政执法制度日臻完善，但是在具体的执法过程中还存在一些执法不当的情形：第一，执法权责不清，执法机构设置与职能分工重叠，多头执法。第二，执法不持续不全面，运动式执法代替持续性执法，专项治理和清理整顿代替长效性执法。第三，选择性执法强于全面执法。为此第十九届四中全会通过了《坚持和完善中国特色社会主义制度、推进国家治理体系和治理能力现代化若干重大问题的决定》，明确指出了“深化行政执法体制改革，最大限度减少不必要的行政执法事项。进一步整合行政执法队伍，继续探索实行跨区域跨部门综合执法，推动执法重心下移，提高行政执法能力水平”。

目前，针对行政执法制度在实施中出现的问题，党中央也作了部署，确认了具体的改革方向。第一，整合行政执法的队伍，维护执法统一性的需求。多头执法导致执法标准不统一，执法难度大，效果不理想，因此通过整合执法队伍能够实现执法目的，做到真正执法为民。第二，做到执法重心向基层下移。基层的执法需求量大，执法工作要减少不必要的环节，提高执法效率，及时化解矛盾纠纷，维护社会安全稳定。第三，不断深化执法体制改革。在执法主体、执法事项以及执法环境确定的情形下，执法体制的深化改革是推进执法制度完善的关键。减少执法事项是深化改革需要完成的内容，例如行政审批事项的改革，减少不必要的行政审批。除了减少执法事项以外，还必须要优化权利配置，明确执法权设置于哪一层级，节约执法成本，防止执法资源浪费。执法体制改革还需要在执法机构和执法方法上进行优化。执法体制的深化改革除了执法本身的改革调整，还需要立法机关、司法机关、党组织的改革，共同促进执法能力的提升。第四，完善行政执法制约机制。行政执法的监督和制约实际上是法律实施的监督机制的问题，在此谈制约更多的是指内部监督，将内部监督纳入法治轨道，确立内部监督的法律责任。

2. 司法制度

司法制度是指国家司法体系中司法机关及其他司法性组织的性质、任务、组织体系，组织与活动的原则以及工作制度等方面规范的总称。我国的司法制度包括侦查制度、检察制度、审判制度、监狱制度、司法行政管理制度、人民调解制度、律师制度、公证制度、国家赔偿制度等。①

党的十八以来，习近平同志就我国改革开放以来的社会主义司法制度的改革和发展作了多次讲话，尤其就我国发展中国特色社会主义司法改革的原因、原则、改革目标和方法作了论述，形成了一套中国特色社会主义司法改革理论，为司法制度的不断完善提出了重要的思想指导。由于我国司法制度在运行过程中出现了一些突出问题，如“司法活动中存在一些司法不公，冤假错案，司法腐败以及金钱案，权力案，人情案等问题。这些问题如果不抓紧解决，就会严重影响全面依法治国进程，严重影响社会公平正义”②。因此，党的十八大之后，司法体制改革又一次被作为全面深化改革的重要内容着力推开。第十八届三中全会决定明确要求“深化司法

---

① 百度百科，https://baike.baidu.com/item/司法制度/117362。

② 习近平：《习近平谈治国理政》（第2卷），中央文献出版社，2014年版，第130页。

体制改革，加快建设公正高效权威的社会主义司法制度，维护人民权益，让人民群众在每一个司法案件中都感受到公平正义”①。司法改革的目标是要建立“公正的司法制度、高效的司法制度、权威的司法制度”。习近平同志强调：“要坚持司法体制改革的正确的政治方向，坚持以提高司法公信力为根本尺度，坚持符合国情和遵循司法规律相结合，坚持问题导向，勇于攻坚克难、坚定信心、凝聚共识、锐意进取、破解难题，坚定不移深化司法体制改革，不断促进社会公平正义。”② 中共中央在第十八届三中全会中提出并确定“中央成立全面深化改革领导小组，负责改革总体设计、统筹协调、整体推进，督促落实”③。“试点工作要在中央层面顶层设计和政策指导下进行，改革具体步骤和工作措施，鼓励试点地方积极探索，总结经验。”④ 党中央对全面深化改革中司法改革的部署也遵循了与其他领域相同的改革办法，做到了统筹规划、分类规划、分类推进和试点先行。

目前司法改革旨在“提高司法公信力，让司法真正发挥社会公平正义最后一道防线的作用。要从确保依法独立公正行使审判权、检察权，健全司法权力运行机制，完善人权司法保障制度三个方面，着力解决影响司法公正、制约司法能力的深层次问题，破解体制性、机制性、保障性障碍”⑤。随着司法改革的深入，2019 年最高人民法院发布《关于深化人民法院司法体制综合配套改革的意见——人民法院第五个五年改革纲要(2019—2023)》，将改革任务细化，全面完成司法综合配套改革是 2019 年后司法体制改革的重要内容。

司法制度作为法律实施制度中的重要一环，对保障法律有效实施具有

---

① 《中共中央关于全面深化改革若干重大问题的决定》，载于中华人民共和国中央人民政府网，2013 年 11 月 15 日，http://www.gov.cn/jrzg/2013－11/15/content_2528251.htm。

② 习近平：《习近平谈治国理政》(第 2 卷)，中央文献出版社，2014 年版，第 130 页。

③ 《中国共产党第十八届中央委员会第三次全体会议公报》，载于新华网，2013 年 11 月 12 日，http://www.xinhuanet.com//politics/2013－11/12/c_118113455.htm。

④ 《习近平主持召开中央全面深化改革领导小组第三次会议》，载于新华网，2016 年 12 月 5 日，http://www.xinhuanet.com/politics/2016－12/05/c_1120058658.htm。

⑤ 习近平：《习近平关于全面依法治国论述摘编》，中央文献出版社，2015 年版，第 78 页。

举足轻重的作用。第一，司法制度保障了社会秩序和安全。法律的制定要求人民按照既定的行为规则行动，通过可以预见后果的规则来约束人民的行为，达到定纷止争的作用。司法机关的审判功能则是进一步将法律进行统一适用，从而达到现实意义上的矫正失衡社会关系，维持社会秩序和稳定的要求。第二，司法制度能够促进法律信仰在社会中的形成。社会大众法律信仰的形成依赖于司法机关在具体适用法律过程中是否公正、依法适用了法律，并有效地执行了判决。只有满足以上条件，才可能增强人民对法律的信任，才能促使人们自觉遵守和践行法律。第三，司法制度让法律实施更加持续正当。第四，司法制度能够促进法律实施其他环节释放最大效果，司法改革是为了最大限度地实现法律实施的实效。

3. 守法制度

法律实施过程中除了法律的执行、法律的适用外，全体公民遵守法律也是实现法律实施效果的重要部分。守法作为法律实施中的重要环节，更多的是从守法意识培养层面提出的。守法制度的内容包括守法主体、守法范围、守法内容、自觉守法机制。

第一，守法主体在我国包括一切国家机关、政党、社会团体、企事业组织。国家机关掌握公权力，遵守法律是确保公权力依法行使，确保国家职能合法行使的基础。共产党作为领导党和执政党，守法是确保党的政治地位稳固，确保党代表最广大人民群众根本利益的基础。其他社会团体、企事业组织遵守《宪法》和法律是不可选择的绝对义务。除此以外，守法主体还包括我国公民。公民守法是维护社会主义法治建设的基本要求，我国《宪法》规定“中华人民共和国的一切权力属于人民”，公民守法是对自我利益的巩固和保障，因此公民自觉守法是责任也是义务。在我国领域内的外国组织、外国人和无国籍人也需要遵守我国相关法律规定。第二，守法范围是指守法主体遵守的规范的范围。我国的守法范围包括所有的制定法以及具有法律效力的规范性文件。第三，守法内容总体来说是要求按照法律规定行使法律权利和履行法律义务。第四，自觉守法机制是守法制度的重要内容，守法目的在于实现法律的实施。中国特色社会主义法治建设要求公民对法律形成信赖和尊重，并自觉遵守，因此自觉守法机制是守法制度的重要内容，它包括守法意识的培养机制和守法行为的保障机制。其中守法意识的培养包括通过立法、执法、司法环节彰显人民主体地位、营造法治社会环境。守法行为的保障机制则重在健全违法惩戒制度，建立守法奖励制度，健全全面守法监督制度。

4. 法律实施的监督制度

中国共产党第十九届四中全会审议通过了《中共中央关于坚持和完善中国特色社会主义制度、推进国家治理体系和治理能力现代化若干重大问题的决定》，该决定明确要求“加强对法律实施的监督”。区别于法律实施的监督制度，法律监督在我国指的是检察监督，就是指国家检察机关对各级行政机关及其工作人员在司法程序中是否依法执行职务，对公安等部门侦查工作以及人民法院审判工作是否合法提出《司法建议书》的监督行为。而监察监督则是指《中华人民共和国监察法》规定了各级的监察委员会都是我国的监察机关，依法承担特定的监察职责。

相较之下法律实施的监督制度内涵更丰富，包括国家监督和社会力量监督。具体为国家权力机关的监督、行政机关的监督、司法机关的监督、社会监督、党的监督。第一是国家权力机关的监督。国家权力机关的监督主体是各级人民代表大会及其常务委员会。监督客体包括由国家权力机关及其常设机构产生的并向他们负责的国家机关及其组成人员。有关国家权力机关及其组成人员包括国家武装力量、各政党、各社会团体、各企事业组织和公民个人。监督方式依照法律规定包含 10 项。第二是国家行政机关的监督。监督主体为国家行政机关，监督的内容包括对行政机关的行为的合法性与合理性的监督。第三是国家司法机关监督，具体包括检察机关的监督和审判机关的监督。检察机关的监督包括刑事诉讼的监督、民事诉讼的监督、行政诉讼的监督。审判机关的监督包括审判机关的自我监督和通过诉讼对外部系统其他国家机关行为合法性的监督。第四是社会监督。社会监督包括社会组织的监督、社会媒体监督、公众监督。第五是政党监督。我国的政党监督主要是通过区分领导党和执政党这两个层面，包括通过纪委进行的党内监督和监察机构进行的监督。

随着社会主义法治体系的日渐完善，法律实施的监督力度也需要不断加强，法律实施监督体系也存在亟待完善的部分。第十九届四中全会提出了多项举措强化对法律实施的监督，包括“强调要保证行政权、监察权、审判权、检察权得到依法正确行使，保证公民、法人和其他组织合法权益得到切实保障，并提出坚决排除对执法司法活动的干预，拓展公益诉讼案件范围，加大对严重违法行为处罚力度，实行惩罚性赔偿制度，严格行使责任追究等”。法律实施的监督制度将更为系统化、体系化，主要体现在以下几个方面：第一，法律实施的监督着力保证立法权、行政权、司法权、监察权的依法行使。第二，法律实施的监督要切实保障公民、法人和其他组织的合法权益。第三，保证专门的法律监督机关的监督职能的实现。第四，法律实施的监督需要加强对违法行为的惩治力度。第五，法律实施的监督效果通过对公民守法意识的培养和提升，以及完善公共法律服务体系来体现。通过打造专门的组织、队伍、体制机制，实现公共法律服务，从而彰显良好的法治环境。第六，通过培养优秀的领导干部，促进法律实施的监督工作的开展。

加强对法律实施的监督是建设中国特色社会主义法治体系的必然要求，它能够有效保障法治监督体系的重要内容。加强对法律实施的监督能够解决法治领域的突出问题，约束和规范执法权和司法权的行使，防止权力滥用。

5. 法律实施效果评估机制

（1）法律实施效果评估与立法后评估的关系

法律实施效果评估作为法律实施体系的重要组成部分，发挥着促进完善法律实施和提高立法质量的重要作用。在理论和实践领域，法律实施效果评估机制实际上呈现出一种零散的研究状态，直接以法律实施效果评估机制为研究对象的成果并不多，更多的是以“立法后评估”或“立法评估”的形式出现。但随着党的十八大之后，我国社会主义法治建设的重心逐渐转向法律实施，研究法律制度在制定之后的实施效果不仅满足了法治建设亟待解决的难题，同时也能够兼顾完善立法，达到科学立法和民主立法的目的。法律实施效果评估就是对法律制度的实施情况的评估，与《立法法》中第六十三条的内容密切相关。《立法法》中明确规定了由专门国家机关进行立法后评估，具体评估内容与法律实施效果评估内容和评估目的基本一致。然而近些年有专家和学者认为立法后评估相关规定不甚明确，同时立法后评估更倾向于立法机关内部的评估行为，在具体的启动评估、实施评估、评估反馈的过程中与执法、司法、守法、法律监督之间的关系模糊，无法更好地体现其“法律实施效果评估”的目的。立法后评估和法律实施效果评估都是为了针对法律实施是否符合立法目的、是否符合社会需求进行的评估。法律实施效果评估实际也属于立法后评估范畴，只是更加倾向于法律实施全过程的效果评估。因此法律实施效果评估较立法后评估内容更为广泛，更具体系性。

（2）法律实施效果评估机制的基本内容

首先，法律实施效果评估的启动方式包含立法监督、司法适用、日落条款、诉讼引发、告诉引发、社会监督引发，不同的启动方式体现了各自的优势，但是由于启动方式大致界分为政府主导和社会主导，并且各自为政，没有连接点，无法充分体现实施效果评估的优势转化，有学者建议针对评估机制的启动方式建立“政府社会合作型的法律制度实施效果评估触发机制”①。

其次，法律实施效果的评估程序。我国关于法律实施效果的评估程序并无统一规范可以遵循，大致都是各地在实践中自行创制的程序规范，但基本都包括如下四个阶段：评估活动的前期准备程序，评估信息的采集和处理程序，评估报告的形成和公布程序，评估报告的反馈程序。第一是前期准备程序，包括成立评估工作组织，拟定评估方案，选择评估对象，确定评估主体，明确评估标准。第二是评估信息的采集和处理，包括确定评估信息的渠道是否来源于立法主体、执法主体、司法主体或者守法主体，选定评估信息采集方法，甄选评估信息，分析信息。第三是报告的形成和公布，包括评估报告的撰写，评估结论的论证，评估报告的修改，报告的公布。第四是评估报告的反馈和回应，包括实施效果的总结，存在的问题及原因，实施的成本和效果，对法律改废释的建议，立法回应，执法回应。

最后，法律实施效果评估指标体系。法律实施效果评估指标体系目前也没有可以统一参考的标准，但根据法治实践中的内容可知，指标体系遵循一定的逻辑展开，具体包括：评估内容以问题为导向，评估指标突出效果评价，评估指标体系参照一般指标体系框架。

指标体系的构建具体包括：（1）针对评估客体的分析。首先是对法律制度本身的考量，包括文本质量和外部交互过程中出现的问题。其次是对法律实施的分析，包括有无实施，实施投入和实施程度。最后是法律意识的分析，主要针对守法者的法律意识情况进行考量。（2）评估指标的设置。主要考量法律效果、政治效果、经济效果、社会效果。（3）指标权

---

① 江国华、庞羽超：《法律制度实施效果评估触发机制研究》，载于《社会科学动态》，2018年第1期，第52页。

重，评估方法与开放项设置等。①

二、法律实施理论的时代价值

改革开放40多年来，我国在法治建设领域取得了巨大成就。“我国的法治建设、法治改革和全面依法治国之所以取得历史性成就，根本原因在于我们坚定不移地走中国特色社会主义法治道路。中国法治40年，始终贯穿一条红线，这就是坚持和拓展中国特色社会主义法治道路。”② 中国特色社会主义法治道路是中国特色社会主义道路的重要组成部分，本质上是中国特色社会主义道路在法治领域的具体体现。③ 党的第十九次全国代表大会的召开，标志着我国进入了中国特色社会主义的新时代，中国特色社会主义法治道路的内涵被不断深化和拓展，中国改革开放40多年法制建设的成就最终都凝聚到了建设中国特色社会主义法治国家这条正确道路上来。中国特色社会主义法治道路的核心要义包括“坚持党的领导、坚持中国特色社会主义制度、贯彻中国特色社会主义法治理论，以上三点规定，确保了中国特色社会主义法治体系的制度属性和前进方向”④。

法律实施理论作为一项传统的法理学理论，在全面深化改革的过程中也被时代赋予了新的内涵和新的任务。

（一）有助于完善党的领导与社会主义法治之间的关系

改革开放以来的实践证明，我国法制建设之所以能够取得一系列重要成就，根本原因就在于坚持了党的领导。⑤ 坚持党的领导是社会主义法治的根本要求，是党和国家的根本所在、命脉所在，是全国各族人民的利益

---

① 以上关于法律实施效果评估指标体系均参考江国华教授在《法律制度实施效果评估指标体系的构建》一文中的相关结论。

② 张文显：《中共法治40年：历程、轨迹和经验》，载于《吉林大学社会科学学报》，2018年第5期，第17页。

③ 习近平：《领导干部要做尊法学法守法用法的模范　带动全党全国共同全面推进依法治国》，载于《理论导报》，2015年第2期，第2页。

④ 中共中央文献研究室编：《十八大以来重要文献选编》（中），中央文献出版社，2016年版，第146页。

⑤ 张文显：《新时代全面依法治国的思想、方略和实践》，载于《中国法学》，2017年第6期，第10页。

所系、幸福所系，是全面推进依法治国的题中应有之义。[①] 党和法的关系是政治和法治关系的集中反映，是全面依法治国的一个根本问题，处理得好，则法治兴、党兴、国家兴；处理得不好，则法治衰、党衰、国家衰。[②] 党的领导是中国特色社会主义法治的根基，是我国法治区别于西方法治的关键因素。“全面推进依法治国，要有利于加强和改善党的领导，有利于巩固党的执政地位、完成党的执政使命，绝不是要削弱党的领导”[③]，党的领导与依法治国之间的关系的核心实际是党的法治能力问题。中国共产党作为依法治国的领导者、推动者，需要熟练掌握法治能力，也必然能掌握法治能力。

中国共产党对依法治国的领导能力的发挥关键在于其法治能力的发挥。中国共产党代表最广大人民群众的根本利益，是具有先进指导思想和由先进党员组成的组织，是集领导权与执政权于一身，在法治框架下执政的政党。具体而言，中国共产党在党内管理、党外执政、党际关系方面均需要运用法治能力。中国共产党的法治能力的发挥需要运用国家法律和党内法规，运用法治的方式和思维。中国共产党的法治能力包括“管党治党能力、依法执政能力、依法治理社会能力、依法开展党际协商能力”[④]。其中依法执政能力根据第十八届四中全会明确的“领导立法、保证执法、支持司法、带头守法”的战略要求，分别在立法、执法、司法、守法方面发挥作用。中国共产党的领导与社会主义法治的关系虽然已经通过党的十九大而更加明确，但中国共产党法治能力的提高仍然需要理论指导，尤其是党要通过党内法规和国家法律管党治党，领导法律的制定和实施。法律实施理论需要结合党领导依法治国的实践经验，在具体的党领导法律实施的过程中对具体做法进行总结，形成新的理论，再反过来指导具体实践。

---

① 中共中央文献研究室编：《习近平关于全面依法治国论述摘编》，中央文献出版社，2015 年版，第 79 页。

② 中共中央文献研究室编：《习近平关于全面依法治国论述摘编》，中央文献出版社，2015 年版，第 33 页。

③ 习近平：《加快建设社会主义法治国家》，载于《求是》，2015 年第 1 期，第 6 页。

④ 韩慧：《法治中国视域下中国共产党法治能力建设研究》，山东大学博士学位论文，2019 年。

（二）促进中国特色社会主义制度不断优化

中国特色社会主义法治道路的制度基础是中国特色社会主义制度。道路是目标和方向，但它需要相关制度来保障和落实。[①] 中国特色社会主义制度是全面依法治国，建设法治中国的制度基石。[②] 中国特色社会主义制度包括人民代表大会制度、多党合作和政治协商制度、民族区域自治制度、基层群众自治制度、中国特色社会主义法律体系、基本经济制度以及基本制度基础之上的政治、经济、文化、社会体制等各项具体制度。除了中国特色社会主义法律体系外，中国特色社会主义法治体系作为中国特色社会主义制度的重要组成部分，表明我国的依法治国蓝图已经进入新的阶段。[③] 推进全面依法治国，必须加快形成完备的法律规范体系、高效的法治实施体系、严密的法治监督体系、有力的法治保障体系、形成完善的党内法规体系。[④]

作为中国特色社会主义制度的法律表现形式，中国特色社会主义法治体系本身就是一个覆盖面广泛、内容复杂的制度体系。中国特色社会主义法治体系囊括了国家法律和党内法规这两部分最重要的规范体系，是法治运行的重要依据。目前中国特色社会主义法治体系面临不断深化和创新的现实需求，全面深化改革实践不断推进，中国特色社会主义法治体系需要不断发展完善。中国特色社会主义法治体系的完善需要尊重制度权威，需要贯彻制度的实施，将制度从文本变成实际发挥治理效力的动态的“法”。法治体系的完善首先需要健全保证《宪法》全面实施的体制机制。通过完善立法机制推动《宪法》实施，加强完善立法机制体制，健全社会公平正义法治保障制度，保障法律实施的有效监督。中国特色社会主义制度是法治中国建设的根本，通过对法律实施理论的深刻认识和深入研究，有助于中国

---

① 王旭：《论全面推进依法治国的几个基本关系》，载于《中国高校社会科学》，2018 年第 2 期，第 55 页。

② 张文显：《新思想引领法治新征程——习近平新时代中国特色社会主义思想对依法治国和法治建设的指导意义》，载于《法学研究》，2017 年第 6 期，第 9 页。

③ 王利明：《新时代中国法制建设的基本问题》，载于《中国社会科学》，2018 年第 1 期，第 48 页。

④ 习近平：《加快建设社会主义法治国家》，载于《求是》，2015 年第 1 期，第 5 页。

特色社会主义法治体系的完善和贯彻执行，通过优化中国特色社会主义制度，最终助力法治中国建设行稳致远。

（三）弥补中国特色社会主义法治理论研究短板

习近平提出："要总结和运用党领导人民实行法治的成功经验，围绕社会主义法治建设重大理论和实践问题，不断丰富和发展符合中国实际，具有中国特色，体现社会发展规律的社会主义法治理论，为依法治国提供理论指导和学理支撑。"① 中国特色社会主义法治理论是一套包括法治指导思想、法治的本质特征、法治的建设总目标、法治的根本价值、法治的基本原则以及法治的推进方式等内容在内的科学的法治理论体系。②

伴随着中国特色社会主义建设进入新的时代，中国特色社会主义法治道路面临新的形势。党的十九大报告对中国特色社会主义法治理论进行了创新，主要内容包括：第一，对法治发展和法治现代化理论进行了阐述，其中为目前到21世纪中叶不同时间段的法治建设和发展设定了目标。第二，重新界定目前社会主义的主要矛盾，并对新矛盾之下如何建设法治国家提供新的理论依据。针对人民日益增长的对法治生活的需求与现实法治发展不足之间的矛盾提出解决的方案。第三，提出了全面依法治国是新时代建设中国特色社会主义的基本方略。第四，提出了"党的领导、人民当家作主和依法治国的统一""良法善治""科学立法、民主立法、依法立法"等新概念、新命题、新观点。中国特色社会主义法治理论体系虽然在一定程度上已经形成，但是在具体的行政、司法、守法、法律监督等方面仍然存在不透彻的地方，尤其是对党的十八大以来全面深化改革过程中出现的创新性实践的分析和研究不够，法治理论体系建构中概念化、体系化、逻辑化水平都不够高。中国特色社会主义法治建设需要从现有的法治实践中总结和抽象出具体的法治原理。目前我国已经解决了有法可依的问题，但关于法治行为、法治实践、法治实效、法治实证和法治运行等方面的问题尚未深入探讨。

---

① 习近平：《加快建设社会主义法治国家》，载于《求是》，2015年第1期，第8页。

② 胡明：《用中国特色社会主义法治理论引导法治体系建设》，载于《中国法学》，2018年第3期，第5页。

贯穿中国特色社会主义法治理论始终的就是法律的实施。良法善治不仅要有完善的立法体制，更需要中国特色社会主义法律制度的贯彻实施，因此中国特色社会主义法治理论应当围绕现有法律实施理论，将改革实践中的新情况进行系统分析，从“形式法治”到“形式法治与实质法治相融合”。通过深化法律体系建设实践、深化法治体系建设实践、深化《宪法》实施监督实践、深化法治政府建设实践、深化司法体制改革实践、深化法治社会建设实践等，总结背后的规律，从而完善理论，进而更科学地指导制度和机制的建立与完善。

三、运用法律实施理论回应改革突破法律的难题

法律实施理论的核心在于通过法律的实施，由执法机关执法，司法机关适用法律，公民遵守法律，法律监督机关实施监督，达到立法目的。在实践中检验理论，发展完善理论，再反过来指导实践。在全面深化改革时期，改革突破法律的情形不仅需要运用新的改革方法论予以指导，更需要明确新改革方法论的价值遵循。改革突破法律的问题主要是由于改革过程中出现了法律尚未调整的情形，或者已有法律规定但规定的内容与改革实际不相符合。面对这种情况，改革方法论提出了顶层设计与基层探索相结合、问题导向与目标导向相结合等具体方法。针对改革中出现的与现有法律规定相冲突的情形，通过权力机关授权在部分地方暂停法律实施，采取决定内容代替暂停实施的法律规范，发挥改革效果。顶层设计是党中央决定中的指导思想，基层探索是授权决定中规定的对决定的具体实施。遵循马克思主义唯物论和辩证法的基本观点，充分认识认识与实践这对矛盾体，依据它们之间的对立统一关系，充分释放认识指导实践，认识来自实践的观点价值。通过权力机关授权决定形成具有法律效力的“试点规范”，通过实施“试点规范”，达到执行、适用、遵守、监督、评估全过程，从而推进改革进程，获得完善立法的实践经验。授权暂停法律实施是在新改革方法论的指导之下，以具体的实践推动改革进程。通过对试点方案的全过程实施，全维度检验“试点方案”的实施效果，拓展我国的立法与法律实施理论的内容及研究视野。

第三章　授权暂停法律实施制度的实践考察

本章对授权暂停法律实施制度的具体实践情况进行分析，以 2012 年以来的 26 项授权决定、草案说明、现有相关成文法规范、全国人大宪法与法律委员会对授权决定草案的审议报告、试点实施方案、试点情况报告等材料为主。采用以上材料作为授权暂停法律实施制度的研究对象，一是因为以上材料对授权暂停法律实施制度的具体实施情况记载完整、全面，二是因为其中大部分材料均由最高国家权力机关发布，具有极高的权威性。本章研究对象为授权暂停法律实施制度及其运行中出现的问题，因此授权决定、草案说明、审议报告能够从宏观上体现制度的运行情况，而试点实施方案以及试点情况报告则能够从微观上体现制度具体运行的成效。

第一节　授权暂停法律实施决定的作出

一、授权暂停法律实施决定草案的考察

依据《立法法》第二条的规定，法律草案是针对法律的制定、修改与废止的议案。授权暂停法律实施并未明确出现在《立法法》中，因此，此处针对授权暂停法律实施的议案是否是法律草案，以及它的实体和程序规范如何构建值得进一步探索。

《立法法》第二十九条第二款规定："常务委员会会议第一次审议法律案，在全体会议上听取提出议案人的说明，由分组会议进行初步审议。"此条款是关于全国人大常务委员会审议法律案的规定，在第一次审议中听取提案人对法律草案的说明，是对全国人大常务委员会对议案中涉及的法

律制定的必要性、可行性以及主要内容进行全面了解。草案说明通常依“制定目的—法律依据和实施依据—制定经过—对主要条款的说明—其他需要说明的问题”的结构顺序制作。[①] 分析授权决定草案说明的内容，可以总结出授权暂停法律实施决定作出的缘由以及决定所涉及的暂停实施的法律的未来发展情况。

对已有的26项授权决定的草案说明进行考察，可以发现全国人大针对法律草案的审议程序基本默认了授权暂停法律实施的性质。下文笔者将对26项授权决定涉及的草案说明进行梳理，对草案说明的历次常务委员会召开时间、草案说明名称进行列表说明，并具体分析每个草案说明中的提出机构、说明人地位以及对授权暂停法律实施决定作出的必要性、可行性和具体内容，以明确授权暂停法律实施的草案的法律效力。具体考察情况见表3—1：

表3—1 全国人大常务委员会所作出的26项授权暂停法律实施决定

序号	召开时间	草案说明名称
1	2012年12月24日上午，第十一届全国人大常务委员会第一次全体会议	对《关于授权国务院在广东省暂时调整部分法律规定的行政审批的决定（草案）》的说明
2	2013年8月26日第十二届全国人民代表大会常务委员会第四次会议	对《关于授权国务院在中国（上海）自由贸易试验区等国务院决定的试验区内暂时停止实施有关法律规定的决定（草案）》的说明
3	2014年6月23日第十二届全国人民代表大会常务委员会第九次会议	对《关于授权在部分地区开展刑事案件速裁程序试点工作的决定（草案）》的说明
4	2014年12月26日第十二届全国人民代表大会常务委员会第十二次会议	关于《关于授权国务院在中国（广东）自由贸易试验区、中国（天津）自由贸易试验区、中国（福建）自由贸易试验区以及中国（上海）自由贸易试验区扩展区域暂时调整有关法律规定的行政审批的决定（草案）》的说明

① 马利和：《试述立法活动中的法律草案说明》，载于《法学杂志》，1991年第2期，第15页。

续表3-1

序号	召开时间	草案说明名称
5	2015年2月25日第十二届全国人民代表大会常务委员会第十三次会议	关于《关于授权国务院在北京市大兴区等33个试点县（市、区）行政区域暂时调整实施有关法律规定的决定（草案）》的说明
6	2015年4月20日第十二届全国人民代表大会常务委员会第十四次会议	对《关于授权在部分地区开展人民陪审员制度改革试点工作的决定（草案）》的说明
7	2015年6月24日第十二届全国人民代表大会常务委员会第十五次会议	对《关于授权最高人民检察院在部分地区开展公益诉讼改革试点工作的决定（草案）》的说明
8	2015年10月30日第十二届全国人民代表大会常务委员会第十七次会议	关于《关于授权国务院开展药品上市许可持有人制度试点和药品注册分类改革试点工作的决定（草案）》的说明
9	2015年12月21日第十二届全国人民代表大会常务委员会第十八次会议	关于《关于授权国务院在北京市大兴区等232个试点县（市、区）、天津市蓟县等59个试点县（市、区）行政区域分别暂时调整实施有关法律规定的决定（草案）》的说明
10	2015年12月21日第十二届全国人民代表大会常务委员会第十八次会议	关于《关于授权国务院继续在广东省暂时调整部分法律规定的行政审批的决定（草案）》的说明
11	2015年12月21日第十二届全国人民代表大会常务委员会第十八次会议	关于《关于授权国务院在实施股票发行注册制改革中调整适用〈中华人民共和国证券法〉有关规定的决定（草案）》的说明
12	2016年8月29日第十二届全国人民代表大会常务委员会第二十二次会议	关于《关于授权在部分地区开展刑事案件认罪认罚从宽制度试点工作的决定（草案）》的说明
13	2016年12月19日第十二届全国人民代表大会常务委员会第二十五次会议	关于《关于军官制度改革期间暂时调整适用相关法律规定的决定（草案）》的说明
14	2016年12月19日第十二届全国人民代表大会常务委员会第二十五次会议	关于《关于授权国务院在河北省邯郸市等12个生育保险和基本医疗保险合并实施试点城市行政区域暂时调整实施〈中华人民共和国社会保险法〉有关规定的决定（草案）》的说明

续表 3-1

序号	召开时间	草案说明名称
15	2016年12月19日第十二届全国人民代表大会常务委员会第二十五次会议	关于《全国人民代表大会常务委员会关于在北京市、山西省、浙江省开展国家监察体制改革试点工作的决定（草案）》的说明
16	2016年12月19日第十二届全国人民代表大会常务委员会第二十五次会议	关于《关于授权国务院在部分地区和中央机关暂时调整实施〈中华人民共和国公务员法〉有关规定的决定（草案）》的说明
17	2017年4月24日第十二届全国人民代表大会常务委员会第二十七次会议	对《关于延长人民陪审员制度改革试点期限的决定（草案）》的说明
18	2017年10月31日第十二届全国人民代表大会常务委员会第三十次会议	关于《全国人民代表大会常务委员会关于在全国各地推开国家监察体制改革试点工作的决定（草案）》的说明
19	2017年10月31日第十二届全国人民代表大会常务委员会第三十次会议	关于《关于中国人民武装警察部队改革期间暂时调整适用相关法律规定的决定（草案）》的说明
20	2017年10月31日第十二届全国人民代表大会常务委员会第三十次会议	对《关于延长授权国务院在北京市大兴区等33个试点县（市、区）行政区域暂时调整实施有关法律规定期限的决定（草案）》的说明
21	2017年12月22日第十二届全国人民代表大会常务委员会第三十一次会议	关于《关于延长授权国务院在北京市大兴区等232个试点县（市、区）、天津市蓟州区等59个试点县（市、区）行政区域分别暂时调整实施有关法律规定期限的决定（草案）》的说明
22	2018年2月23日第十二届全国人民代表大会常务委员会第三十三次会议	关于《关于延长授权国务院在实施股票发行注册制改革中调整适用〈中华人民共和国证券法〉有关规定期限的决定（草案）》的说明
23	2018年10月22日第十三届全国人民代表大会常务委员会第六次会议	关于《关于延长授权国务院在部分地方开展药品上市许可持有人制度试点期限的决定（草案）》的说明
24	2018年12月23日第十三届全国人民代表大会常务委员会第七次会议	对《关于再次延长授权国务院在北京市大兴区等33个试点县（市、区）行政区域暂时调整实施有关法律规定期限的决定（草案）》说明

续表3－1

序号	召开时间	草案说明名称
25	2019年10月21日十三届全国人民代表大会常务委员会第十四次会议	关于《关于授权国务院在自由贸易试验区暂时调整实施有关法律规定的决定（草案）的说明
26	2019年12月23日十三届全国人大常务委员会第十五次会议	对《关于授权在部分地区开展民事诉讼程序繁简分流改革试点工作的决定（草案）》的说明

（一）草案提出主体

1. 主体类型

序号1的提出议案人为国务院。序号2的提出议案人为国务院。序号3的提出议案人为最高人民法院、最高人民检察院。序号4的提出议案人为国务院。序号5的提出议案人为国务院。序号6的提出议案人为最高人民法院。序号7的提出议案人为最高人民检察院。序号8的提出议案人为国务院。序号9的提出议案人为国务院。序号10的提出议案人为国务院。序号11的提出议案人为国务院。序号12的提出议案人为最高人民检察院、最高人民法院。序号13的提出议案人为中央军事委员会。序号14的提出议案人为国务院。序号15的提出议案人为全国人大常务委员会委员长会议。序号16的提出议案人为国务院。序号17的提出议案人为最高人民法院。序号18的提出议案人为全国人大常务委员会委员长会议。序号19的提出议案人为中央军事委员会、国务院。序号20的提出议案人为国务院。序号21的提出议案人为国务院。序号22的提出议案人为国务院。序号23的提出议案人为国务院。序号24的提出议案人为国务院。序号25的提出议案人为国务院。序号26的提出议案人为最高人民法院。通过对26项决定草案说明中提出议案人的梳理，可以发现提出议案人主要为：全国人大常务委员会委员长会议、国务院、最高人民检察院、最高人民法院、中央军事委员会。

《立法法》第二十六条关于全国人大常务委员委员长会议及其他有关机构向全国人大常务委员会提出法律案及相关处理程序，明确规定了提出法律案的主体包括全国人大常务委员会委员长会议、国务院、中央军事委员会、最高人民法院、最高人民检察院、全国人民代表大会各专门委员会。从目前已有的26项授权决定内容可知，全国人大在作出授权暂停法律实施决定时默认适用普通的立法程序，并作出了符合《立法法》第五十四条规定的“提出法律案，应当同时提出法律草案文本及其说明，并提供必要的参阅材料”① 的法律草案说明。以上可证明全国人大授权暂停法律实施制度在提出议案的“实体和程序”规则上与普通立法提案制度一致。值得注意的是，根据全国人大法工委制定的《〈中华人民共和国立法法〉释义》中，提出议案主体应当就与本机关职权有关的事项行使提出议案权(全国人大常务委员委会委员长会议除外)。提出议案的内容当属于全国人大常务委员会的职权范围。如若按照此条文释义对草案内容进行分析，可以发现针对授权暂停法律实施提出议案时，提出议案主体权限存在独特的分类标准。

2. 提出议案权限

对提出议案权限的考察需要通过对决定中涉及的事项内容进行分析，下文以《立法法》第二十六条的规定为标准，依次梳理出提案事项是否属于提案主体职权范围内的内容。

序号 1：授权国务院在广东省内针对部分领域事项更改法律中规定的行政审批事项，将审批核准更改为备案管理，此项内容属于国务院职权范围内事项。《宪法》第八十九条规定，国务院有领导和管理经济工作和城乡建设、生态文明建设等职权，同时该项草案说明内容是针对国务院在进行以上管理过程中可能出现的突破现有法律规定的情形，因此需要权力机关作出具有法律性质的决定，对法律规范作出调整。因此序号 1 符合标准。

序号 2：授权国务院的决定内容为国务院在上海自由贸易试验区进行包括“对负面清单之外的领域，将外商投资项目由核准制改为备案制，将外商投资企业合同章程审批改为备案管理，对境外投资一般项目实行备案，扩大航运、文化等服务对外开放等”，与序号 1 事项一致，涉及的事项为行政审批，与国务院工作内容一致。

序号 3：关于刑事案件速裁程序的授权决定，提出议案申请内容为针对“事实清楚，证据充分，被告人自愿认罪，对适用法律没有争议的盗窃、危险驾驶等依法可能判处一年以下有期徒刑、拘役、管制的案件或者

① 全国人大常务委员会法制工作委员会国家法室：《〈中华人民共和国立法法〉释义》，中国民主法制出版社，2015 年版，第 549 页。

单处罚金的案件”进行“简化庭审程序、增加不公开审理情形、切实保障犯罪嫌疑人、被告人的合法权益”，草案说明提到改革可能会对某些法律规定进行调整或者停止适用，提出议案内容属于最高人民法院、最高人民检察院的工作职权范围。

序号4事项与序号1、2一致，属于国务院工作内容。

序号5：草案说明内容为国务院相关部门在进行农村土地征收、集体经营性建设用地入市和宅基地制度改革的过程中针对涉及突破《土地管理法》《城市房地产管理法》中关于“农村土地征收、集体经营性建设用地入市、宅基地管理制度”的有关规定的情形向全国人大常务委员会提出议案，此内容属于国务院工作职权范围。

序号6：草案说明内容为最高人民法院针对审判过程中在陪审制度方面存在的问题，提出完善人民陪审员制度，促进司法民主和公正的提案。内容属于最高人民法院的工作职权范围。

序号7：检察机关在草案说明中明确提起公益诉讼范围。针对履行职责中发现的污染环境、食品药品安全领域侵害众多消费者合法权益等损害社会公共利益的案件提起公益诉讼等相关程序。内容属于最高人民检察院的工作职权范围。

序号8：涉及的是“更改药品上市许可制度的内容，允许药品研发机构和科研人员取得药品批准文号，对药品质量承担相应责任以及开展药品注册分类改革”。以上内容均属于国务院国家食品药品监督管理总局工作职权范围。

序号9：国务院针对在农村承包土地的经营权和农民住房财产权抵押贷款试点过程中出现的突破《物权法》和《担保法》相关条文的情形提出法律案，其内容属于国务院的工作职权范围内。

序号10：属于对序号1的延期授权，在此不赘述。

序号11：涉及股票发行制改革事项的内容，属于国务院的职责工作。

序号12：涉及认罪认罚从宽改革，针对“犯罪嫌疑人、刑事被告人自愿如实供述自己罪行，对指控的犯罪事实没有异议，同意人民检察院量刑建议并签署具结书”的案件完善相关诉讼程序。该事项内容属于最高人民法院、最高人民检察院的工作职权范围。

序号13：军官制度改革涉及内容为建立军衔主导的军官等级制度，建立体现军事职业特点的待遇保障制度，建立提高人才使用效益的退役安置制度。该事项内容与中央军事委员会的工作职责一致。①

序号 14：国务院提出的将生育保险基金并入职工基本医疗保险基金征缴和管理范围的提案，提案内容属于国务院工作职权范围。②

序号 15：有关国家监察体制改革的提案，内容涉及的事项包括：关于监察委员会的设立及其产生，关于监察对象及监察委员会的职权和措施，监察委员的产生。提案人是常务委员会委员长会议。根据《立法法》第二十六条立法释义的解释，委员长会议的提案不受“符合提案人工作职务的限制”，委员长会议可以针对一切它认为适宜的议案向常务委员会提出。③

序号 16：是关于公务员制度改革的提案，内容涉及“建立新的职级序列、提高职级设置层次、增加职级比例、严格职级晋升条件和权限”④。内容属于国务院的工作职权范围。

序号 17：延期议案，同序号 1、序号 10 相同。

序号 18：在全国各地推开监察体制改革。涉及内容与序号 15 一致，同前。

序号 19：是关于武装警察部队改革的决定，内容包括调整领导指挥体制，调整职能任务，调整警衔制度，调整保障体制，调整部队部署和兵力调动使用制度。内容符合国务院和中央军事委员会的工作职权范围。

序号 20、序号 21、序号 22、序号 23、序号 24 均为延长试点期限的授权决定。

---

① 张阳：《关于〈关于军官制度改革期间暂时调整适用相关法律规定的决定（草案）〉的说明》，载于《中华人民共和国全国人民代表大会常务委员会公报》，2017 年第 1 期，第 63 页。

② 尹蔚民：《关于〈关于授权国务院在河北省邯郸市等 12 个生育保险和基本医疗保险合并实施试点城市行政区域暂时调整实施《中华人民共和国社会保险法》有关规定的决定（草案）〉的说明》，载于《中华人民共和国全国人民代表大会常务委员会公报》，2017 年第 1 期，第 60 页。

③ 李建国：《关于〈关于全国人民代表大会常务委员会关于在北京市、山西省、浙江省开展国家监察体制改革试点工作的决定（草案）〉的说明》，载于《中华人民共和国全国人民代表大会常务委员会公报》，2017 年第 1 期，第 51 页。

④ 尹蔚民：《关于〈关于授权国务院在部分地区和中央机关暂时调整实施《中华人民共和国公务员法》有关规定的决定（草案）〉的说明》，载于《中华人民共和国全国人民代表大会常务委员会公报》，2017 年第 1 期，第 56 页。

序号25是关于自贸区内暂停相关行政审批的试点改革，内容主要包括相关行政审批的改革，属于国务院的职权范围。

序号26：关于司法体制改革中民事诉讼繁简分流的试点改革。通过区分案件类别，针对性地分类审理，促进民事诉讼案件的高效优质审理，实现司法体制改革的总体目标。因此改革内容属于人民法院的职权范围。

根据以上分析可以发现，提案人提出议案权限被严格限制在其职权范围内。在26项提出的议案中，国务院提出的议案有19项，最高人民检察院提出的议案共3项，最高人民法院提出的议案共5项，中央军事委员会提出的议案2项，全国人大常务委员会委员长会议提出的议案共2项。其中国务院提出的议案最多，应该与调整或停止法律适用制度产生的原因相关。全面深化体制改革过程中，涉及行政管理领域的改革内容最多，因此相应的国务院的提出议案数量也最多。

一般情况下，提出议案的权限范围与提案主体职权范围一致，暂停实施的法律的草案提出主体往往就是授权暂停法律实施决定草案提出的主体，不过可能存在特殊情形。暂停实施的法律在最初制定时草案提出主体为多个主体情形的，在判定授权暂停法律实施决定草案提出主体时，要充分考虑与被暂停实施的法律条文内容最匹配的国家机关。只有职能最匹配的国家机关才能作为新决定的草案提案人。序号19提案涉及武装警察部队制度改革，其中授权暂停的法律规范为《中华人民共和国国防法》《中华人民共和国人民武装警察法》中的相关规定。由于此两部法律的草案提出机关为国务院和中央军事委员会，因此序号19提案的提案主体即国务院和中央军事委员会，但序号13“军官制度改革”提出议案人仅为中央军事委员会。此项改革涉及调整或者停止适用《中华人民共和国现役军官法》(原称《中国人民解放军现役军官服役条例》)中的相关条文，此项法律的草案提案人为国务院和中央军事委员会，然而却仅由中央军事委员会提出授权暂停法律实施的草案提案和说明，原因为“授权暂停实施的规范内容仅包含中央军事委员会的职权范围内的条款”，因此需要特别注意，授权暂停法律实施决定的提案人只能是与授权暂停实施的法律相关性最高的国家机关（一般情况下为暂停实施法律的草案提出主体，特殊情况下为暂停实施法律直接相关的国家机关）。

依据《宪法》的规定，国务院与国防军队建设相关的职权表述为“领导和管理国防建设事业”，中央军事委员会的职权内容为“领导全国武装力量”，两者在文意表述上存在重合之处，“国防和军队建设”是对这种重合的折中表述，党的历次代表大会在阐释军队建设与国防两者之间关系上缺乏逻辑自洽。根据《国防法》第十二条、第十三条以及第二十二条的内容可以发现，在法律层面我国对军政权的配置在国务院和中央军事委员会之间仍然存在重合，二者共同领导武装部队、民兵、预备役以及征兵和边海空防工作。《立法法》第七十条和第一百〇三条分别规定了“国防建设”的法规为行政法规，中央军事委员会制定军事法规。但是其国防建设行政法规的行政立法主体并未直接规定为国务院，反而采用“总理与军委主席”共同签署的“双主体”表述，立法权限界定不清。有学者研究发现政府工作报告和国防白皮书均有“越俎代庖”的嫌疑，其中内容均有超过政府行政职权而承载军事主体职权的现象。[①]

对国防和军事职权划分的研究成果表明，国务院的“领导和管理国防建设事业的”职权应当界定为“国防行政权”，指向的是武装力量和平民社会的交互系统，本质上是对武装建设的外部保障和支持。中央军事委员会“领导全国武装力量”的职权既包括对武装力量的领导权，也包括对武装力量内部的建设管理权。[②] 中央军事委员会的职权更多地集中在“提出军队具体的内部军官登记制度、任用制度、军官培训交流制度、待遇保障制度以及退役安置方面的军委武装力量建设管理”方面，因此中央军事委员会的提案仅涉及暂停其职权范围内的规范，所以序号 13 呈现提案主体与暂停实施法律提出议案主体不同的情况。

（二）草案形成的依据

针对草案说明的内容进行分析，草案的产生依据包括“党中央重要会议改革要求”“党中央直接制定的试点方案或意见”，充分体现了授权暂停法律实施的时代性和急迫性，有 19 项[③]改革要求需要授权暂停法律实施，以替代更为耗时的立法、修法。

---

① 傅达林：《国务院与中央军事委员会国防军事权的划分——以“国防”的宪法解释为线索》，载于《法学》，2015 年第 9 期，第 19 页。

② 傅达林：《国务院与中央军事委员会国防军事权的划分——以“国防”的宪法解释为线索》，载于《法学》，2015 年第 9 期，第 25 页。

③ 此处并没有将延期的授权决定纳入其中，因为只是讨论初次形成草案的情形，延期不具有内容上的特殊性。

序号 1：从授权国务院在广东省暂时调整部分法律规定的行政审批的决定草案说明中可见此项授权申请主要是为了深化行政审批制度改革。2012 年 8 月，国务院已经批准广东省在“十二五”期间推进行政审批制度改革先行先试，此项制度改革主要是贯彻中共中央深化行政体制改革的重要部署。自 2002 年以来，我国的行政体制改革不断推开，党的十六大、十七大报告和历年政府工作报告都对行政体制改革作了重要论述。行政审批制度改革是行政管理体制改革的重要内容，也是深化经济体制改革和政府职能转变的关键环节，能够保障政府权力的调整、转移和下放，因此，此项授权决定草案旨在贯彻党的历次代表大会精神。

序号 2：从授权国务院在上海等国务院规定的自由贸易试验区先行试点的决定草案说明中可见此草案通过时间为 2013 年 8 月 16 日。2012 年党的十八大提出了“深化经济体制改革，推进经济结构战略性调整，全面提高开放型经济水平”①。基于党的十八大报告精神，上海自贸区建设符合中国经济转型的实际需要，也实属改革发展的急迫需要，在草案通过之前先由国务院常务会议于 2013 年 7 月 3 日之前通过了《中国（上海）自由贸易试验区总体方案》，在上海自贸区建立之后基于具体的改革要求，取消部分外商投资企业设立及变更审批、允许外商投资拍卖企业从事文物拍卖业务等 12 项开放措施，与现行外资企业法、中外合资经营企业法、中外合作经营企业法以及文物保护法 4 部法律的有关规定不一致，因此国务院法制办起草相关草案，申请全国人大对提案进行审议。此项提案是基于国务院通过的《中国（上海）自由贸易试验区总体方案》提出的，内容与自由贸易试验区的改革密切相关。如若不进行相关授权，可能无法发挥上海自由贸易试验区的试验田作用。

序号 3：刑事案件速裁程序涉及司法领域改革的实际需要，草案说明在试点的必要性部分对刑事案件速裁程序的实施背景进行了简要的介绍。

---

① 习近平：《坚定不移沿着中国特色社会主义道路前进　为全面建成小康社会而奋斗——在中国共产党第十八次全国代表大会上的报告》，人民出版社，2012 年版，第 2 页。

具体背景可以理解为“经济结构调整、矛盾纠纷多发、刑事犯罪高发期”①。不难发现早在20世纪80年代，我国便开启了审判方式和司法职业化改革。2004年开始，我国统一规划部署，有序推进大规模司法改革，2008年启动新一轮的司法改革。第十八届三中全会提出了深化司法体制改革，加快建设公正高效权威的社会主义司法制度，维护人民权益。要维护《宪法》法律权威，深化行政执法体制改革，确保依法独立公正行使审判权、检察权，健全司法权力运行机制，完善人权司法保障制度。② 2014年6月6日，中央全面深化改革领导小组第三次会议审议通过《关于司法体制改革试点若干问题的框架意见》，标志着我国司法体制改革正式启动。关于刑事案件速裁程序试点草案说明的时间为2014年6月23日，距离6月6日中央提出的“框架意见”不足20日，足以发现改革的迫切。中央通过提出“框架意见”引导了最高人民法院、最高人民检察院提出授权试点的草案，充分体现了授权暂停法律实施的迫切。

序号4：关于授权国务院在中国（广东）自由贸易试验区、中国（天津）自由贸易试验区、中国（福建）自由贸易试验区以及中国（上海）自由贸易试验区扩展区域内进行行政审批相关的试点，此项试点也是为了进一步深化改革、扩大开放、加快政府职能转变，与序号1的产生依据一致，是贯彻第十八届三中全会全面深化改革精神的体现。

序号5：授权国务院在33个地方试点改革的决定中涉及农村土地征收、集体经营性建设用地入市和宅基地制度改革的内容。第十七届三中全会通过的《中共中央关于推进农村改革发展若干重大问题的决定》明确提出了允许农民流转土地承包经营权。这是一种土地所有权归集体、经营权归合作社（集体经济组织）、收益权归个人的新农村土地经营制度。第十八届三中全会作出了《中共中央关于全面深化改革若干重大问题的决定》，具体内容是对第十七届三中全会决定的深化。其中包括诸如“建立城乡统

---

① 周强：《最高人民法院对〈关于授权在部分地区开展刑事案件速裁程序试点工作的决定（草案）〉的说明》，载于知网，2014年6月27日，http://www.pkulaw.cn/fulltext_form.aspx?Db=chl&Gid=10b079b03a9a8155bdfb&keyword=&EncodingName=&Search_Mode=accurate&Search_IsTitle=0.z。

② 《中国共产党十八届三中全会公报发布（全文）》，载于中国新闻网，2013年11月12日，http://www.chinanews.com/gn/2013/11-12/5494361.shtml?qq-pf-to=pcqq.group。

一的建设用地市场。在符合规划和用途管制前提下，允许农村集体经营性建设用地出让、租赁、入股，实行与国有土地同等入市、同权同价”的相关表述。该决定中包含对土地所有权、承包权与经营权相分离的探索，同时也提出了对农村土地征收、集体经营性建设用地入市、宅基地制度改革的试点。[①] 关于土地征收、集体经营性建设用地入市、宅基地制度授权试点是在第十八届三中全会召开之后立刻推开的。根据草案内容可以发现，2014 年 3 月 31 日中共中央办公厅和国务院办公厅共同印发《关于农村土地征收、集体经营性建设用地入市、宅基地制度改革试点工作的意见》，对全会要求进行了部署落实。针对改革试点工作意见内容中突破法律的部分，国务院于 2015 年 1 月起草提出本议案，经过相关部委共同研究并由国务院常务会议讨论通过之后，在 2015 年 2 月 25 日向全国人大常务委员会进行草案说明。从试点意见作出到草案提出再到草案通过并提交人大常务委员会、列入常务委员会议程，整个过程耗时短、效率高。针对中共中央顶层设计安排部署的改革项目，通常均第一时间由全国人大常务委员会委员长会议列入常务委员会议事日程，迅速处理。

序号 6：关于人民陪审员制度试点的决定，同序号 3 涉及的刑事案件速裁程序一样属于司法体制改革的重要内容。党的十八大报告明确提出了“进一步深化司法体制改革”的要求，第十八届三中全会通过的《中共中央关于全面深化改革若干重大问题的决定》内容涉及深化司法体制改革，其中提出“要广泛实行人民陪审员制度，拓宽人民群众有序参与司法的渠道”[②]。2014 年 6 月 6 日，中央全面深化改革领导小组第三次会议审议通过《关于司法体制改革试点若干问题的框架意见》，其中也明确包含了人民陪审员制度改革的相关要求。2014 年 10 月，第十八届四中全会通过了《中共中央关于全面推进依法治国若干重大问题的决定》。该决定进一步明确提出“要保障人民群众参与司法，完善人民陪审员制度，保障公民陪审权利，扩大参审范围，完善随机抽选方式，提高人民陪审制度公信度”[③]。

---

① 宇龙：《集体经营性建设用地入市试点的制度探索及法制革新——以四川郫县为例》，载于《社会科学研究》，2016 年第 4 期，第 90 页。

② 习近平：《中共中央关于全面深化改革若干重大问题的决定》，人民出版社，2013 年版，第 10 页。

③ 习近平：《中共中央关于全面依法治国若干重大问题的决定》，人民出版社，2014 年版，第 5 页。

最高人民法院提出的人民陪审员制度的试点决定草案是基于已经由中央全面深化改革领导小组会议审议通过的试点方案进行的，特就方案中涉及的突破相关法律的情况向全国人大常务委员会提出议案以获得授权试点的权限。中央全面深化改革领导小组会议于 2015 年 4 月 1 日通过试点方案，4 月 20 日全国人大常务委员会即通过全体会议进行草案说明，效率极高。

序号 7：公益诉讼制度改革的草案制定背景基本与序号 6 一致，也是在司法体制改革的大背景之下进行的。2013 年通过的《民事诉讼法》虽然新增了关于民事公益诉讼的条款，但是却忽略了检察院的权限配置规定，公益诉讼的受案范围模糊，具体程序规则缺失。2014 年 3 月 12 日，最高人民法院发布的《2010—2013 年人民法院维护消费者权益状况》白皮书，其中仅 2013 年涉及消费者权益的民事案件便有 482500 多件，提起公益诉讼成为消费者维权的重要方式。① 结合法律规范的现实和司法实践的迫切需求，在民事诉讼和行政诉讼中建立公益诉讼制度，充分发挥检察机关法律监督职能，促进依法行政，严格执法，维护宪法法律权威，维护社会公平正义，维护国家和社会公共利益，建立行政公益诉讼制度实属当务之急，因此第十八届四中全会明确提出了探索公益诉讼制度的要求。与序号 6 一致，凡经过中共中央深化改革领导小组通过的试点方案，内容都较为成熟，转化率高。

序号 8：草案说明内容为药品上市许可持有人制度和药品注册分类制度改革。国务院针对药品审评审批制度和药品产业发展不相适应的问题制定草案。我国医疗体制改革于 1994 年正式拉开序幕，2007 年党的十七大明确提出卫生医疗领域的四大体系，即“公共卫生服务体系、医疗服务体系、医疗保障体系、药品供应保障体系”。直到 2013 年，针对药品方面的改革主要都是集中在药品生产流通领域、药品生产领域、药品价格管理体制方面。第十八届三中全会明确提出了深化医药卫生体制改革，统筹推进医疗保障、医疗服务、公共卫生、药品供应、监督体制综合改革。作为 2007 年提出医改四大体系之后的第 5 个年头，中共中央作出了全面深化改革的决定，医改也是其中重要的一项。2014 年第十八届四中全会提出

---

① 最高人民法院：《将出台司法解释规范公益诉讼》，载于中国江苏网，2014 年 3 月 13 日，http://news2.jschina.com.cn/system/2014/03/13/020517605.shtml。

了改革决策与立法决策相衔接的要求，要求对医疗体制改革中突破法律的情形进行授权。因此药品上市许可人制度和药品注册分类制度改革中暂停部分法律的实施必须要通过全国人大授权方可调整。

序号 9：涉及农村土地承包经营权的抵押与担保相关改革。此项内容与 2015 年关于“三块地”的授权试点草案制定背景一致，均属于农村土地制度改革的范畴。2013 年第十八届三中全会针对土地承包经营权的抵押和担保权能进行了明确赋权。2014 年中共中央、国务院印发了《关于全面深化农村改革加快推进农业现代化的若干意见》。2015 年 10 月国务院作出了承包土地经营权和宅基地上住房财产权的抵押贷款指导意见，在试点意见发布之后，基于第十八届四中全会提出的全面深化改革与法治相结合的基本要求，2015 年 10 月，国务院相关部委制定了针对改革试点突破相关法律规定的情形申请授权暂停实施相关法律规范的草案，2015 年 12 月草案通过，并呈送全国人大常务委员会进行审议。整个草案制定基于中共中央全面深化改革的总体要求，针对农村土地改革的急迫需求进行。

序号 11：涉及股票发行注册制改革内容。草案制定主要是依据第十八届三中全会推进股票发行注册制改革的明确要求，这是注册制改革第一次被列入党的文件。第十八届三中全会提出要使市场在资源配置中起决定性作用，资本作为基础性资源，在配置中更应凸显市场的决定性作用。[①] 2015 年国务院将股票发行注册制改革列入政府工作报告，同年 4 月，《证券法》修订案草案在人大常务委员会提请一审时也明确提出了取消股票发行审核委员会制度。但是基于 2015 年 A 股波动的现时影响，政策并未出台。因此针对股票发行注册制改革最优选择则是进行试点，与此同时证监会在 2015 年 12 月 22 日向国务院提出了《关于提请启动实施股票发行注册制改革法律程序的请示》，国务院法制办针对其中涉及提请全国人大常务委员会授权调整实施《证券法》的规定起草了此草案。草案于 2015 年 12 月 9 日经国务院常务会议通过并报全国人大常务委员会审议。股票发行注册制改革授权决定也是基于党中央关于金融市场的全面深化改革进

---

① 赵晓辉、张晓博：《我国股票发行将推行注册制释放资本市场活力》，载于中华人民共和国中央人民政府网，2013 年 11 月 16 日，http://www.gov.cn/jrzg/2013-11/16/content_2528436.htm。

行的。

序号 12：涉及认罪认罚从宽制度改革内容。与序号 3、序号 6、序号 7 一致，草案制定背景与第十八届三中全会《中共中央关于全面推进依法治国若干重大问题的决定》关于司法体制改革的部署内容相关。2014 年的《关于司法体制改革试点若干问题的框架意见》也包含了刑事诉讼改革相关内容；第十八届四中全会进一步提出“完善刑事诉讼中认罪认罚从宽制度”；随后最高人民法院、最高人民检察院制定了《关于认罪认罚从宽制度改革试点方案》，该方案于 2016 年 7 月 22 日由中央深化改革领导小组审议通过。制定草案过程也充分体现了司法体制改革中对认罪认罚从宽制度改革的迫切需求，与其他三项改革措施一样，修法时间过长且无法满足迫切的改革需求，因此更宜采取授权暂停法律实施方式。

序号 13：军官制度改革期间调整适用相关法律规定的决定草案的制定，与第十八届三中全会中建立军官职业化制度要求相关。中共中央政治局常务委员会审议通过《深化国防和军队改革总体方案》，并于 2016 年 1 月 1 日印发。方案内容结合党的十八大、第十八届三中全会、第十八届四中全会、第十八届五中全会精神，对国防军队制度改革内容进行全面部署，其中涉及军官制度改革相关问题，由于突破了现行法律规定，中央军事委员会起草草案向全国人大常务委员会提出授权申请。2016 年 12 月 19 日全国人大常务委员会全体会议第一次听取草案说明。

序号 14：社会保险法改革决定草案的制定是对第十八届三中全会提出的“将生育保险和基本医疗保险合并实施”要求以及第十八届五中全会作出的重要部署和 2016 年提出的《中华人民共和国国民经济和社会发展第十三个五年规划纲》的切实贯彻。2016 年 10 月国务院原则同意《生育保险和基本医疗保险合并实施试点方案》。同月，国务院形成了草案，草案针对试点中涉及突破法律规范的内容请求授权。

序号 15：涉及在三个省进行监察体制改革。草案的制定背景是：首先，深化落实第十八届三中全会、四中全会、五中全会关于政治体制改革的重大举措；其次，深入推进第十八届六中全会关于党风廉政建设和反腐败斗争举措；最后，对国家监察体制改革的不断深化。根据党中央的决策部署，中共中央办公厅印发试点方案，据此由中央纪委起草决定草案，并由全国人大常务委员会委员长会议向常务委员会提出议案请求授权。此处可以观察到草案的提出是根据中央关于改革发展的文件精神，针对党中央对监察体制改革的重要部署提出的议案，改革的必要性和急迫性促使采取授权暂停实施法律规范的方式进行。

序号 16：该草案主要依据第十八届三中全会中有关公务员分类改革、推行公务员职务与职级并行、职级与待遇挂钩制度等要求制定。具体的改革措施于 2015 年已先行推开，并于当年由中央组织部会同国务院相关部门制定了关于建立《公务员职务与职级并行制度的试点意见》。2014 年 12 月 2 日上午，中共中央总书记、国家主席、中央军事委员会主席、中央全面深化改革领导小组组长习近平主持召开中央全面深化改革领导小组第七次会议，会上对该试点意见进行了审议。试点意见内容存在突破《中华人民共和国公务员法》相关法律规定的情形，因此 2016 年 12 月 19 日国务院向全国人大常务委员会提出授权调整实施相关法律规定的草案。

序号 19：中国人民武装警察部队改革相关决定草案的制定，依托第十八届三中全会对武装警察部队改革要求以及党中央批准的《国防和军队改革总体方案》《中央军事委员会关于深化国防和军队改革的意见》这三个中央文件。三个文件均对武装警察部队改革进行了部署，改革任务急迫，因此对改革中涉及的突破法律的情况，最宜采取授权暂停实施的方式。

序号 25：此项授权决定是关于在自由贸易试验区内进行行政审批的改革。草案制定背景是基于党的十九大关于上市制度改革的重要部署进行的。上市制度改革是党中央、国务院的重要决策部署，旨在促进政府职能转变，简政放权，稳增长，促改革，调结构，惠民生，保就业。“放管服”作为党进行深化行政体制改革，提高政府行政效率的重要改革部署，是在市场准入和政府监管方面的一次重要的突破和创新。2015 年至今，广东省在相关试点中已收获巨大的成果，因此通过授权决定拓展试点区域，为“行政审批”改革在全国范围内适用提供了实践经验。

序号 26，此项草案内容是最高人民法院进行民事诉讼繁简分离的改革。此项改革草案贯彻落实了党中央关于深化民事诉讼制度改革的决策部署。草案的形成主要依托 2019 年中央政法工作会议中提出的“深化诉讼制度改革、推进案件繁简分流、轻重分离、快慢分道”的要求和第十九届四中全会提出的“妥善处理人民内部矛盾的调解联动工作体系建立提出要求”以及中共中央办公厅印发的《关于政法领域全面深化改革的实施意见》。

通过梳理授权暂停法律实施草案提出的依据，可以发现授权暂停法律实施决定草案的提出目的重在对改革涉及的法律关系的即时调整，虽然其最终可能会产生新法、修改法律抑或是废止某些法律，但其效率更高，更能满足改革的急迫需求。但《立法法》第十三条中的“改革发展的需要”的表述不够具体，因此需要通过具体规则明确改革发展的需要，例如依据中共中央书记处发布的重大改革文件等。

二、授权暂停法律实施决定草案审议文件的考察

《立法法》第二十九条规定：“列入常务委员会会议议程的法律案，一般应当经三次常务委员会会议审议后再交付表决。常务委员会会议第一次审议法律案，在全体会议上听取提出议案人说明，由分组会议进行初步审议。常务委员会会议第二次审议法律案，在全体会议上听取法律委员会与法律草案修改情况和主要问题的汇报，由分组会议进一步审议。常务委员会议第三次审议法案……”在“三审制”的分工中，二审法律委员会[①]的审议结果汇报主要是针对各方面对法律草案的意见，对法律草案进行修改后作出，对新的法律草案修改了哪些内容，为什么这么修改，有何不同意见，还存在哪些问题所作的介绍。[②]《立法法》第三十条规定：“列入常务委员会会议议程的法律案，各方面意见比较一致的，可以经两次常务委员会会议审议后交付表决；调整事项较为单一或者部分修改的法律案，各方面的意见比较一致的，也可以经一次常务委员会会议审议即交付表决。”[③]

（一）草案审议稿修改意见汇总

根据法律条文及《〈中华人民共和国立法法〉释义》可知，在听取了提出议案人所作的草案说明后，至少经过两个月，再次召开常务委员会听取法律委员会的汇报，针对内容单一、分歧不大的法律草案，可以审议通过。各方面意见比较一致的法律草案，经一次常务委员会会议审议即通

---

① 目前由全国人大宪法与法律委员会承担审议职能。

② 全国人大常务委员会法制工作委员会国家法室：《〈中华人民共和国立法法〉释义》，中国民主法制出版社，2015年版，第345页。

③ 全国人大常务委员会法制工作委员会国家法室：《〈中华人民共和国立法法〉释义》，中国民主法制出版社，2015年版，第362页。

过。在授权暂停法律实施决定的草案审议说明的梳理过程中，笔者发现26项草案的审议活动均为草案，说明当次常务委员会一次即通过。

序号1：明确了授权时间和要求，合并了附录中暂停实施的法律的栏目。

序号2：明确了授权范围采用特定区域的名称；将负面清单表述方式更改为法律语言的表述；将暂时停止实施更改为暂时调整，并更改了决定草案的名称；删去了有可能阻碍我国文物保护的相关内容；明确了调整实施开始的日期，不同意国务院自行决定实施开始日期。

序号3：对案件适用范围进行补充。考虑被害人和其他当事人的合法权益，将当事人对案件的认知作为决定内容的因素之一。通过列举方式展示案件适用范围，同时针对试点目的进行考量，拓展了试点草案中关于细化诉讼程序的内容，将刑事速裁程序相关所有当事人的诉讼权利全部纳入保护的范围，以保证司法公正的实现。在监督管理方面，在具体授权机关的自我评估基础上，加强组织指导和监督职责，增加了向全国人大常务委员会作中期报告的要求，明确了全国人大对试点工作的统领监督职责。针对审议中提出的细化检察院适用程序相关规定的建议，法律委员会建议在具体执行过程中进一步研究，不宜通过授权决定规定具体实施措施。

序号4：删除草案中对外商投资的表述，避免产生歧义。要求精准表达内容，明确提出了加快推进法律修改工作的要求。

序号5：委员们认为土地制度改革三项措施政策性强，并且涉及《宪法》对土地所有制的基本红线问题，因此针对草案中的监督统筹机关增加了国务院这一内容，要求国务院及其国土资源主管部门对试点工作的整体指导和统筹进行监督，同时也增加了全国人大常务委员会的监督要求。建议采用国务院总结经验向全国人大常务委员会报告的形式。法律委员会针对委员提出的关于风险控制的建议，作出了“重视风险管控、推进相关法律修改工作”的审议结果。同样针对细化内容的建议，作出“无需在授权决定中进行细化规定”的审议结果。

序号6：在人民陪审员制度草案的审议结果中，对试点工作的检查原则进行了补充。要求严格遵循《诉讼法》等有关法律规定的基本原则。同时针对委员们提出的在具体试点过程中的细化要求如人民陪审员选任机制等，建议在制定试点办法时进行规定。

序号7：在公益诉讼制度试点草案审议结果中，首先删除草案标题中的“改革”，认为其与“试点”语义重复。针对授权范围的表述，委员坚持授权范围明确原则，建议取消“等”这样的模糊表达。考虑试点稳妥推进原则，在草案中增加“遵循诉讼制度原则，提出公益诉讼前，人民检察院应当依法督促行政机关纠正违法行政行为……”将草案中对最高人民检察院和最高人民法院的具体实施措施的表述由“实施细则”修改为“实施办法”。实施细则的定义是指有关机关和部门针对某一法令、条令或者规定作出的详细的、具体的解释和补充，而办法则是指对政策及有关法规、规定等方面的工作和问题提出具体做法和要求的文件。因此修改也体现了常务委员会委员对试点方案的价值和指导意义的理解。针对委员提出的细化试点内容的意见，法律委员建议不作补充而是通过具体的试点实施办法进行完善。

序号 8：针对药品上市许可人制度草案的审议结果，修改的内容包括：(1) 依据《立法法》规定可知，要明确授权试点的地域范围，明确具体的试点区域，法律委员会在审议结果报告中增加了试点的具体地区。(2) 委员们认为药品注册分类改革涉及法律实施问题，因此需要在草案中明确现有法律规定的内容，并提出具体的实施要求，即在调整药品分配的基础上制定、修订相关国家药品标准。(3) 针对试点期限，委员们建议延长试点时间。(4) 在国务院监督工作的内容上提出具体监督目标和要求——保证药品质量和安全。(5) 针对国务院的监督形式提出修改意见，建议除了“自我监督”以外，还需要增加向全国人大常务委员会提出终期报告的要求。

序号 9：在农村土地制度改革“两权”抵押贷款试点草案审议报告中，审议提出“针对抵押贷款试点的风险防范类型进行扩充”。除了金融风险外，还需要注意其他各类风险，并建议增加完善配套制度。委员们提出延长试点时间的意见，但法律委员会考虑其与实际改革目的不相符，未作批准。同时，针对细化具体措施的建议，法律委员会认为具体实施内容应该在实施方案中进行规定。

序号 10：授权国务院继续在广东省进行行政审批制度改革的草案审议结果报告中提到了几项修改内容：(1) 修改决定名称。由于之前授权决定中涉及暂停实施的法律规范部分已经获得修改，因此不宜采用“继续授权”的表述。委员们建议将名称变更为《全国人民代表大会常务委员会关于授权国务院在广东省暂时调整部分法律规定的行政审批试行期届满后有关问题的决定》。(2)修改部分草案内容。明确说明了之前授权决定中尚未修法的情形，在广东省继续试行。(3)同时也规定了实施日期以及截止期限和到期后的具体处理办法。

序号 11：针对股票发行注册制改革的草案审议结果中包含以下几处修改：(1)将“注册制度的‘具体实现’由国务院安排，并报全国人大常务委员会备案”的表述直接更改为“注册制度的具体实施方案由国务院规定，报全国人大常务委员会备案”。(2)就监督措施和风险防范方面，委员们认为应当规定国务院向全国人大常务委员会作出中期报告，同时加强国务院的内部监督工作，以化解风险，将仅由证监会的监督拓展为“国务院证券监督管理机构会同有关部门”共同实施。(3)具体实施过程中的相关配套制度建议由具体实施机关进一步研究制定。

序号 12：刑事案件认罪认罚从宽制度试点审议结果报告中的修改内容如下：(1)授权决定名称需要包含被授权机关。(2)试点工作内容中新增关于“确保无罪不受刑事处罚，有罪受到公正惩罚，维护社会公共利益，促进司法公正以及完善诉讼权利告知程序、强化监督”等内容，突出“保障司法公正、避免渎职滥权”的要求。(3)针对已经到期的关于刑事速裁案件的试点决定与认罪认罚从宽制度试点之间的关系处理方案，委员们提出处理好两者关系的建议，因此针对继续进行试点的刑事案件速裁程序工作，采取单独规定，表述为“按照新的试点办法继续试行”①。此处与序号 10 试点期限届满后的处理方式不一样，但均采取了单独说明的方式明确决定期限届满后的具体处理办法。(4)委员们认为具体试点方案的主要内容应当依据全国人大常务委员会在决定中规定的原则要求制定，因此在原有草案基础上对试点办法的内容增加了“最高人民法院、最高人民检察院会同有关部门根据本决定，遵循刑法、刑事诉讼法的基本原则，制定试点办法。对适用条件、从宽幅度、办理程序、证据标准、律师参与等作出具体规定”②。

---

① 全国人民代表大会法律委员会：《关于〈关于授权在部分地区开展刑事案件认罪认罚从宽制度试点工作的决定（草案）〉审议结果的报告》，载于《中华人民共和国全国人民代表大会常务委员会公报》，2016 年第 5 期，第 791 页。

② 全国人民代表大会法律委员会：《关于〈关于授权在部分地区开展刑事案件认罪认罚从宽制度试点工作的决定（草案）〉审议结果的报告》，载于《中华人民共和国全国人民代表大会常务委员会公报》，2016 年第 5 期，第 791 页。

序号13：军官制度改革的草案审议结果报告内容中涉及修改的部分为：（1）授权决定要突出改革的目的，对草案内容中的“军队职业化建设”目标进行了拓展。按照党中央推进的深化国防和军队改革总体方案内容，提出“加快建设军官职业化制度，构建科学规范的军官制度体系，适应现代军队建设和作战要求”。（2）没有明确规定试行范围和期限。全国人大常务委员会提出了明确建议，由于军官制度改革涉及国防军队改革的各方面，因此不宜在授权决定中规定过细。同时对授权试点期限进行明确规定也没有可行性，仅能要求在试点过程中及时提出修改法律的建议。

序号14：关于生育保险和基本医疗保险合并实施试点的决定草案审议报告未对草案内容作出过多修改，仅就文字内容进行了调整。

序号15：在三省市进行监察体制改革试点的草案的审议结果报告并未对草案作出修改。报告中对委员们关注的具体实施细节问题进行了回应，认为监察制度改革试点的具体问题解决方法可参照中央已经制定的试点方案以及中央深化国家监察体制改革试点工作领导小组及有关方面要求，还有一些问题只有通过具体试点探索，不宜在授权决定中作要求。

序号16：调整实施公务员法相关规定的草案审议结果报告中的修改内容：要求国务院通过制定具体试点办法完善委员们提出的具体实施建议，同时要求国务院在监督和组织领导方面发挥作用，未对国务院报告义务作出明确规定。

序号17：关于延长人民陪审员制度的草案审议结果报告，主要包括以下修改内容：（1）简化草案中目的部分。（2）就延长期限的表述与决定草案名称保持一致，将“继续试行一年”更改为“试点期限延长一年”。（3）增加期限届满后最高人民法院向全国人大常务委员会作终期报告的规定。（4）针对委员们关于具体试点方式内容上的细节问题，法律委员会建议最高人民法院在试点中进行研究并作出规定。同时对最高人民法院的监督和指导职责进行了强调。

序号18：全国各地推开监察体制改革的审议结果报告和序号15一样，并未作出任何修改。

序号19：武装警察部队改革相关草案审议结果中，增加“为了贯彻落实党的十九大精神”，突出授权决定作出的根本目的。

序号20：在延长授权国务院在北京市大兴区等33个试点县（市、区）决定草案的审议结果报告中，新增“延长期满后，国务院应当就暂时调整实施有关法律规定的情况向全国人大常务委员会作出报告”。这是针对延长授权情形不断增多的情况下，审议报告中增加的内容。此项内容从另一个层面体现了针对近几年延期授权期限做法所带来的完善监督报告机制的要求。

序号21：延长授权国务院在北京市大兴区等232个试点县的决定草案审议结果仅就文字问题作了处理，未作实质修改。

序号22：延长授权国务院在实施股票发行注册制改革决定草案的审议结果报告中，主要新增“具体实施方案”报全国人大常务委员会备案，完善外部监督，同时还规定延长期满后的处理办法，要求国务院在延长期限届满时提出修法意见。

序号23：延长授权药品上市许可人制度试点决定草案的审议结果报告与前22项不同的地方是，此次审议报告主体为全国人民代表大会宪法和法律委员会。这是在《宪法修正案》颁布之后第一次全国人大宪法和法律委员会作出的关于授权暂停法律实施相关决定的草案审议报告。审议结果中针对草案说明提到的修改延长期限、延期原因是实现试点改革与《中华人民共和国药品管理法》修法工作的协调，同时“试点期限延长至修改完善后的《中华人民共和国药品管理法》”实施之日的表述不明确，且新法“实施之日”具体日期不明，因此修改为“试点期限延长一年”。同时在此强调国务院的监督目的仍然是维护人民群众生命财产安全。

序号24：延长授权国务院在北京市大兴区等33个试点县（市、区）行政区域暂时调整实施有关法律规定的决定（草案）审议结果报告中，全国人大宪法和法律委员会对草案仅作了个别文字处理，未作实质修改。

序号25：全国人大宪法和法律委员会对草案提出了具体的意见，包括针对附录中法条顺序的排列位置，要求将“调整实施”变为“调整适用”，决定的实施时间调整为与改革的启动时间一致。

序号26：针对此项授权决定草案，全国人大宪法和法律委员会针对草案内容出了一些文字修改，同时就审议过程中出现的一些问题提出了建议，包括对专门法院审理二审案件适用独任制时需要严格限制，以及针对试点中出现的突发情况要制定应对预案等。

（二）审议结果报告焦点问题

以上为26项审议结果报告涉及修改决定草案的基本内容，笔者将其归纳为以下四类内容。这些内容体现了全国人大常务委员会对授权暂停法律实施的主要关注点，同时也体现了授权暂停法律实施制度的核心问题。

第一，授权暂停法律实施决定用词表达精准、简洁明了。具体改革细节不列入决定内容。

第二，授权目的明确，充分体现在授权决定中，授权内容充分保障改革各方利益，充分考量改革内容的正当性和必要性。

第三，授权暂停法律实施时间起止明确，授权范围准确。针对延期的授权决定，如果只是针对之前的部分内容进行延期，则授权草案名称需要为“届满后的处理决定”这种表述。如果是整体延期，则需要强调“延长期届满后被授权机关及时提出修法建议和作出终期报告”的要求。有关国防和军队建设的试点范围和时间均不宜在决定中进行规定，由于内容的特殊性和专业性，因此要在具体实施过程中进行探索。

第四，被授权机关发挥基本监督和组织领导的功能。强调具体执行改革决定的机关自我监督与全国人大常务委员会外部监督相结合。主要通过中期报告、终期报告、试点方案备案等方式。

通过以上问题的汇总，大致可以发现在审查草案过程中，全国人大常务委员会已经发现授权暂停法律实施过程中有几个重要问题需要明确。分别是：(1) 明确授权暂停法律实施的依据和标准；(2) 明确授权暂停法律实施的期限和范围，同时完善针对延期或者区域扩展等特殊情况的处理机制；(3) 明确决定实施过程中相关主体的监督职责，包括“监督主体范围和具体的监督方式以及处理措施”。

三、授权暂停法律实施决定的考察

本节考察授权决定中调整或者停止实施的法律规范的基本情况，决定中被授权主体的类型，授权区域的选择情况，授权期限的基本情况，监督授权实施的方式。

（一）被授权主体

通过对授权决定的梳理，可知被授权机关包括国务院、中央军事委员会、最高人民法院、最高人民检察院。国务院作为被授权机关的决定包括序号 1、序号 2、序号 4、序号 5、序号 8、序号 9、序号 10、序号 11、序号14、序号16、序号20、序号21、序号22、序号23、序号24、序号25。中央军事委员会作为被授权机关的决定有序号13、序号19。最高人民法院作为被授权机关的决定有序号3、序号6、序号12、序号26。最高人民检察院作为被授权机关的决定有序号3、序号7、序号12。这些被授权机关突破了传统授权立法的规定，在授权暂停法律实施决定中由具体处理改革难题的机关执行授权暂停法律实施。这种做法是合理且可行的，如果严格限制被授权机关类型以符合授权立法的规范要求，则是混淆了授权立法与授权暂停法律实施的关系。因此授权暂停法律实施中的被授权机关范围的确定应该以最初提出的议案的机关为被授权主体，因为授权暂停法律实施主要是用于实施和执行提案内容的活动，因此被授权机关应当是提出议案机关。

（二）授权中涉及的法律规范

表3－2　授权决定中涉及调整或者停止的法律规范

序号	暂时或调整实施的法律	制定机关
1	《中华人民共和国海关法》《中华人民共和国枪支管理法》《中华人民共和国政府采购法》《中华人民共和国招标投标法》《中华人民共和国城乡规划法》《中华人民共和国中外合作经营企业法》《中华人民共和国母婴保健法》《中华人民共和国职业病防治法》《中华人民共和国广告法》《中华人民共和国计量法》《中华人民共和国安全生产法》《中华人民共和国建筑法》《中华人民共和国文物保护法》《中华人民共和国气象法》《中华人民共和国矿产资源法》《中华人民共和国动物防疫法》《中华人民共和国对外贸易法》《中华人民共和国税收征收管理法》《中华人民共和国大气污染防治法》（以上法律中部分规定）	全国人大常务委员会
2	《中华人民共和国外资企业法》《中华人民共和国中外合资经营企业法》《中外合资经营企业法》中有关行政审批的规定	《中华人民共和国中外合资经营企业法》的制定机关为全国人大，其他两个为全国人大常务委员会
3	无	无

续表3－2

序号	暂时或调整实施的法律	制定机关
4	《中华人民共和国外资企业法》《中华人民共和国中外合资经营企业法》《中外合资经营企业法》《中华人民共和国台湾同胞投资保护法》	《中华人民共和国中外合资经营企业法》的制定机关为全国人大，其他三个为全国人大常务委员会
5	《中华人民共和国土地管理法》《中华人民共和国城市房地产管理法》中部分规定	全国人大常务委员会
6	《中华人民共和国人民法院组织法》《全国人民代表大会常务委员会关于完善人民陪审员制度的决定》《中华人民共和国刑事诉讼法》《中华人民共和国民事诉讼法》（以上均是调整部分条款）	除《中华人民共和国刑事诉讼法》的制定机关为全国人大以外，其他均为全国人大常务委员会
7	无	无
8	《中华人民共和国药品管理法》部分条款	全国人大常务委员会
9	《中华人民共和国物权法》《中华人民共和国担保法》中涉及的部分条款	《中华人民共和国物权法》的制定机关为全国人大，《中华人民共和国担保法》为全国人大常务委员会
11	《中华人民共和国证券法》部分条款	全国人大常务委员会
12	无	无
13	《中华人民共和国现役军官法》部分条款、《中国人民解放军军官军衔条例》部分条款	全国人大常务委员会
14	《中华人民共和国社会保险法》相关条款	全国人大常务委员会
15	《中华人民共和国行政监察法》全部条款，《中华人民共和国刑事诉讼法》部分条款，《中华人民共和国人民检察院组织法》部分条款，《中华人民共和国检察官法》部分条款，《中华人民共和国地方各级人民代表大会和地方各级人民政府组织法》部分条款	除《中华人民共和国刑事诉讼法》的制定机关为全国人大以外，其他均为全国人大常务委员会
16	《中华人民共和国公务员法》部分条款	全国人大常务委员会
19	《中华人民共和国国防法》、《中华人民共和国人民武装警察法》部分条款	全国人大常务委员会
25	《中华人民共和国对外贸易法》《中华人民共和国道路交通安全法》《中华人民共和国消防法》《中华人民共和国食品安全法》《中华人民共和国海关法》《中华人民共和国种子法》。	全国人大常务委员会
26	《中华人民共和国民事诉讼法》相关条款	全国人民代表大会

通过表3—2可知，除了在监察体制改革试点中涉及明确暂时停止适用《中华人民共和国行政监察法》整部法律以外，其他均是暂停实施部分条款。其中有两个比较特殊的情况：第一，全国人大常务委员会暂停实施全国人大制定的法律；第二，部分授权决定并未明确暂停实施哪些法律规范，而是采取由执行机关制定方案的方式。

第一种情况出现在序号2、3、6、9、15、26这六项授权决定中。主要涉及全国人大常务委员会是否有权暂停实施全国人大制定的法律规范。根据《宪法》第六十七条的规定："在全国人民代表大会闭会期间，对全国人民代表大会制定的法律进行部分补充和修改，但是不得同该法律的基本原则相抵触。"① 笔者认为此处全国人大常务委员会暂停实施全国人大制定的法律需要明确其法律依据，前文已经从全国人大常务委员会在闭会期间的"部分补充修改权"推导出其有权对全国人大制定的法律作出暂停实施的决定，全国人大常务委员会只要不突破法律的基本原则，对全国人大所制定法律的部分内容在部分地方调整其效力状态并没有产生影响法律秩序稳定的不良后果。全国人大常务委员会暂停实施全国人大制定的法律应该遵循一定的条件限制。按照目前暂停实施的情况，可以注意到的是，序号2、3、6、9、26中主要调整了全国人大制定的基本法律，但是序号15中不仅涉及调整全国人大制定的基本法律，还调整了检察机关的职权，触动了基本原则。因此在认同全国人大常务委员会调整全国人大制定的法律的前提下，需要对其适用条件进行限定，包括适用时间是否是全国人大闭会期间，适用时是否涉及基本原则的调整，适用时是否可以调整整部全国人大制定的法律。

第二种情况出现在序号3、7、12中，主要是授权决定并未明确规定授权暂停实施的法律规范，仅仅修改改革事宜的基本目的、原则和精神。这三项授权决定均是司法体制改革过程中的重要内容，改革事项涉及司法制度运行过程中的创新做法。因此相关试点内容与法律规定的诉讼制度以及刑法、民法制度存在差异，但由于数量庞大且内容不易与现有条文作明确区分，因此采用在试点办法中进行制度设计。通过决定中的"遵循刑

① 《中华人民共和国宪法》(2018年修正)。

法、刑事诉讼法原则”[①] “遵循相关诉讼制度的原则”[②]，可以推断全国人大常务委员会授权相关主体制定实施方案的内容不得突破现有刑法、民法、刑事诉讼法等法律制度的基本原则。根据现有授权决定的实施情况，全国人大及其常务委员会作出授权决定时明确了限制条件，例如是否可以调整整部法律规范，明确试点方案内容不能突破的基本原则。

针对以上两种不同类型，建议全国人大授权暂停法律实施时明确不同类型的授权规则。

（三）授权试点区域的选择

首先明确试点区域在授权决定的地位。根据授权决定内容可以发现序号 13、序号 18、序号 19 并没有在授权决定中规定具体的试点区域，其他授权决定均规定了试点区域。序号 8 虽然没有规定具体的试点区域，但全国人大法律工作委员会在草案审议结果报告中明确了试点区域，可见明确试点区域在授权决定中极为重要。针对授权决定中没有明确试点区域的情形，例如关于军官制度改革和武装警察部队改革两项授权决定，全国人大宪法和法律委员会在审议结果报告中作出了解释：军官制度改革决定中不规定具体的试点区域主要是由于军官制度改革与国防和军队其他领域改革密切相关，一体联动，对于实行范围，可由中央军事委员会在具体推进过程中确定，武装警察部队改革亦如此。笔者认为除了具体实施的难度外，还包括国防军队建设改革涉及国家军事机密，不适宜公开具体地域位置。全国全面推开监察体制改革决定中没有规定试点区域，则是因为授权决定主要是为了实现监察制度的全面实施。通过对以上三项决定的分析，可知授权区域的明确是授权暂停法律实施制度的一般要求，即所有授权决定在作出时必须规定授权试点区域。但是如果授权事项属于与其他改革事项密切相关的内容，则可能牵一发而动全身，不适宜在改革之初就进行明确，被授权机关可以在改革过程中进行确定。同时如果授权决定内容涉及国家机密，

---

① 全国人民代表大会常务委员会：《全国人民代表大会常务委员会关于授权最高人民法院、最高人民检察院在部分地区开展刑事案件认罪认罚从宽制度试点工作的决定》，载于《中华人民共和国全国人民代表大会常务委员会公报》，2016 年第 5 期，第 787 页。

② 全国人民代表大会常务委员会：《全国人民代表大会常务委员会关于授权最高人民检察院在部分地区开展公益诉讼改革试点工作的决定》，载于《中华人民共和国全国人民代表大会常务委员会公报》，2015 年第 4 期，第 722 页。

不宜公开，则也可不体现在决定中。全国各地展开监察体制改革也是基于其规范尚未制定，需要进一步做试点而进行的区域的拓展，这属于特殊情形。

（四）试点期限的类型

表 3-3　授权决定的授权期限

序号	期限	期限起点	特殊情形
1	三年	上述行政审批的调整期限自授权决定发布之日起	无
2	三年	上述行政审批的调整期限自决定规定的具体实行时间起	无
3	二年	试点期限自试点办法印发之日起	无
4	三年	上述行政审批的调整期限自授权决定发布之日起	无
5	2017 年 12 月 31 日之前试行	上述调整在规定时间之前试行，自授权决定实施之日起	无
6	二年	试点期限自试点办法印发之日起	无
7	二年	试点期限自授权决定发布之日起	无
8	三年	决定授权的试点期限自授权决定实施之日起	无
9	2017 年 12 月 31 日之前	上述调整在规定的日期之前试行，自授权决定实施之日起	无
10	2018 年 1 月 1 日之前	授权决定实施之日起	规定到期日前没有提出法律修改意见，则停止试点
11	二年	决定实施期限为两年，自决定施行之日起	无
12	二年	试点期限为二年，自试点办法印发之日起	序号 3 的期限按照新试点办法继续试行
13	无	自决定实施之日起	无
14	二年	决定实施期限为两年，试点自决定实施之日起	无
15	无	自决定实施之日起	无
16	二年	试点期限为两年，自试点办法印发之日起	无
17	延长一年	自之前试点期限届满之日起	无
18	无	自决定实施之日起	无

续表3－3

序号	期限	期限起点	特殊情形
19	无	自决定实施之日起	无
20	延长一年	自之前授权决定期限届满后，试点期限延长一年至 2018 年 12 月 31 日	无
21	延长一年	自之前授权决定期限届满后，试点期限延长一年至 2018 年 12 月 31 日	无
22	延长二年	自之前授权决定施行期限届满后，期限延长二年至 2020 年 2 月 29 日	无
23	延长一年	将之前授权决定的三年期限延长一年	无
24	延长一年	自之前授权决定施行期限届满后，期限延长至 2019 年 12 月 31 日	无
25	三年	试点期限三年，自决定实施之日起，决定规定 2019 年 12 月 1 日起实施	无
26	二年	试点期限自试点办法印发之日起算	无

由表 3－3 可知：首先，授权期限一般为 2～3 年，延长期限一般为 1～2 年，试点期限均未超过 5 年。在规定具体期限的方式上，还存在用“截止日期”来代替具体试点时间的方式，如序号 5、9、10、24。序号 5、9、20、24 是针对农村土地制度改革进行的授权，授权内容与农村土地制度改革相关政策性文件挂钩，中共中央在“农村土地制度改革总体部署”中将“2017 年底”设置为完成农村土地确权等相关工作的截止日期。为保证与中央政策的同步，授权决定采用相同的截止日期。其中，序号 24 涉及的授权决定于 2019 年 12 月 31 日截止。而序号 10 涉及的“延长广东省行政审批制度改革”的授权采用“截止日期”，是因为国务院授权广东省进行行政审批的试点实践时间过长，如果从最初授权时间计算，延长到 2018 年 1 月 1 日，已经超过了 5 年，因此此处设置期限是为了控制试点期限，并督促国务院加快修法工作。

其次，对试点期限起止日的表达方式包括：（1）试点办法颁发之日起。此类授权决定为序号 3、6、12、16、26，此类情形下授权暂停法律实施依托的改革事项通常具有极强的操作性特点，因此需要明确的操作规则和实施方案，所以规定试点期限自试点方案印发之日起算更合理。（2）

自决定实施之日起。这是普通授权决定采用的方法，通常授权暂停法律实施决定是为了应对具体改革举措实施过程中突破法律的情形，因此一旦授权扫除了此障碍，行为即合法，试点即可开始，无须等待具体试点方案的制定。(3) 自原授权决定实施期满后，重新作出决定延长该试点期限（此处试点起点为决定实施日）。这种情形包括序号 20、21、22、23、24，此为一般延期情形，旨在进一步实施试点。(4) 在其他试点授权决定中延长原授权决定实施期，序号 3 属于这种情况。序号 12 是对认罪认罚从宽制度试点的规定，但是其中包含对序号 3 的延期，延期起点并不是按照序号 3 到期日起算，而是根据序号 12 中规定的新的试点办法印发日期进行延期。(5) 以试点方案发布作为起点的授权决定，到期后重新作出授权决定，延长试点期限。序号 17 属于这种情况，人民陪审员制度的试点区域将试点方案颁布时间作为试点起点，因此新的授权决定在期满之前进行，并以期满后第一天作为延期起始时间。

以上五种类型的期限表述方式和授权时间在一定程度上为授权暂停法律实施制度的期限设定规则的形成提供了实践素材，从而可以更有效地规范授权决定的作出。

（五）授权暂停法律实施决定格式的考察

表 3-4　授权决定的行文格式

类型	序号	内容
有附录形式	1	授权目的、授权内容、到期后处理方式，附录为调整后的法条及调整后的做法
	2	授权目的、授权内容，到期处理方式，附录为调整后的法条及调整后的做法
	4	授权目的、授权内容、到期后处理方式，附录为授权区域范围、调整后的法条及调整后的做法
	5	授权目的、授权内容、监督方式（报告、到期处理方式），附录为授权区域、调整后的法条及调整后的做法
	9	授权目的、授权内容、监督方式（内部监督、报告），附录为授权区域、调整后的法条及调整后的做法
	14	授权目的、授权内容（备案）、监督（内部监督、报告、到期处理方式），附录为授权区域、调整后的法条及调整后的做法
	25	授权目的、授权内容，附录规定调整实施的法条和调整后的做法

续表3—4

类型	序号	内容
无附录形式	7	授权目的、授权内容（备案）、监督（内部监督、报告、到期处理方式）
	3	授权目的、授权内容（备案）、监督（内部监督、批告、到期处理方式）
	8	授权目的、授权内容、监督（内部监督、到期处理方式、报告顺序调整）
	10	授权目的、授权内容、到期处理方式
	11	授权目的、授权内容（备案）、监督（内部监督、报告）
	12	授权目的、授权内容、监督（内部监督、报告、到期处理方式）
	13	授权目的、授权内容、监督（到期处理方式）
	15	授权目的、授权内容、试点要求
	16	授权目的、授权内容（备案）、监督（内部监督、报告、到期处理方式）
	17	授权目的、授权内容、监督（报告、到期处理方式）
	18	授权目的、授权内容、试点要求
	19	授权目的、授权内容、到期处理方式
	20	授权目的、授权内容、监督（报告、到期处理方式）
	21	授权目的、授权内容、监督（报告、到期处理方式）
	22	授权目的、授权内容（到期后提出修改意见）、监督（内部监督、备案，部门的配合监督）
	23	授权目的、授权内容
	24	授权目的、授权内容
	26	授权目的、授权内容（备案）、监督（内部监督、中期报告、到期处理方式）

通过表3—4可以发现授权决定的行文格式大致有以下特征：

授权决定基本分为授权目的、授权内容、授权监督、附录四大部分，授权决定根据具体情况差异存在有附录和没有附录两种情况。有附录的为序号1、2、4、5、9、14、24，附录一般包括授权区域、授权暂停实施的法律调整后的情况，一般是因为授权试点地区数量庞大，不宜在决定中列举；调整的法律条款一般需要全国人大常务委员会对调整的具体内容进行明确，否则无法进行试点。

授权决定的监督部分包括试点方案备案、被授权机关组织监督、报告、到期督促处理这几个部分，但行文中，“备案”一般放在授权内容中，内部监督、报告、到期督促处理这几种监督方式也存在随意摆放的情况。

四、对授权暂停法律实施决定作出情况的现状分析

（一）授权暂停法律实施决定作出机制基本形成

授权暂停法律实施制度从其运行表征上可以分为决定的作出和决定的执行这两个部分，本小节主要分析决定的作出部分。通过对 26 项授权决定的分析，可以发现决定作出机制已经基本建立。决定在作出主体、作出程序、决定内容、决定格式等方面基本形成了一套相对固定的操作规则，授权决定作出机制基本具备体系化特征，全国人大常务委员会通过实践中形成的决定作出机制，有条不紊地进行授权，其他国家机关按照决定作出机制的相关流程和要求进行提案收集和提案说明工作。

（二）授权暂停法律实施决定作出机制具体规则尚待完善

虽然授权暂停法律实施决定作出机制基本形成，但其运行规则呈随意性、无规律性等特点。作为解决改革实践突破法律问题的法治方法，授权决定的作出应当具有科学、细致、严谨的规范支撑。通过分析 26 项授权决定的草案说明、草案审议报告、决定文件，可知授权决定作出机制缺乏具体规则的支撑，授权主体、被授权主体的具体权限需要明确，授权事项范围需要明确，决定授权期限和试点区域的规则和决定权需要明确，决定的格式规范需要明确。虽然以上内容属于授权决定作出机制的细节问题，但其对授权决定实施效果的发挥起着至关重要的作用，尤其是在实现急迫的改革需求方面，严谨科学的作出机制是制度实施的基础。

第二节 授权暂停法律实施决定的实施

一、授权暂停法律实施决定执行情况的考察

（一）授权暂停法律实施决定执行方案的制定主体

26 项授权决定的相关执行方案的制定主体大致可以分为三类，第一类为被授权主体或“被授权主体＋其他相关部门”，包括国务院、最高人民法院、最高人民检察院、中央军事委员会、国务院相关部委。第二类为国务院各部委。第三类为党中央制定的执行方案，无具体制定主体。具体情况见表 3—5：

表 3—5 授权决定中试点方案的制定机关

序号	执行文件制定主体	法律效力	批准机关
1	国务院海关总署	国务院规范性文件；部门规范性文件	无
2	国务院	国务院规范性文件	无
3	最高人民法院、最高人民检察院、公安部、司法部	司法解释性质文件	无
4	国务院	国务院规范性文件	无
5	中共中央办公厅、国务院办公厅	国务院规范性文件	无
6	最高人民法院、司法部	司法解释性质文件	无
7	最高人民检察院、最高人民法院	司法解释；司法解释性质文件	无
8	国家食品药品监督管理总局	国务院规范性文件	直接授权部门制定，经过国务院规范性文件批准
9	国务院	国务院规范性文件	无
11	国务院	国务院规范性文件	无

续表3-5

序号	执行文件制定主体	法律效力	批准机关
12	最高人民法院、最高人民检察院、公安部、司法部、国家安全部	最高人民法院、最高人民检察院工作文件	无
13	中央军事委员会	军事规范性文件	无
14	国务院	国务院规范性文件	无
15	党中央	《关于在北京市、山西省、浙江省开展国家监察体制改革试点工作的决定（草案）》	无
16	国务院	国务院规范性文件	无
18	党中央	《关于在全国各地推开国家监察体制改革试点工作的决定（草案）》	无
19	党中央、国务院、中央军事委员会	待定	无

通过表 3—5 可以大致得出以下几个结论：

第一，在所有明确规定了制定试点方案的授权决定中，除了序号 12 “认罪认罚从宽制度试点决定”为最高人民法院、最高人民检察院会同相关部门制定试点方案以外，其他决定均为国务院、中央军事委员会、最高人民法院、最高人民检察院制定，无完全授权“国务院部委”制定试点方案的情形。即便是序号 8“药品上市许可人制度试点决定”中明确规定由国家食品药品监督管理总局制定试点方案，但需要国务院批准。此规定内容也正好印证授权决定中但凡单独制定试点方案，一般情况下均是授权给国务院、中央军事委员会、最高人民法院、最高人民检察院。

第二，执行方案的制定除了药品上市人许可制度试点规定了批准程序外，其他决定均未规定批准程序。根据前面对授权决定的监督内容的梳理，可以看到监督主体除了被授权机关以外，还包括国务院相关部委或者其他相关机构，具体原因应该与试点工作具体开展的内容有关，试点工作的具体执行与相关内容应该是具体执行的国务院部委或者其他机构最为熟悉，因此具体的试点方案由部门制定更为合理。但是实践中，全国人大基本不会授权国务院相关部委，药品上市人许可制度试点决定在一定程度上可以视为全国人大解决此问题的一种创新做法，同时值得完善的应该是试点方案的批准制度。

第三，执行文件制定主体为党中央的情形。具体问题在于其文件效力，下文进一步阐述。

（二）授权暂停法律实施决定的执行文件类型

1. 试点方案

26 项决定中有 16 项决定明确规定了被授权主体需要制定试点方案，其中 5 项决定规定了试点工作自试点方案发布日开始，11 项决定规定了试点工作自决定发布日开始。

（1）试点工作自试点方案发布开始的决定包括序号 3、序号 6、序号 12、序号 16、序号 26 这 5 项。分别是有关刑事案件速裁程序的试点决定、人民陪审员制度的试点决定、认罪认罚从宽制度的试点决定、《公务员法》相关的试点决定、民事诉讼程序繁简分流的试点决定。此处的决定均是先有授权暂停法律实施的决定，后发布试点方案，试点才正式开始。五项试点改革对试点方案的依赖性较强，只有试点方案产生后，试点工作方可进行。

（2）试点工作自决定发布日开始的决定包括序号 1、序号 2、序号 4、序号 5、序号 7、序号 8、序号 9、序号 11、序号 13、序号 14、序号 19 这 11 项。分别是广东省行政审批制度改革试点的决定、授权国务院在上海自由贸易试验区行政审批改革试点的决定、授权四个自由贸易试验区行政审批制度改革试点的决定、33 个试点县进行农村土地制度改革试点的决定、232 个试点县进行两权抵押改革试点的决定、公益诉讼试点决定上市许可人制度试点的决定、股票发行注册制改革试点的决定、《社会保险法》试点的决定、军官制度改革和武装警察部队改革试点的决定。以上 11 项制度试点虽然也对试点方案有一定依赖，但被授权机关已积累了一定的实践经验，面对改革的急迫性，只需要被授权机关总结相关经验。

2. 其他执行文件

在 26 项试点决定中有两项是未制定试点方案的决定。这两项决定明确规定执行党的相关试点方案或者总体方案，试点工作自决定实施之日开始。此类授权决定主要是依据党的政策文件，此处党的政策文件通过全国人大常务委员会的决定在一定程度上被赋予了法律效力。此类情形主要是序号15、序号18。这两项主要是我国监察体制改革相关决定，决定中明确要求按照改革试点方案，切实加强党的领导，认真组织实施，保证试点工作积极稳妥进行。

（三）授权暂停法律实施决定的执行文件效力

根据对26项授权决定的执行文件的性质分析，可以梳理出大致的类型。

1. 有部分决定没有规定制定专门的试点方案

全国人大常务委员会通过法律问题的决定形式，在决定内容中直接规定了调整后的内容，授权试点地方根据规定执行，被授权的机关通过制定规范性文件执行。此种情形主要包括以下决定：序号1、序号2、序号4、序号5、序号9、序号25。

（1）序号1的执行文件为《国务院关于执行〈全国人民代表大会常务委员会关于授权国务院在广东省暂时调整部分法律规定的行政审批的决定〉的通知》（国发〔2013〕9号）。其文件效力为国务院规范性文件。

（2）序号2的执行文件为《国务院关于在中国（上海）自由贸易试验区内暂时调整有关行政法规和国务院文件规定的行政审批或者准入特别管理措施的决定》（国发〔2013〕51号）。其文件效力为国务院规范性文件。

（3）序号4的执行文件为《国务院关于在自由贸易试验区暂时调整有关行政法规、国务院文件和经国务院批准的部门规章规定的决定》（国发〔2017〕57号）。其文件效力为国务院规范性文件。

（4）序号5的执行文件为《中共中央办公厅　国务院办公厅印发〈关于农村土地征收、集体经营性建设用地入市、宅基地制度改革试点工作的意见〉的通知》（中办发〔2014〕71号）。其文件效力为党中央政策性文件。

（5）序号9的执行文件为《国务院关于开展农村承包土地的经营权和农民住房财产权抵押贷款试点的指导意见》（国发〔2015〕45号）。其文件效力为国务院规范性文件。

（6）序号25为自由贸易试验区的行政审批制度改革试点，具体的执行文件为国务院印发的《关于在自由贸易试验区开展“证照分离”改革全覆盖试点的通知》（国发〔2019〕25号）。其文件效力为国务院规范性文件。

2. 决定执行文件明确规定了由特定机关制定试点方案

这些情形包括了序号 3、序号 6、序号 7、序号 8、序号 11、序号 12、序号 14、序号 16、序号 26。

（1）序号 3：执行文件为《最高人民法院、最高人民检察院、公安部、司法部印发〈关于在部分地区开展刑事案件速裁程序试点工作的办法〉的通知》。文件效力为司法解释性质文件。

（2）序号 6：执行文件为《最高人民法院、司法部关于印发〈人民陪审员制度改革试点工作实施办法〉的通知》。文件效力为司法解释性质文件。

（3）序号 7：执行文件为《人民检察院提起公益诉讼试点工作实施办法》，文件效力为司法解释。《最高人民法院关于印发〈人民法院审理人民检察院提起公益诉讼案件试点工作实施办法〉的通知》，文件效力为司法解释性质文件。

（4）序号 8：执行文件为：《国务院办公厅关于印发药品上市许可持有人制度试点方案的通知》。文件效力为国务院规范性文件。

（5）序号 11：执行文件未查找到，规定由国务院作出。

（6）序号 12：执行文件为《最高人民法院、最高人民检察院、公安部等印发〈关于在部分地区开展刑事案件认罪认罚从宽制度试点工作的办法〉的通知》。文件效力为“两高”工作文件。

（7）序号 14：执行文件《国务院办公厅关于印发生育保险和职工基本医疗保险合并实施试点方案的通知》。文件效力为国务院规范性文件。

（8）序号 16：执行文件未找到，规定由国务院作出。

（9）序号 13 为军官制度改革试点，决定中的表述为：“为了贯彻落实党的十九大精神，按照党中央批准的深化国防和军队改革总体方案以及关于人民武装警察部队改革的决策部署。”决定要求中央军事委员会参照中央相关改革方案决定具体实施范围和实施方案，全国人大常务委员会在决定中仅调整或者停止法律适用，并未提出任何替代方案，也未作出调整或者停止后的方案，因此具体的内容为中央军事委员会进行创制。

（10）序号 19 为武装警察部队改革试点，具体的执行文件在决定中没有明确。决定中的表述为“为了贯彻落实党的十九大精神，按照党中央批准的深化国防和军队改革总体方案”。决定要求按照中央相关文件、中央军事委员会规定以及国务院规定的内容进行具体改革试点。全国人大常务委员会在决定中仅调整或者停止法律适用，并未作出任何替代规定，具体试点内容根据总体方案进行规定，需要进行创制。

(11) 序号 26 为民事诉讼程序繁简分流改革试点，规定由最高人民法院牵头研究制定试点办法。最高人民法院于 2020 年 1 月 15 日作出了关于印发《民事诉讼程序繁简分流改革试点实施办法》的通知。

3. 决定执行文件为党中央制定的试点方案

序号 15 和序号 18 为监察体制改革试点决定，具体的执行文件为党中央关于监察制度改革的总体方案：《关于在北京市、山西省、浙江省开展国家监察体制改革试点工作的决定（草案）》《关于在全国各地推开国家监察体制改革试点工作的决定（草案）》，文件效力为党中央政策文件。全国人大常务委员会在决定中仅调整或者停止部分法律规定，并未就调整内容制定任何替代规范，因此具体的试点内容直接依据中央的改革试点方案，而非来自全国人大常务委员会的规定。此类文件所指向的决定没有被授权机关，在决定名称上也没有“授权”二字。

分析以上三种不同类型的执行文件的效力，可以得出三个结论：

第一，执行文件如果是依据全国人大常务委员会在授权暂停法律实施决定中直接规定的内容制定的，则决定中会有被授权机关，决定名称中会使用“授权”字样。军官制度改革试点决定以及武装警察部队改革试点决定本身实际存在被授权机关，但决定中并未出现被授权机关，决定名称中也无“授权”字样。此处需要统一标准。

第二，如果执行文件规定为党的试点方案，全国人大并未就调整或者停止的法律作出替代规定的，则决定中没有被授权机关，决定名称也不会使用“授权”字样。但是此类授权决定的法律本质与其他决定之间的关系存在疑问。

第三，执行文件的效力均未定。执行文件的效力主要是司法解释性质文件、国务院规范性文件、党中央政策。执行文件的效力均为工作性质文件，本质上为政策，但在法律实践中充当法律规范的作用，甚至替代了部分生效的法律规范。例如有决定中明确规定，“如决定之前司法解释与决定内容不符，按照决定产生的司法解释性质文件内容进行执行”。但按照司法解释相关工作文件的规定，司法解释规定只能由新的司法解释代替，不能使用其他规范性文件，此处明显与现行法律规范相冲突。

二、授权暂停法律实施决定法律监督情况的考察

（一）监督机制基本建立

通过 26 项授权决定在监督方式和具体监督内容方面的考察，可以发现，保障授权暂停法律实施制度的效果发挥，需要形成“授权主体与被授权主体双重监督模式”。授权主体在进行授权时要担负对实施方案的“备案监督”责任，履行“听取被授权机关对授权决定实施情况的报告”的义务。被授权机关要承担对整个决定实施过程的组织领导和监督执行的职责，履行“总结实践经验并向授权机关报告工作情况”的义务。但通过梳理，笔者发现在决定中存在监督方式不统一的情形，甚至存在监督缺位的情况。具体见表 3－6：

表 3－6　授权决定实施过程中的监督措施

序号	监督方式	具体内容
1	期满后的督促处理行为	对实践证明可行的，应当修改完善有关法律；对实践证明不宜调整的，恢复实施有关法律规定
2	期满后的督促处理行为	对实践证明可行的，应当修改完善有关法律；对实践证明不宜调整的，恢复实施有关法律规定
3	外部监督与内部监督相结合	1. 试点办法报全国人民代表大会常务委员会备案。2. 最高人民法院、最高人民检察院加强组织指导与监督检查。3. 就试点情况向全国人大常务委员会作出中期报告。4. 对实践证明可行的，应当修改完善有关法律；对实践证明不宜调整的，恢复实施有关法律规定
4	期满后的督促处理行为	对实践证明可行的，应当修改完善有关法律；对实践证明不宜调整的，恢复实施有关法律规定
5	外部监督与内部监督相结合	1. 国务院及其部门加强试点工作的整体指导和统筹协调，及时总结经验。2. 向全国人民代表大会常务委员会作出报告。3. 对实践证明可行的，应当修改完善有关法律；对实践证明不宜调整的，恢复实施有关法律规定
6	外部监督与内部监督相结合	1. 最高人民法院加强对试点工作的组织指导和监督检查。2. 向全国人民代表大会常务委员会作出中期报告。3. 试点办法报全国人民代表大会常务委员会备案。4. 对实践证明可行的，应当修改完善有关法律；对实践证明不宜调整的，恢复实施有关法律规定

续表3－6

序号	监督方式	具体内容
7	外部监督与内部监督相结合	1. 试点办法报全国人民代表大会常务委员会备案。2. 最高人民法院、最高人民检察院加强组织指导和监督检查。3. 最高人民检察院向全国人民代表大会常务委员会作出中期报告。4. 对实践证明可行的，应当修改完善有关法律；对实践证明不宜调整的，恢复实施有关法律规定
8	外部监督与内部监督相结合	1. 试点方案报全国人大民代表大会常务委员会备案。2. 国务院加强试点工作的组织指导和监督检查。3. 试点期限届满前，国务院向全国人民代表大会常务委员会提出具体实施报告。4. 对实践证明可行的，应当修改完善有关法律；对实践证明不宜调整的，恢复实施有关法律规定
9	外部监督与内部监督相结合	1. 国务院及有关部门加强对试点工作的指导和统筹协调，及时总结工作经验。2. 将有关工作情况向全国人民代表大会常务委员会作出报告
10	期满后的督促处理行为	实践证明可行的，由国务院提出修改有关法律的议案。2018年1月1日前未提出有关法律的议案的，恢复施行有关法律规定
11	外部监督与内部监督相结合	1. 国务院制定方案报全国人大常务委员会备案。2. 国务院加强工作的组织领导。3. 向全国人民代表大会常务委员会作出中期报告。4. 国务院证券监督管理机构要会同有关部门加强事中事后监管
12	外部监督与内部监督相结合	1. 最高人民法院、最高人民检察院会同有关部门制定试点办法报全国人民代表大会常务委员会备案。2. 最高人民法院、最高人民检察院加强组织领导和监督检查。3. 最高人民法院、最高人民检察院向全国人民代表大会常务委员会作中期报告。4. 对实践证明可行的，应当修改完善有关法律；对实践证明不宜调整的，恢复实施有关法律规定
13	改革成熟后的督促处理行为	改革措施成熟后，及时修改完善有关法律
14	外部监督与内部监督相结合	1. 国务院作出试点方案的安排，并报全国人民代表大会常务委员会备案。2. 国务院及其相关部门加强组织指导和监督检查，及时总结经验。3. 向全国人民代表大会常务委员会作出报告。4. 对实践证明可行的，应当修改完善有关法律；对实践证明不宜调整的，恢复实施有关法律规定
15	无	无

续表 3－6

序号	监督方式	具体内容
16	外部监督与内部监督相结合	1. 具体办法由国务院作出，并报全国人民代表大会常务委员会备案。2. 国务院及相关部门加强组织指导和监督检查，总结经验。3. 向全国人民代表大会常务委员会作中期报告。4. 对实践证明可行的，应当修改完善有关法律；对实践证明不宜调整的，恢复实施有关法律规定
18	无	无
19	改革措施成熟后的督促处理行为	改革措施成熟后，及时修改完善有关法律
20	外部监督与内部监督相结合	1.（对之前的序号 5）延长期满，国务院需向全国人民代表大会常务委员会作出报告。2. 对实践证明可行的，应当修改完善有关法律；对实践证明不宜调整的，恢复实施有关法律规定
21	外部监督与内部监督相结合	1.（对之前序号 9）延长期满，国务院需向全国人民代表大会常务委员会作出报告。2. 对实践证明可行的，应当修改完善有关法律；对实践证明不宜调整的，恢复实施有关法律规定
22	外部监督与内部监督相结合	1.（对之前序号 11）国务院进一步加强组织领导。2. 将股票发行注册制改革具体实施方案报全国人民代表大会常务委员会备案。3. 国务院证券监督管理机构继续会同有关部门加强事前事中事后全过程监管。4. 期限届满前，提出修改法律意见
23	无	无
24	无	无
25	改革措施成熟后的督促处理行为	改革措施成熟后，及时修改完善有关法律
26	外部监督与内部	1. 具体办法由最高人民法院监督结合制定，报全国人大常务委员会备案。2. 最高人民法院进行组织领导和监督检察。3. 最高人民法院向全国人大常务委员会作中期报告。4. 对实践证明可行的，应当修改完善有关法律；对实践证明不宜调整的，恢复实施有关法律规定

通过梳理监督措施，可以发现，在 26 项决定中，监督方式各不相同，大致分为四种类型：无任何监督措施、期满督促、内部监督＋报告机制＋期满督促、内部监督＋报告机制＋期满督促＋试点方案备案。

1. 无监督措施

具体决定包括序号 15、18、23、24。此种无任何监督措施的情形主要是指在授权决定中无授权机关和被授权机关监督义务的规定。在此类授权决定实施过程中，通常默认全国人大常务委员会负有对整个改革过程进行监督的义务，具体监督方法和手段根据改革的实际发展和需要进行灵活安排。序号 15、18 是关于国家监察体制改革在三个省进行试点的授权，具体内容是建立新的监察机关和相应的运行机制，因此具体的行动机关是各试点的地方人大，对具体监督工作的开展不宜安排统一的机关或者部门进行，因此未具体安排监督内容。序号 23 是关于延长药品上市许可人制度试点期限的决定，由于决定内容为延长试点期限，因此在决定中并未另行设置监督机关和监督行为，此授权适用原决定中的监督机制。序号 24 是对序号 20 的延期，同上。

2. 期满督促

由于监督的形式不仅仅局限于直接规定的监督行为，对试点期满后的督促也应视作监督。在 26 项决定中序号 1、2、4、10、13、19、25 是期满督促监督。序号 1、2、4 为《立法法》2015 年修改前对授权暂停法律实施的探索决定。根据序号 1 草案说明中有关授权依据的解释内容——《宪法》第八十九条关于国务院职权的规定——可知改革行为是一种改革试验，试验结果并不一定导致法律修改。《立法法》修改之前的授权暂停法律实施行为属于摸索试探，监督权应该保留在全国人大及其常务委员会手中，不宜下放，因此在决定中也没有规定国务院的监督职责和义务，仅规定到期督促授权机关修改法律或者恢复法律。序号 10 属于序号 1 的延期规定，仅就时间作了延长，并就延长期满作了督促性要求。序号 13 和序号 19 均属于军事国防相关改革事项，授权决定本身未对改革时间作具体要求，改革内容具有复杂繁多的特点，因此仅仅就到期后的结果处理进行了规定。笔者认为此种情形基本只适用于国防军队领域的改革，因为国防军队领域的改革任务重、地位高、专业性极强，不宜通过备案监督、报告监督等方式。国防军队改革事关国家存亡发展，应该始终坚持全国人大及其常务委员会的监督贯。同时，国防军队改革应该在党的政策方针指导下进行，因此人大在行使监督权时也要坚持党的政策方针指引。序号 25 在作出之前已经在广东省进行了 4 年试点，在此未规定具体的监督方式。

3. 内部监督+报告机制+到期后督促

此种情形为序号 5、9、20、21。序号 5 明确规定了内部监督，向全国人大常务委员会报告以及期满监督等相关规定。序号 9 仅规定了内部监督和报告机制，并未规定到期后督促的相关内容。序号 20 作为序号 5 的延期决定，在内容上仅作出了期满督促规定。序号 21 中则针对序号 9 作出延期授权，增加了期满督促的相关内容。

4. 内部监督+报告机制+期满督促+试点方案备案

授权决定具体包括序号 3、6、7、8、11、12、14、16。其中序号 11 仅有“内部监督+报告+备案”的内容，但是其延期授权中则包括督促处理内容，且明确要求期满前提出修改法律的意见，至此序号 11 涉及的改革内容具有了完整的四种监督形式。与前三种监督方式不同的是，试点方案有一个向全国人大常务委员会备案的程序。此程序所对应的授权改革决定基本涉及某种制度的建立，而不仅仅是授权暂停实施几项法律条款就可实现的改革事项。

由上可知，监督形式基本包括期满督促内容、报告机制以及内部监督机制。制定整体改革方案需要向全国人大常务委员会备案。改革事项牵涉的主体众多，改革关系复杂且改革影响重大的事项，例如国家机构的创设或者调整事项，以及国防军事改革相关内容监督形式的设置需要谨慎，不宜通过列举方式规定，授权决定需要进一步规范。但是监督方式总体呈现不统一，分散的状态，尤其是备案制度流于形式，具体的备案规定仅在少量的决定中体现，且未形成备案相关制度，也无法律制度明确规定授权决定以及试点方案的法律性质。

（二）监督与实施效果评估功能重合

通过梳理中期报告和终期报告，笔者发现授权暂停法律实施决定在监督机制和实施效果评估机制方面出现了重合。报告内容中包括内部监督与外部监督的具体做法，还包括对具体实施的评估要求。根据本书第二章中对法律实施理论的分析，可知法律实施监督与法律实施效果评估并不相同，因此有必要通过对报告的内容进行考察，明确监督与实施效果评估的情况。具体梳理情况见表 3—7：

表 3-7 授权决定实施中的报告情况

序号	报告类型	报告主体	报告对象	内容
3	中期报告	最高人民法院、最高人民检察院	全国人大常务委员会	1. 工作开展情况 2. 评估（注意：中央政法委也参与其中）两高开展评估：各地汇报试点情况、专家评价论证）方案主要采用抽样调查，问卷。3. 未来工作措施：（在具体实施细则方面的指导）针对侦诉辨审各程序的协调，根据专家意见完善制度设计
6	中期报告	最高人民法院	全国人大常务委员会	1. 开展情况和成效：逐一批复各地试点方案调研督查听取汇报和意见。2. 问题和困难。3. 未来措施建议（针对问题作出的具体措施建议）
7	中期报告	最高人民检察院	全国人大常务委员会	1. 顶层设计（召开专项会议制定规则）。2. 最高检督促指导（督查调研）。3. 加强沟通协调：加强与党委领导和人大监督的配合（各省委办公厅和政府办公厅联合转发）。4. 针对工作重点制定专门线索机制。5. 针对公益诉讼的提起程序进行规范（尤其诉前）。6. 加强总结、学术研究和宣传，措施和建议：希望全国人大常务委员会主动进行专项检查，针对适用问题进行研究和指导，全国人大常务委员会及时评估相关工作
11	中期报告	国务院	全国人大常务委员会	没有文件但是经过第十二届全国人大常务委员会第二十七次会议审议
12	中期报告	最高人民法院 最高人民检察院	全国人大常务委员会	1. 开展情况（监督和调研、专家评估、机关调查研究、协调联络、主动接受监督）及成效。2. 问题。3. 措施
26	中期报告	最高人民法院	全国人大常务委员会	未到期
8	到期报告	国务院	全国人大常务委员会	直接提出了《关于延长授权国务院在部分地方开展药品上市许可持有人制度试点期限的决定（草案）》的说明

续表3-7

序号	报告类型	报告主体	报告对象	内容
20	到期报告	国务院	全国人大常务委员会	国务院在第十三届全国人大常务委员会第七次会议上作了总结报告
21	到期报告	国务院	全国人大常务委员会	国务院在第十三届全国人大常务委员会第七次会议上作了总结报告
9	未规定具体报告时间	国务院	全国人大常务委员会	提出延长授权有关法律规定期限的决定（草案）的说明。内容也包括试点工作开展情况和成效、顶层设计、具体时间推进、延期必要性和期限
5	未规定具体报告期	国务院	全国人大常务委员会	通过延长期限草案的方式代替报告并作了说明，内容包括工作开展情况和成效（主要是顶层设计、协调配合监督），延长期限的必要性、期限
14	未规定具体报告期	国务院	全国人大常务委员会	作了到期后的总结报告，内容包括具体的成果，同时也提出了试点已经具备全面推开的条件，并就下一步工作作出计划安排

其中采用中期报告形式的是序号 3、6、7、11、12、16、26，采用到期后报告的是序号 8、20、21，未明确规定报告的时间的是序号 5、9、14、25。通过序号数量可知，报告以中期报告为主。延期的授权决定通常采用期满后报告延期情况的形式进行监督。采用中期报告的授权决定为“司法体制相关改革以及股票发行注册制改革、公务员法改革”，这几项改革均有试点方案且内容明确，按照方案执行后即可在一定时间取得实践成果。一般授权事项中有试点方案，但是试点内容需要在探索中细化，例如“允许药品开发人进行药品许可申请以及药品分类管理等标准的制定和探索”要求，此类授权决定的试点方案尚需完善，所以选择终期报告的形式。但是具体的区分标准是否如此，尚需进一步探索。第三种情形是未明确规定报告时间的授权决定。此种形式涉及的决定包括对“农村土地制度改革的授权决定以及修改社会保险法规范的授权决定”。

这些授权决定以明确暂停某些法律规范并提出具体调整后内容的方式进行改革，具体方案和做法需要各地结合自身实际情况进行探索，因此不宜在试点过程中进行报告，应给足各地改革试点的时间进行经验总结。从反面来看，需要加强全国人大对此类未规定报告时间的授权决定的主动监督，促进试点经验的总结。

关于报告制度，存在以下问题：

第一，报告制度相关机制尚未建立，仅有 12 项决定中明确规定报告，其他决定并未规定。实施较为随意。报告制度的报告时间没有统一规定，且不同报告期限的区分标准未明确。报告的法律效力未确定，其是否与提出授权暂停法律实施的草案均为法律案，目前《立法法》并未明确。《立法法》明确规定法律案包括对法律的制定、修改、废止，但是目前已经作出的报告与列入全国人大常务委员会会议议程的法律草案性质一致。同时并未具体规定到期前提出报告的时间，例如中期到期时前多少天以及最终期限之前多少天提出报告，如果中期到期时尚未召开全国人大常务委员会时该如何处理等问题均未解答。目前的做法基本是就中期时间之前制作中期报告内容，并向全国人大常务委员会提出报告议案，然后由最近一次常务委员会进行说明，并由常务委员会审议。

第二，报告内容缺乏对全国人大的指导意见的反馈，未充分体现报告制度的重要功能。梳理现有报告内容，可以发现其主要包括试点工作开展情况、工作开展成效、工作开展过程中的主要问题、解决措施和建议。其中药品上市持有人制度试点报告仅说明了延期的理由，并未对工作开展情况进行报告。大部分决定内容中都没有包含对全国人大常务委员会监督指导工作的反馈，仅有公益诉讼试点改革中提到“希望全国人大常务委员会主动专项检查，针对具体法律规范适用问题进行研究和指导，全国人大常务委员会及时评估相关工作”等建议中包含反馈内容。

第三，报告中规定了被授权机关的主要工作内容。顶层设计即对具体执行制度的规定。组织协调即与相关行政、司法、党的相关部门的协同合作。组织监督即调研听取汇报、安排挂职、听证会、专项学术论证，并针对试点情况进行评估等。各类决定报告中对工作内容的总结均体现了实施机关未形成统一的办事规则和监督评估规则，随意性较大。

根据对报告文件的考察，可以发现监督职能和具体决定实施效果评估职能重合，没有有效地作出区分。效果评估是对决定实施情况的专项评估，监督是为了保障实施，目前的授权决定涉及的监督环节和评估环节出现了重合。

三、授权暂停法律实施决定实施情况评价

通过对授权暂停法律实施决定的分析，可以发现授权暂停法律实施决定从作出到执行再到引起法律的废改呈现出一些值得肯定的成果，也暴露出一些制度运行中的问题。笔者认为授权暂停法律实施制度虽然是基于改革突破法律需要而产生的创新制度，但其真正的落脚点在于实施，只有具有法律效力的文件产生实效才能从根本上推动改革发展。因此笔者以法律实施理论作为评价授权暂停法律实施决定实施情况的依据。根据法律实施理论，授权暂停法律实施决定实施情况的评价应综合其决定本身、决定执行情况、决定执行后的实施效果来进行。

（一）授权暂停法律实施决定实施的成果

1. 解决了改革突破法律的难题

改革开放至今，经济体制改革、政治体制改革、社会文化体制改革等改革措施不断推进。中国共产党将依法治国作为治国执政的根本，要求改革决策必须与立法相衔接。党的十八大之前，我国诸多改革推进困难，一方面在于改革牵扯利益关系复杂，另一方面在于改革内容与现有法律规范不相符，改革存在违法风险。在授权暂停法律实施制度建立之后，改革得以顺利推进，从根本上促进了全面深化改革。

2. 保障全面深化改革部署任务的完成

从 2012 年第一项授权暂停法律实施决定的作出，到 2020 年“授权最高人民法院实施民事诉讼繁简分化改革试点决定”的作出，从 2015 年《立法法》修改后新增第十三条到 2018 年《宪法》修改，从第十八届三中全会、四中全会要求全面深化改革、全面依法治国到 2019 年第十九届四中全会要求加强《宪法》和法律实施的监督，每一次党的重要会议都对改革任务的完成予以肯定和总结，并推动新的改革任务的落实与完成。授权暂停法律实施决定推动了法律的修改和制定，多项改革任务通过授权决定得以解决。

（二）授权暂停法律实施决定实施存在的问题

1. 授权暂停法律实施决定相关文本不规范

通过对 26 项授权决定的文本梳理，笔者发现决定和执行文件文本存在不规范的问题。根据法律实施理论的内容指引，法律的文本质量是法律实施的基础，因此在对法律实施效果进行评估的过程中，一般也要考量法律文本的质量。《立法法》第六十三条规定了立法后评估，立法后评估属于对立法实施质量的评估。法律实施评估本质上属于立法后评估，但是其是针对法律实施的专项评估，更多关注实施过程。在对授权暂停法律实施决定实施情况进行评估时，也需要对实施决定文本质量进行评估。

（1）决定文本内容形式不规范

授权暂停法律实施决定的内容要件在总体上呈现不统一的特点。《立法法》第十三条作为授权暂停法律实施制度的法律依据，首先明确了决定的法律性质。因此分析决定文本也需要采用与对待“有关法律问题的决定”相同的方法。文本质量的评价很关键，文本质量的评价标准也需要遵循对“有关法律问题的决定”的评价标准。对决定文本的评价一般属于立法机关的工作，由全国人大常务委员会宪法与法律委员会进行，但对法律实施的法律文本的评价，更关注从实施后的效果。因此在观察决定文本质量的过程中，笔者认为授权决定存在授权主体、授权期限、授权试点区域、监督制度等不统一的问题，这些问题会直接影响决定实施的效果，因此需要对决定文本的制作规则进行规范。

（2）执行文件的效力不明确

除了授权暂停法律实施决定以外，授权暂停法律实施还包括对实施决定的执行。分析被授权机关制定的执行文本，可知授权暂停法律实施决定在执行过程中产生的执行方案均属于国家机关规范性文件。按照生效法律规范的执行、适用以及遵守的程序，行政机关、司法机关在执行法律和适用法律的过程中，会存在行政立法和制定司法解释的情况，这也是法律实施的重要组成部分，且只有效力明确的规范才能更好地指导法律的实施。但授权暂停法律决定的执行文件存在文件效力不明确的情形，司法解释性质文件能否代替已有的司法解释发挥法律效力等问题尚未解决。

2. 授权暂停法律实施决定的监督机制不完善

在法律实施理论中，法律实施需要通过执法、司法、守法、法律监督得以实现。因此授权暂停法律实施决定的实施也涉及决定的执行、适用问题。授权暂停法律实施的执行、适用、遵守和普通法律实施是一致的。因此对执法、司法和守法的考察更多的是通过监督机制来反向考察。通过分析授权暂停法律实施的决定内容对监督形式的规定，以及对被授权机关的中期、终期报告，笔者发现授权暂停法律实施决定的监督机制并不完善，总体较为随意。

首先，监督主体不明确。仅有部分决定在内容中规定了向全国人大常务委员会作出报告，或者由被授权机关进行监督、被授权机关组织相关部门进行监督。其次，监督内容不清晰。授权决定要求监督主体承担监督责任，但具体监督中缺乏对执法、适用法律、守法情况的监督。此处监督内容在实践中基本是由被授权机关自行决定，尚未形成明确规则。最后，监督方式不固定。监督内容包括对执法、司法适用、守法的监督，因此在监督方式上，应当形成完整的联动监督机制，包括立法机关的监督、行政监督、司法监督、社会监督、政党监督。

3. 未明确建立授权暂停法律实施的效果评估反馈机制

按照法律实施理论的内容，法律实施的效果评估也是法律实施的重要组成部分，授权暂停法律实施制度本身也应存在效果评估机制，但在具体实践中我国并未建立授权暂停法律实施的效果评估反馈机制。

（1）评估机制与监督机制混同

授权暂停法律实施效果评估机制是指评估主体运用一定的评估标准对授权暂停法律实施决定的实施情况进行评估的机制。评估主体应该是授权主体。按照法律实施理论，法律实施的效果评估主体是立法机关，因此授权暂停法律实施效果的评估主体归属与之一致。授权暂停法律实施效果的评估客体应该参照法律实施效果评估的客体，一方面需要评估决定文本和执行文件，另一方面需要评估具体执行过程中“是否实施、实施投入和实施程度”，守法主体形成的法律意识情况。评估机制不仅包括评估主体、客体，还包括评估的标准。法律评估的标准一般意义上包括法律效果、政治效果、经济效果、社会效果四个方面，对授权暂停法律实施决定实施效果的评估也需要遵循以上几点。

通对 26 项授权决定报告文件的分析，可知对授权暂停法律实施决定效果的评估主要基于“全国人大常务委员会的执法检查、立法评估或者被授权机关的报告”。实践中，具体的授权暂停法律实施效果评估机制与监督机制并未区分，甚至混同。

（2）反馈机制不明

授权暂停法律实施效果的反馈机制主要指评估主体在对实施效果进行评估并取得评估结果之后，需要将结果反馈给外界。授权暂停法律实施决定的评估主体是授权机关，授权机关将评估结果反馈给授权暂停法律实施的所有参与者。根据 26 项授权决定的分析，反馈的方式包括“到期修改调整实施的法律、延长授权暂停法律实施决定的期限”这两种方式，并未形成具体的与其他实施环节互动的反馈机制。

第四章　域外相关法律制度比较研究

第一节　法国立法试验制度

一、法国立法试验制度概述

（一）法国立法试验的概念

《法兰西共和国宪法》（简称《法国宪法》）在2003年修改之后，对立法试验成果进行了宪法确认。立法试验包括两种不同的形式。《法国宪法》第三十七条第一款规定："法令和条例得为特定目标并于有限期间内包含试验性规定。"《法国宪法》第七十二条第四款规定："根据情况，当法令或者条例已经有规定，领土单位或者其组合可以依照组织法规定的条件，为特定目的并在确定的期限内，试验性地减损其权限行使该立法性或者条例性条款，但涉及行使公共自由或者宪法所保障权利的实质条件的除外。"法国地方试验的目的在于通过试验检验各个地方机构的行为是否符合地方现实，试验的期限不得超过5年。组织法规定了各地运用试验权制定的规章必须公布在《政府公报》上。"借由试验权允许地方政府在实践中摸索出一套管理经验和办法，并经由法律手段进行再推广，成为法国地方真正走向自治的标志。"①

---

① 武贤芳：《法国国家构建与治理现代化研究》，载于《理论界》，2016年第7期，第67页。

法国立法试验的推行可以追溯到20世纪60年代，直到2003年法国完成《宪法》修改，立法试验最终获得宪法化。法国的立法体制的突出特点为：强调中央集权，强调总统的行政权。笔者根据已有的文献资料对法国的立法试验进行梳理，发现法国的立法试验可以分为中央政府主导的在全国范围内的试验和由地方自治团体经过批准授权后自主在本区域内的区域性试验。前者在试点区域检验后可能推广至全国，后者在地方进行有限定条件的局部检验后，就检验结果确定能否由政府提请议会并以颁布正式法律的形式推广至全国。国家主导的立法试验包括国家立法机关或者行政机关通过法令或者条例规定在一定期限内、在特定地区或者全国范围内进行试验。地方主导的立法试验是指地方在已有法令或条例的情况下，可以为特定目的在一定期限内立法试验。

（二）法国地方试验制度的法律控制

法国地方试验制度从产生之初便存在一些弊端。首先体现在对《法国宪法》所赋予的单一制原则的挑战。《法国宪法》第一条规定了法国属于单一制国家。单一制指将一种单一的政治意志施加于公民全体，从而使全体公民在所有领域服从于相同的法律。① 地方试验制度在一定程度上打破了现有的法律空间状态，突破了已经确定的统一的法律秩序，这种法律的区域化可能会损害法律的普遍性和权威性。法国的单一制可能在这样的授权状态下被颠覆。其次，法国地方试验制度无法规避因为部分区域的试验导致的平等原则受挫的可能性。法国《人权宣言》所确立的法律面前人人平等原则具有至高无上的宪法地位。“在权力方面，人人与生俱来而且始终自由与平等。非基于公共福祉不得建立社会差异。”② 虽然法律适用的区域化可能基于规避大范围的法律变动引发的不可知的风险，但是这种一反传统的“差别待遇”在一定程度上引起了部分学者的担忧。基于以上担忧，在具体的制度建立过程中，对法国地方试验进行法律规制在保障制度运行的合法性、合宪性的同时，也有助于构造完整的地方试验制度的法律体系。具体的法律规制机制的建立经历了从最高行政法院的司法审查到将

① Bernard Chantebout，Droit Constitutionnel，Paris：Dalloz，2007，p. 56.

② 法国《人权宣言》中英文版，百度文库，2018年7月1日，https://wenku.baidu.com/view/5509bf542af90242a895e584.html。

地方试验纳入宪法规范的过程，逐渐形成了一个完整的地方试验的法律规制体系。

1. 行政法院司法审查阶段

法国地方试验制度的具体实例包括 1962 年的权力下放法令和 1988 年的健康和社会计费改革法令。[①] 法国在地方试验制度实施之初基本采用"以实现某种行政纲领，通过法国政府颁布临时性法令的形式，进行特定范围内的试验"机制，机制运行有一定的期限，期满前通过检验其效果来决定是否由政府提请议会颁布全国性的正式法律。此阶段对政府颁布的临时性法律的法律控制和监督主要由法国最高行政法院进行。由于此阶段主要的地方试验形式是由法国政府主导颁布临时性法令，最高行政法院针对临时性法令引发的行政诉讼进行司法审查。1958 年《法国宪法》第三十八条规定："政府为执行其施政纲领，可以要求议会授权自己在一定期限内以法令的方式采取通常属于法律范围内的措施。法令经征询行政法院的意见后，在内阁会议上制定。法令自公布之日起生效，但如果未能在授权法所规定的日期以前将请求追认的法律草案提交议会时，该法令即属无效。在本条第一款所规定的期限届满后，上述法令属于立法范围内的事项，只能由法律加以修改。"[②] 在 20 世纪 60 年代到 90 年代，法国基本形成了一套针对地方试验的临时性法令的法律监督规范。最高行政法院就法令是否符合《宪法》和《行政法》进行合法审查，并形成了一系列基本原则。其中法律控制原则集中反映了对地方试验的法律控制："只有限于特定期间内，或者是一个循序渐进过程的结果，并且旨在实现公共利益时，试验性措施对法律面前人人平等原则及其他原则的减损才具有正当性。"[③]

随着《法国宪法》修正案的不断颁布，法国国家结构形式发生了较大的调整，法国高度集权的国家体制在分权改革的巨大历史洪流中逐渐发生变化。1981 年法国社会党的获胜、1982—1985 年的分权改革以及 20 世纪 90 年代之后的《法国宪法》修正案的颁布为地方自治提供了宪法保障。

① 王建学：《法国地方试验的法律控制及其启示》，载于《中国行政管理》，2013 年第 7 期，第 90 页。

② 潘汉典译：《法兰西共和国宪法》，载于《法学译丛》，1981 年第 3 期，第 67 页。

③ 转引自王建学：《法国地方试验的法律控制及其启示》，载于《中国行政管理》，2013 年第 7 期，第 90 页。

《法国宪法》新增六条基本原则：(1) 国家分权原则，(2) 决策就近原则，(3) 地方自治原则，(4) 限定范围的直接民主以及允许地方政府公决，(5) 地方政府享有立法试验权，(6) 海外少数领地具有依据特殊情况进行制度安排权。

分权改革进行的同时，地方试验的实践形式也发生了变化，如前文政府主导的颁布有期限的条例形式的地方试验，推广拓展到由地方自主进行试验。法国的立法权分配是中央集中享有立法权，地方享有一定程度的地方立法权。法国国家议会享有法令制定权，中央行政机关可以制定执行条例、资助条例、法令条例和紧急情况条例。根据《法国宪法》第三十八条的规定，"临时性法令"属于授权立法的立法形式。地方的立法职权主要规定在《法国宪法》第七十二条中，包括市镇、省、海外领地，这些地方设置了相应的地方议会，行使地方立法职权。总体而言，法国的立法体制在中央与地方的纵向关系上体现的是中央集权为主导，地方分权不断加强的趋势。在立法权与行政权的横向关系上，总统的行政权在一定程度上比议会的立法权更重。因此当地方试验突破宪法和法律的规定时，其法律依据的缺失无法为地方试验的行为合法性提供证明。同时地方立法的成果明显，尤其是对法国地方分权改革的促进，具体代表案例包括 1988 年法国政府通过第 88－45 号法令，授权阿基坦和法兰西岛会计费改革试验，这一试验经过两年时间被证明为有效。[①] 为了确认地方分权改革的成果和保障地方试验的合法性与合宪性，法国于 2003 年对宪法进行修改，新增两条规范。

2.《宪法》修改补充地方试验制度

法国在 2003 年对《宪法》[②] 进行了修改，第五章"议会与政府关系"的第三十七条增加一项"法律和条例得为特定目标并于有限期间内包含试验性规定"。第七十二条修改后新增"在法律或者条例已有规定的情况下，地方自治团体或其联合体视情形可以依照组织法规定的条件，为特定目的并在确定期限内，试验性地减损调整其权限行使的该法律或者条例性条

① 王建学：《法国地方试验的法律控制及其启示》，载于《中国行政管理》，2013 年第 7 期，第 92 页。

② 潘汉典译：《法兰西共和国宪法》，载于《法学译丛》，1981 年第 3 期，第 73 页。

款，但涉及影响公共自由或者宪法所保障权力的实质条件的除外”[①]。《法国宪法》中新增的规定为地方试验制度提供了最高法律效力的保障。第三十七条的修改表明，议会和政府能够直接进行全国范围内有期限的试验或者有期限的在一定区域内的试验。试验的法律依据是《法国宪法》第三十七条第一款内容，决定进行试验的内容可以采用议会立法—法律的形式以及政府立法—条例的形式。此处不是授权立法，因此不包含《法国宪法》第三十八条所规定的政府临时法令这种形式。《法国宪法》第七十二条新增内容所体现的则是地方自主进行试验立法是在已有法律和条例的前提下，根据组织法的授权，对已有的法律和条例所规定的内容进行减损，这种减损不得违反《法国宪法》所规定的公共自由和基本权利，此处地方试验的法律依据为《法国宪法》第七十二条第四款以及《法国宪法》对公民基本权利保障的实质性规定、相应的地方组织法。

地方试验制度在经历了行政法院的法律控制到《法国宪法》修正案的补充保障之后，具体的实施环节的具体制度构建成为制度进一步发展的重要内容。

3. 完善地方试验相关制度

针对《法国宪法》修正案的两项新增内容，主要的配套制度集中在对明确试验目标、确定试验主体权限、规定试验启动条件、限定合理期限、科学评估试验效果以及制定实施程序设计这六个方面。在法律规范上的设置主要是议会制定的组织法和法律。2003 年 3 月 28 日“关于共和国地方分权化组织法”（NO. 2003－276）宪法性法律的颁布明确了地方试验的《宪法》依据，随后的两项法律为地方试验的顺利进行作好了配套规定。针对《法国宪法》第七十二条第四款，2003 年 8 月 1 日通过了关于“地方领土单位运用试验权利的条件”（NO. 2003－704）[②]。针对《法国宪法》第三十七条第一款，2004 年议会制定了《地方自由与责任法》，将地方经济改革等领域的地方试验进行了规范，并对试验期限和试验目标进行细化

① 转引自王建学《法国地方试验的法律控制及其启示》，载于《中国行政管理》，2013 年第 7 期，第 93 页。

② 上官莉娜、李黎：《法国中央与地方的分权模式及其路径依赖》，载于《法国研究》，2010 年第 4 期，第 79 页。

和明确，其中对期限的规定为1～5年。[①]

第一，根据《法国宪法》以及组织法和相关法律规定可知，试验主体分为议会和政府以及地方自治团体组成的公务法人两种类别。第二，地方试验的基本条件。针对两类不同的地方试验，首先必须符合《法国宪法》对法治原则的规定，不得减损公民基本权利。同时要符合两项法律即地方领土单位运用试验权利的条件（NO. 2003－704）[②]和《地方自由与责任法》两部法律对试验条件和种类的限定。第三，地方试验的期限规定。针对两类地方试验，两部配套法律均作了相同的规定，试验期限为1～5年(以不超过5年为限)。第四，地方试验程序规范。此处的程序规范主要是对地方自主试验的规定。就地方自治团体进行地方试验的申请程序、批准程序（减损法律或者条例时的处理程序）、中止试验程序、评估报告程序、期满后的处理程序。

《法国宪法》第三十七条规定的直接由议会和政府进行的地方试验基本一致，只是在监督方面略微简化。

第一，申请程序。地方自治团体的试验申请主要通过地方议会以决议形式提出，由地方国家代表[③]转递政府部长。

第二，批准程序。政府部长通过对申请进行审查，确定其是否符合法律所规定的条件，经审查通过，以政府法令形式公布批准结果。如果试验行为属于普遍性规则行为，同时有减损法律条款和条例条款的情况，则按照特别程序进行操作。在法国，国会所制定的普遍性规则称为法律，行政机关所制定的普遍性规则称为条例。[④] 法国学界统一认为制定普遍性规则的行为属于应当受到行政法院司法审查的行政行为，“利害关系人认为条例违法，可在条例公布后2个月内向行政法院提起越权之诉，请求撤销不合法的条例，也可在任何时候的其他诉讼中主张条例无效，但仅对本案生效，不产生撤销后果；不论普通法院或行政法院均有权解释条例，也有审

① 上官莉娜、李黎：《法国中央与地方的分权模式及其路径依赖》，载于《法国研究》，2010年第4期，第79页。

② 刘志刚：《暂时停止法律实施决定的正当性分析》，第59页。

③ 指省长、大区长等。

④ 法国行政法判例制度，百度文库，2016年2月14日，https://wenku.baidu.com/view/dcebf6d54a7302768e9939f1.html。

查条例合法性的权力”①。换言之，地方自主试验制定法律规范，当出现对现有法律或者条例进行减损的情况，需要对地方自主试验形成的普遍性规则进行有效期限的规定，同时需要呈送国家代表并公布于《政府公报》。

第三，试验行为的中止程序。国家代表可以中止试验行为，该行为将由行政法院进行裁决，也即合法性审查。如果试验行为是普遍性规则体现的，则此规则效力暂时中止。行政法院需要在一个月内作出裁决，决定是否撤销国家代表的行为，如果撤销或者超期未作出决定，则试验行为继续进行。

第四，评估制度。评估制度主要包括了评估主体、评估报告制定主体、评估内容、评估报告类型。评估主体是议会，评估报告制定主体是政府，评估内容包括试验的具体做法、试验效果、试验效果的后续作用，评估报告类型包括年度评估报告和终期评估报告。

第五，期满后处理制度。试验期满后，最终的试验结果以及处理意见由议会以法令的形式作出。处理结果的制定依据主要是试验评估报告。处理结果的类型包括推广试验成果、终止试验行为、延长试验并作调整（限定 3 年以内的延长期）。

二、法国立法试验制度的实施效果

法国立法试验制度是伴随法国分权改革产生的，2003 年《法国宪法》修改并承认了立法试验制度，中央主导的立法试验和地方立法试验制度由此确立。它的实施有助于国家决策在各地区的贯彻实施，解决中央权力下放和扩大地方分权自治的问题，赋予地方更多的自治权力，缓解中央决策的风险压力。在 2003 年《法国宪法》确认此项制度之前，立法试验已经取得了一定成果，如减少中央集权弊端，调动地方积极性，提高行政效率，优化治理能力，扩大地方民主自治，法国逐渐成为分权单一制国家。《法国宪法》修改后，法国立法试验制度的实施机制更为清晰，在深度和广度上都优化了中央与地方的权力配置关系，取得了相当重大的改革成果。立法试验中的地方试验制度发挥了极为重大的作用，完善了法国中央

---

① 周游、张涤：《规范性文件的司法审查》，载于《人民司法》，2017 年第 31 期，第 99 页。

与地方自治的形式，扩大了地方参政议政的范围与决策的权力，进而促进了地方的民主，也使得地方能够因地制宜发展事业，大大调动了地方的积极性和主动性。①

第二节　美国“日落条款”适用制度

一、美国“日落条款”适用制度的历史沿革

笔者在搜索有“期限”特征且具有“试验性”内容的法律制度或者条款的过程中，发现美国的立法实践中存在“日落条款”和“州实验室立法”两种形态。“州实验室立法”② 主要是通过联邦州议会制定具有一定改革性质的州法，制定的州法不是暂时性的，其效力自颁布后即生效。联邦从州的立法实践中吸取经验，制定联邦法律，同时最高法院对州的立法进行违宪审查，确保其符合联邦宪法规定的基本内容和原则精神。这种“州试验室立法”的立法理念与本书所研究的授权暂停法律实施制度的可比性较低，在此不再深入讨论。本小节将主要分析美国“日落条款”的立法实践情况。

“日落条款”最早起源于交易过程，是为了确保交易顺利达成的一个必要条件，后来被引入法律领域，成为监督立法授权的一种方式。③ 在一定程度上“日落条款”可以看作立法机关对其立法权授出的一种限制和约束。当然，这是传统的对“日落条款”观念的表述，有学者对其内涵进行了拓展。在“日落条款”的保护下，美国的试验立法活动往往以法律的形

---

① 史华松：《法国地方制度的特点、价值及其对中国的启示》，载于《石家庄经济学院学报》，2008 年第 4 期，第 87 页。

② Roberta Romano，The States as a Laboratory：Legal Innovation and State Competition for Corporate Charters，Social Science Electronic Publishing，Vol. 23：45，p. 89（2005）.

③ 木落：《日落：授权立法的紧箍咒》，载于民主与法制网，2011 年 5 月 3 日，http://www. mzyfz. com/cms/minzhuyufazhishibao/jingjiwenhua/shengyin/html/1251/2011－05－03/content－61988. html。

式出现，但是多数文献已经得出了这样一个结论，即试验主义动机是这些“日落条款”的基础。

“日落条款”的适用动因大致包括以下四点：第一，立法机关内部各观点不同，出于主体的妥协需要，减少立法实施过程中的阻碍和困境。第二，从保护公民人权的角度，在某些紧急情况下必须要对个人权利进行减损，引入“日落条款”以确定这种侵害或减损的期限。第三，由于法律具体实施效力的不确定性以及法律实施的试验性特征，引入“日落条款”对立法后果风险程度进行调控。第四，对立法机关或者授权机关的监督和控制，防止出现不作为情形。① 在曼德尔肯的报告中，“日落条款”被定义为“对一项新的规制所设置的关于在一定时间后，全部或部分条款失效的规定”。“日落条款”往往也包括“复审条款”，因为“日落条款”复审委员会将会作出是否在条款截止日期之前继续实施的决定。“日落条款”的积极作用很明显，它能够迫使立法机构重新审视某项特殊法律实施之后的效果，是否符合最初的立法目的。“日落条款”有利于促进立法机构对政策的理解，终止不良的政策规范，加快政策制定的速度，放松管制。不可否认“日落条款”自身带有试验性特点，但是它与上文的法国立法试验在条件上有些许不同，“日落条款”侧重于“日落”即到期失效，是对授出权利的约束和监督，并且其产生也是基于改革需求所作的暂时性规定，且目的不在于推广，而在于其实施期间是否符合设置。

“日落条款”适用对象已不限于立法本身，它同时拓展到了对政策的实施以及国际反倾销措施的调整之中。美国“日落条款”的适用经过了一个历史发展过程。关于“日落理念”的重要学说开创者美国总统托马斯·杰弗逊表达过这样一个观点：“没有一个社会可以制定出一部永久的宪法，或者一部永久的法律，世界应该属于活着的一代……宪法和法律也应当遵循更新换代的自然规律……每一部宪法，然后是每一部法律，都应该在19年后自然消亡。”② 故“日落条款”被冠以有效期制度或者称为“限时法”。1798年《煽动叛乱罪法》中明确设定了该法的失效时间为亚当斯任

① Ranchordas，Sofia，The Whys and Woes of Experimental Legislation，The Theory and Practice of Legislation，Vol. 1：415，pp. 420－425 (2013).

② 转引自 Kysar，Rebecca M，The Sun Also Rises：The Political Economy of Sunset Provisions in the Tax Code，social science electronic publishing，Vol. 40：2，p. 45 (2006).

期结束之时，此项条款将日落理念付诸实践。1976 年，科罗拉多州《日落法》通过实施，规定了“行政许可、政府机构、临时委员会的复审期限以及复审后的延期条件和失效时间等内容”①。但由于实施效果不佳，一刀切式的有效期条款带来大量的执行成本，这种采取统一的《日落法》的规范形式逐渐被抛弃，之后主要以单独的“日落条款”的形式出现在具体法案中。20 世纪 70 年代，美国国会通过《从政道德法》，法律规定“授权联邦政府道德规范办公室制定法律文件的条款”属于“日落条款”，即必须在“一定时间后废止”。② 1994 年《布莱迪授权暴力防治法》中明确规定“本法 2004 年自动失效”，该条款也是标准的“日落条款”。③

二、美国“日落条款”适用制度概述

（一）美国“日落条款”适用制度的概念

“日落条款”又称为“落日条款”，或者“落日法”，由 sunset clause 翻译而来。顾名思义，如太阳落下一样。法律制度的有效期会有明确的期限，期限一到即废止。“日落条款”在立法上的表现主要是，法条明确规定有效期，有效期满则法律文件自动失效。判定其是否存续由特定的评估机关启动评估并审查。《韦伯斯特法律辞典》将其定义为“规定在特定日期终止（terminate）法律，或在特定日期对诸如法律、授权或者福利保险予以撤销（repeal）的条款。落日法律同时要求有关项目进行定期复审以使之获得正当的存续”④。《元照英美法词典》对“日落条款”的定义为：“指规定要对特定的法律或者行政机关或者其他政府职能继续存在的理由进行定期审查的制定法或者法律规定。立法机关只有采取积极措施承认现

① 转引自侯芳：《初探“日落条款”的中国立法适用》，华东政法大学硕士学位论文，2007 年。

② 陈洪波、尹新民：《从“日落条款”到“有效期制度”》，载于《楚天主人》，2009 年第 4 期，第 38 页。

③ 陈洪波、尹新民：《从“日落条款”到“有效期制度”》，载于《楚天主人》，2009 年第 4 期，第 38 页。

④ Merriam-Webster, Mernam Webster's Direactionary of Law, Merriam-Webster Incorporated, 1996, p. 482.

存的法律，行政机关或政府职能到特定日期继续有效，否则他们将不再存在。”①

美国“日落条款”适用制度在立法实践中不断发展。1798 年《煽动叛乱法》中明确设定了“日落条款”。此时“日落条款”的适用仍然遵循着传统的“法律与自然规律保持一致”的初衷。《煽动叛乱法》规定该法在亚当斯任期结束时失效，防止被此后的反对党所利用。但随着时代的发展，美国的“日落”理念逐渐被应用到其他领域，“日落条款”适用伴随着政府机构的日益膨胀开始在其他领域发挥作用。例如 20 世纪 60 年代，美国政府改革过程中出现了《成文法时效法案》，要求每项国会立法要有 5～10 年有效期。直到 1976 年，美国科罗拉多州《日落法》诞生，该法要求“到了有效期，该计划或者规章除非再次得到批准，否则就只能失去法律效力，这样便迫使政府定期对部门活动以及规章制度进行有效评价”②。之后，美国 36 个州均制定了“日落法”，但是由于成效不大，最终被搁置。此时的美国“日落条款”内涵扩展到了“一体适用”③且增加了到期审核的内容。但“一体适用”效果甚微，因此，取而代之的是以单独适用“日落条款”的方式，同时配以“政府绩效评估和审计配合”④，例如《暴力犯罪控制和法律实施法》就要求设置 10 年有效期的条款。

美国“日落条款”适用制度经历了从传统“日落”理念适用，到行政机构改革中的适用，再到“一体适用”，最后发展为“具体适用”的过程，不变的是对“日落期限”的设置，变化的是将适用范围扩大到立法以外的相关政策等立法衍生物上，将适用模式从“集中适用”调整到“单独适用”。

---

① 薛波主编：《元照英美法词典》，法律出版社，2003 年版，第 1311 页。

② 汪全胜：《立法后评估对象的选择》，载于《现代法学》，2008 年第 4 期，第 13 页。

③ “一体适用”是指各种法律之间不加以区别都冠以“日落条款”，又称“集中适用”。

④ Common Cause，The Status of Sunset in the States：A Common Cause Report，p. 29 (1982).

（二）美国“日落条款”的法律控制机制

1.“日落条款”的制定主体

“日落条款”的制定主体只包括制宪会议、国会、州议会。主要通过制宪会议在宪法中规定“日落条款”，如1787年《宪法》第一条便规定了关于奴隶贸易立法的“日落条款”。联邦法律层面，联邦国会拥有联邦层面的立法权，可以在权限范围内进行立法，制定相关“日落条款”，如制定并通过《合众国银行法案》，在法案中授权银行的经营期限，这种授权经营期限的规范设置便是联邦法律层面适用“日落条款”的体现。在美国各州法律层面，州议会根据州立法权设置“日落条款”，立法内容不得与联邦宪法、联邦法律冲突，同时符合州宪法对立法权的配置情况。各州可以制定单行的“日落条款”，也可以制定一部完整的《日落法》，以便统一规定“在哪些情形下，州的计划或者规章需要受到《日落法》的调整”。

根据美国授权立法相关规定，可以发现“日落条款”也运用于授权立法中，例如前文提到的1978年的《从政道德法》。该法中涉及的“日落条款”是国会授权政府道德办公室来制定的，也就是国会授权政府某部门制定法律文件，文件本身具有日落性质，到期便失效，效力存续与否与国会是否继续授权有关。实际上，美国针对《从政道德法》进行了五次修订，并就其中涉及授权政府制定的法律文件进行再授权。1999年新颁布的《政府道德办公室再授权法案》，针对其中部分授权进行再授权，延长有效期，关于独立检察官制度的相关制度则因未被继续授权而自动失效。“日落条款”在授权立法中的运用主要是体现了国会对授权立法的监督。

综合以上论述，“日落条款”的制定主体包括美国制宪委员会、国会、州议会、经国会授权立法的行政机关以及经州议会授权的行政机关。其中基于授权立法制度行使立法权的机关均可在不违背《宪法》和法律的前提以及符合授权立法限定的范围和原则的情况下制定“日落条款”。

2.“日落条款”的适用情形

“日落条款”的适用情形包括一体适用和单独适用。最初为了解决政府机构及其部门冗杂导致的行政效率低下的问题，美国立法机关通过制定统一的《日落法》，为一系列行政机构设定有效期，期满经审查不合格随即撤销。而“单独适用”“日落条款”的情形，主要出现在社会、经济、政治等领域，包括1789年的《煽动叛乱罪法案》，1816年通过的“建立第二合众国银行法案”，1882年的《关于执行有关华人条约诸规定的法律》，1978年的《从政道德法》以及在1988年、1994年、1999年、2006年进行的修订和颁布的《政府道德办公室再授权法案》，2001年《爱国者法》中关于侵犯公民自由权利嫌疑的监管部分。同时，美国《关税法》第751条中规定有关国际贸易的反倾销领域的相关日落复审制度更加拓展了“日落条款”的适用对象。

有学者梳理了美国采用“日落条款”进行立法的情形，发现以下几种类别的立法：第一，法律调整的事项本身具有很强的时间和空间限制；第二，与政策关系密切的法律；第三，争议较大，但需快速通过的法案；第四，含有具体数据规定的立法。① 这种分类明确了“日落立法”的适用对象，也总结了引发适用“日落条款”的情形。

3. “日落条款”到期后处理程序

美国关于“日落条款”到期后处理程序的具体做法包括：立法机关在制定的法律中采用“日落条款”的情形，依据立法机关授权所制定的“日落条款”的情形，专门涉及反倾销的日落复审条款的情形。

第一种情形：立法机关制定的法案中包含“日落条款”且不存在授权立法内容。这种由立法机关直接在法案中设置的“日落条款”主要表现为法案中的“部分内容或者整个法案”到期后即失效，强调“到期日落”的观念，并不强调到期后再次审查以决定其存废。因此这类直接通过在法案中设置的“日落条款”，不依靠任何外部机制，到期即刻无效。

第二种情形：依据立法机关授权制定的“日落条款”的情形。具有代表性的情形主要就联邦各州通过制定统一的《日落法》，例如1976年的科罗拉多州《日落法》。② 该法即联邦州通过州议会制定了统一的《日落法》，授权州行政机关制定某些法律规章的“日落条款”情况。授权立法形式之下的“日落条款”的到期处理情况主要涉及授权行为的存废，虽然“日落条款”到期自动失效，但是对授权行为的存续授权主体需要基于授

---

① 侯芳：《初探“日落条款”的中国立法适用》，华东政法大学硕士学位论文，2007年。

② 参见 Sunrise and Sunset Statutes，at http://www.dora.state.co.us/opr/statutes.htm,Jul. 20,2006.

权目的进行审查。此“日落条款”附加授权立法需要进行复审以决定是否有必要延续授权，因此一般都设立了复审机构、复审程序以及明确的复审周期。具体的复审制度包括：(1) 设立专门委员会进行复审，包括《日落法》立法者、副州长指定的公众代表和州众议院议长等 12 人组成的委员会主持复审。① (2) 复审程序的步骤包括：第一，具体的授权事项涉及主体进行自我评估；第二，由日落委员会进行评估和报告；第三，通过委员会组织公开听证，委员会向立法机关提出建议；第四，立法机构以法案或者其他形式决定授权事项，涉及机构的建立或者项目的存续或调整；第五，由州长签发法案。② 这个步骤主要是参考了各州制定《日落法》时授权行政机构进行机构设置或者项目运行的复审步骤。由于此类授权事项带有促进政治目的或者社会变革抑或机构改革等方面的目的，对其效果的评估和审查设有专门审查程序。同时需要注意的是复审周期的规定，由于各州具体情况各有差异，“日落条款”关于日落时间的规定以隐形的条件进行了设置，以是否满足复审结果作为其“日落”条件，因此复审周期在一定情况下体现了其“日落”期限，复审程序的存在价值在此得到体现。

第三种情形：美国“日落条款”的延伸适用最典型的即反倾销的日落复审制度。此制度主要针对衍生的反倾销方面的复审制度，虽然和本书所述内容有些相近之处，但囿于篇幅和内容的相关程度，在此不展开。

三、美国“日落条款”适用制度的实施效果

美国“日落条款”适用制度的实施效果体现在几个方面：

第一，有效地控制了文件数量。克林顿执政期间，美国联邦政府适用“日落条款”强行要求设置机构和制定政策遵循“日落条款”，“这种强行推进的有效期满后的评估制度，给政府运转减轻了很多束缚，仅对内部的规章制度就减少了六十四万页纸张，大大提高了政府的办事效力和服务水

---

① 转引自马东丽：《我国刑法中兜底条款研究》，武汉大学博士学位论文，2014 年。

② 参见 Landon Curry，Politics of Sunset Review in Texas，Public Administration Review，Vol. 50：2，p. 58－67（1990）.

平，收到了意想不到的效果”①。

第二，形成了提高清理法律文件的长效机制。

第三，有利于增强法律文件执行的有效性。法律的生命在于实施，而实施的重要组成部分就是执行。大量法律规范在制定并适用一定周期后，由于其与社会实际存在无法融合的部分，便被束之高阁，因此“日落条款”的适用就成了促进制度修改完善的重要方式，从而在根本上保障法律文件的有效实施。

第四，“日落条款”充分发挥了控制公权力、监督政府行为的利器作用。“政府是‘经济人’的看法在制度经济学派的国家理论中也有所体现。政府在制定公共政策过程中要进行成本和收益的分析”②，“正是因为政府职能部门作为一个利益共同体，是其成员共同利益的代表者，为了部门的利益而与国家或是地方争利益的现象频频发生”③，因此政府在制定公共政策时适用“日落条款”能够有效防止恶性的牟利行为发生，通过“日落条款”期限到期后的审查，有效控制和监督政府行为。

第三节　欧盟试验立法制度

笔者在此提出的“欧盟试验立法制度”是对欧盟立法制度分析之后进行的概括。笔者分析了欧盟立法中欧盟指令的规则和实践，认为欧盟指令的独特性在于其“双层适用结构”会引发特殊的法律实施阶段，即从指令生效后到转化为成员国法律之前的“试验期”。在具体的法律实践中，“这种制度设计体现了欧盟在协调成员国自主性和欧盟共同体利益之间关系时的博弈过程，实现了推动欧盟立法一体化进程和成员国法律体系发展之间的平衡”④。

---

① 木落：《日落法：授权立法的紧箍咒》，载于民主与法制网，2011 年 5 月 3 日，http://www. mzyfz. com/cms/minzhuyufazhishibao/jingjiwenhua/shengyin/html/1251/2011－05－03/content－61988. html。

② 斯诺：《经济史中的结构与变迁》，上海三联书店，1991 年版，第 225 页。

③ 徐光：《政府自立性：表征、根源与对策》，载于《内蒙古社会科学》，2006 年第 4 期，第 8 页。

④ Walter Frenz. Handbuch Europarecht Band 5，Springer，2010，Rn. 900.

一、欧盟试验立法制度概述

（一）欧盟试验立法的概念

此处探讨的欧盟试验立法制度实际上是指欧盟派生性立法的一种重要法律渊源——欧盟指令预先效力的作用制度。欧盟指令是欧盟法律一体化过程中最具特色的立法形式。欧盟指令具有独特的双层适用结构，这是产生欧盟试验立法制度的根源。欧盟立法中的指令是指“在欧盟法律体系中处于欧盟条例之下的规范，它是为履行与欧盟有关的条约上的义务而对特定成员国作出的，具有针对性或者说个别性，仅对接受他的成员国规定应取得的成果，并不对所有成员国普遍直接适用”①。欧盟指令制度中最为重要的就是其效力体系，包含了预先效力、转化效力、直接适用效力。而这种多层次的效力体系产生的根源就是指令的双层适用结构。双层适用结构指的是“指令生效之后仅在欧盟共同体意义上有效。由于指令不同于条例的特性，不具有在成员国领域内直接适用的效力，所以指令在通过欧盟理事会的立法程序之后尚不能直接刺破成员国的主权范围。而后，指令通过成员国的转化行为在成员国内部积极适用，即成员国通过国内立法的行使将指令规定的内容转化为国内法，在此之后指令才能够以国内法的形式在国内适用”②。因此，这种特殊结构决定了指令在转化为成员国国内法之前存在两个阶段，即指令生效前、指令生效后转化前。而本节所探讨的欧盟试验立法制度就是产生于指令生效后转化前这个阶段。

欧盟指令在生效后到转化前需要由决定接受该指令约束的成员国作出选择。此处接受该指令约束的成员国一般是指为履行与欧盟有关的条约的义务的特定成员国。根据《欧盟条约》和《欧盟运行条约》的规定，“指令在转化前，成员国在保证不危害指令目的的实现的前提下拥有选择转化指令的形式和方法的权利和余地”③。这种自主决定的行为可以视为在正

---

① 白艳芳：《欧盟立法前评估制度研究》，山西大学硕士学位论文，2017 年。

② 转引自白羽：《欧盟指令的预先效力研究》，载于《研究生法学》，2016 年第 3 期。

③ 白羽：《欧盟指令的预先效力研究》，载于《研究生法学》，2016 年第 3 期，第 67 页。

式转化为国内法之前的“试验立法行为”，虽然转化期满后，欧盟会采取措施通过一系列方式促使国内法直接适用，但这种直接适用只能适用于国家行为，不得适用于公民。总之，欧盟指令在产生到转化之前的阶段属于“试验立法”范畴。相比较条例而言，因为指令提供了转化期限，成员国能够选择适宜于本国实际情况的方式转化欧盟法律，使得成员国国内法改革更高效且更适宜实施。

（二）欧盟试验立法制度的内容

根据对欧盟指令在产生到转化之前的两个不同阶段——欧盟指令生效前和欧盟指令生效后转化前的基本特点的分析，可以得出欧盟试验立法制度的内容包括指令制定过程中各特定成员国的容忍义务，指令生效后正式转化前各国所采取的形式。

第一，指令在生效之前，特定成员国需要承担一定的容忍义务。这种义务的目的在于促使指令能够通过欧盟立法程序。这种容忍义务包括：(1) 共同进程的开启（议案进入欧盟理事会并经由成员国代表讨论达成一致意见后，共同进程才会开启）。(2) 指令内容的确定和具体化。指令所规定的内容与成员国承担的容忍义务是否合比例。当以上两个条件都符合后，成员国必须要承担在一定期限内不得制定和实施与指令内容相违背的国内立法行为的义务。

第二，指令通过欧盟立法程序生效后，在正式转化为成员国国内法之前，各成员国将选择适合本国具体国情的方法，在一定期限内完成转化行为。“进一步看指令中关于转化期限的规定，其目的不在于限制，而在于促进，即欧盟赋予成员国足够的实践期限，允许成员国在期限内选择合适的形式和方法对指令进行转化，成员国拥有行为上的自主权和选择权。”① 因此，“在这个阶段成员国仍然有权继续实施其与指令内容相违背的国内法，甚至颁布该领域新的法律，只要其能够在转化期限到期之前采取有效的形式完成转化”② 即可。这个阶段，成员国的义务在于保证指令的内容

① Vgl. Rudolf Streinz, Stefan Leible: Europ ische Dienstleistungsrichtlinie, 1. Auflage, 2008, Rn. 122.

② Vgl. Rudolf Streinz, Stefan Leible: Europ ische Dienstleistungsrichtlinie, 1. Auflage, 2008, Rn. 122.

在转化期限内能够在成员国内有效地转化。

欧盟试验立法制度的试验性体现在对转化方式的选择上，工具性体现在协调成员国和欧盟双方立法的作用上。事实证明“试验性特征”使得欧盟指令比条例和决定更具实效。

（三）欧盟试验立法制度实施的法律控制机制

欧盟试验立法和独立的国家立法在具体程序上有一定差别。由于欧盟属于一个共同体，各成员国不能等同于联邦制的联邦和州以及单一制国家的中央和地方的关系。它关注的是成员国与欧盟共同利益的实现，因此试验立法的适用主要是为了使得欧盟法与成员国的法律实现协调。因为各成员国的法律制度存在巨大的差异，在初级或次级欧盟法中，尚没有明确的法律框架来进行试验性立法。通常情况下（合法）试验会先于援引预防原则。毕竟，欧盟委员会认识到，只有当一种现象、产品或过程的潜在危险影响已经通过科学和客观的评价得到确认时，以及当评价不允许以足够的标准确定风险时，这一原则才适用。如果不能客观地识别风险，引入一个新的试验通常是没有道理的。换言之，只有当试验或其他类型的科学调查是不适当的或需要花费很多时间时，才能根据预防原则采取预防措施。[①]在这种情况下，欧盟机构可以采取保护措施，而不必等到这些风险的现实和严重性完全显现出来。但应该清楚的是，预防性原则旨在防范“真实”风险，而不是基于未经证实的假设。[②] 因此，在一项新的立法中引入试验条款可能是合理的，因为他可以提供经验证据，证明关于可能风险的某些假设不只是假设。如果这是合理的，那么欧盟可以采取保护措施，而不必等到那些风险迫在眉睫。为避免严重风险而采取的预防措施可能会挑战平等待遇和法律确定性原则方面的基本内容。

1. 不得突破平等待遇原则

关于平等待遇，欧盟法律最基本的规范可以在《基本权利宪章》中找到。《基本权利宪章》规定法律面前人人平等，对性别、种族、肤色、年龄、信仰、社会出身、遗传基因等的任何歧视应予禁止。然而，条例总是

① Case T－13/99，Pfizer Animal Health［1999］ECR II－1961 and C－236/01，Monsanto Agricoltura Italia.

② Case T－392/02，Solvay Pharmaceuticals［2003］ECR I－8105.

在待遇上存在差异。这种差异并不违反平等待遇的原则本身，因为并非所有形式的不平等待遇都等同于歧视。对于试验，目标组和对照组的不平等待遇与试验的可信度和完整性至关重要，因为提供证据证明已经达到某些政策目标通常并不困难。

第一，要确定是否自愿参与实验。参与者自己确定在实验中的合作是否符合他们的最佳利益。如果参与是强制性的，那么问题就出现了，故意剥夺某些人的利益是否合法。

第二，欧洲法院过去已经承认，根据具体情况，协调国内法可以证明采取分步办法是合理的（例如，并非所有会员国都能够以相同的速度完成所需的调整）。

第三，不平等待遇要求一种“客观理由”和谨慎的推理，正如科科特将军在 Test Aschats[①] 案中所提出的那样，考虑被保险人的性别是否与平等待遇的权利相容。例如，男女之间预期寿命的统计差异是否能够为不平等待遇提供这样的客观依据。因为在这种情况下，平均收入的差异通常不能作为保险费和福利不同计算的理由。[②]

2. 不得动摇法律确定性原则

法律确定性原则本质上要求法律是可接近的。结果对于那些受其影响的人来说是可预测的，这样他们就可以预料到他们的行为会有什么后果。法律确定性原则包括法律不具有追溯效力，特别是如果法律对个人强加新的义务。Lon Fuller 认为，法律确定性是良好立法的基本原则。Oldenziel 甚至区分了法律确定性的九个不同方面，如从法律的持久性和稳定性到第 6 条《欧洲人权公约》规定的合理时间内的行政决策。

然而，正如 Popelier 论证的那样，法律确定性原则充满了悖论，因为它要求确定性，而不确定性是现代法律秩序的固有部分。法律与社会的根本变化保持一致是很重要的。[③] 甚至有人认为，试验立法与制定法相比减少了不确定性。因为它防止立法机关“在没有对当地情况作任何进一步限

① Case C－236/09，Opinion of AG Kokott，para. 41.

② 298Vgl. Ranchordas，Sofia，The Whys and Woes of Experimental Legislation，The Theory and Practice of Legislation，Vol. 1：415，pp. 420－425（2013）.

③ Popelier Patricia，Five Paradoxes on Legal Certainty and the Lawmaker，Legisprudence，pp. 57－60（2008）.

制的情况下陷入黑暗”，是时候适应新的法律制度了，有可能先通过小范围的试错来过滤掉萌芽的问题。欧盟法院在“Altmark”案中提到，依据法院一贯持有的观点，为了满足法律确定性的要求，个人应当享有明确而准确的法律地位，并确定其权利的充分范围。[①]

试验立法在多大程度上增加了法律的不确定性，取决于欧盟法律中如何设计试验条款。与法律确定性原则相悖的做法即“将试验性立法的结果追溯地应用于不属于初始阶段的当事人”。在这方面，欧洲法院在“哈利法克斯”案中决定“社区立法必须是确定的，其适用必须是服从法律的人可预见的。在涉及财务后果的规则情况下，必须更加严格地遵守法律确定性的要求，以便相关人员可以确切地知道他们被施加义务的程度”。临时性法律，包括那些带有“日落条款”和试验条款的法律，在导致不稳定和不连贯的立法的情况下，也会在法律确定性原则上产生问题。某些规则将被撤销、延长或扩大到其他领域。然而，如上所述，欧洲法院确实承认，国家法律和条例的协调可以遵循循序渐进的方法，以制定完善的计划为基础，并有明确的最后期限，特别是在涉及复杂的政策问题时。关于后者，倡导者马杜罗在他的结论中引用了“Arcelor 案”，“特别是在那些带来新的社会风险的领域和/或立法机构正在启动新政策的领域，在有限的领域试行一种新的机制，谨慎行事通常是明智的，而且现在很常见。的确，会员国的法律允许甚至庄严地规定使用立法试验”[②]。判例法承认分阶段引入立法协调的合法性，特别是针对复杂问题的解决。它还赋予立法机关在决定权宜之计和进行协调的速度方面的自由裁量权。马杜罗认为对这些临时规则的评价是必要的，甚至是立法机关首先检验新政策措施的余地的先决条件。如上所述，公民可能不会盲目相信法律，但是立法机构在建立立法试验的方式上也应该遵循一定的原则。虽然没有关于试验性立法的具体判例法，但我们认为，欧盟法院不允许立法者通过随机试验的形式对公民施加义务。这样一个试验性的政策设计可以从方法论的角度提供最可靠的结果。但是，只要受这些规则影响的人没有自愿参加，任意选择试验规则所适用的目标群体和豁免该制度的对照组的做法都无法为试验结果的正当

---

① Case C－280/00，under 59 with further references to earlier case law.

② Case C－127/07，Arcelor［2008］CRC I－9895，para. 45. Emphasis added，RvG/GvD.

性提供依据。只要没有正当性依据，这种任意性的试验做法就与法律确定性原则相冲突。此外，在某项试验性立法的目标和实现这些目标的措施之间应当遵循比例原则。如果有几种可能的适当措施来有效地执行某项政策，那么就尽可能地选择对试验者来说义务最少的那种，这意味着试验规则需要以这样一种方式设计，即不预先排除这个义务最少的选项。①

二、欧盟试验立法制度的实施效果

从2002年欧盟发布的政府白皮书开始，欧盟的法律和政策制定都采用一种以具体的经验和凭据为导向的方式。作为最优政策制定工具的方法，例如政策建议、专家意见、影响力评估等已经不能为立法提供更好的凭据支撑。一种试验性立法和在一定时间内制定少量暂行法律规范的做法逐渐成为欧盟法律及政策制定的重要方法。不少研究欧盟法的学者认为，这种做法不仅能够减少和过滤掉法律实施过程中的不良影响，同时也能规避制度可能产生的巨大风险。

“日落条款”与试验立法最重要的区别是，“日落条款”是在最初便设定了一个截止期限，并且条款本身具有在一定区域内暂行的特点。“日落条款”规定的时间到期之前如果没有被延期，则条款自动失效。但是试验立法则不同，它往往是为了产生永久性的法律规范。试验立法的特征主要包括：(1) 其内容暂时突破了现行法律规范；(2) 试验的范围被限定在一定的时间、区域范围内；(3) 各方面的影响都会被作为评估内容；(4) 一旦试验成功，具体的实施范围将会扩大使用到其他相同的情形中。欧盟法的渊源包括国际条约、衍生立法以及欧盟法院的判例法、软法。欧盟的试验立法主要出现在衍生立法中，欧盟衍生立法包括欧盟理事会或者欧洲委员会制定的条例、指令和决定等。条例具有普遍使用效力，条例各个部分都有约束力，条例直接适用于所有成员国。而指令的制定主体被限定为欧盟委员会，欧盟委员会是欧盟唯一有权起草指令的机构，其主要职责是：实施欧盟有关条约、法规和欧盟理事会做出的决定；向欧盟理事会和欧洲议会提出政策实施报告和立法动议；处理欧盟日常事务，代表欧盟进行对外联系和贸易等方面的谈判。欧盟委员会总部设在布鲁塞尔，委员会任期

① Case C－331/88，Fedesa［1988］ECR I－4023.

为5年。欧盟委员会委员在每届欧洲议会选举后的6个月内任命，委员会在政治上向议会负责，议会有权通过弹劾委员会的动议而解散它。[①] 欧盟委员会是行政执行机构，类似于政府。有观点认为，指令并不具有普遍的适用性，颁布指令也不是为了直接的、统一的适用，而是为了实现成员国立法的协调或趋同。

欧盟这种共同体不同于联邦制国家或者联合国这种组织，欧盟各个国家都有自己的国内法，也有统一的符合各国利益的欧盟法。欧盟法的制定以实现欧盟共同体的共同利益为目标，欧盟成员国的国内法直接适用欧盟的条例，因此条例的制定很关键。欧盟理事会在制定条例时也会面对立法不可测的情况，因此通过条例在成员国实施某项不确定的法律的做法不可行。在欧盟的试验立法主要采用的是指令的方式，也即由欧盟委员会颁布，具有时间限制，且由特定成员国完成国内法转化的法律文件。试验立法基本适用于指令。

在实践中，欧盟机构通常在以下两种情况下发出指令：一是各成员国法律在某一领域存在分歧，而这种分歧又对共同市场的建立或对共同市场机能的发挥有不良影响时，欧盟机构通过发出指令达到消除分歧，协调成员国间法律的目的。二是为了取消各成员国间商品、人员、服务和资金流动的限制，以及在税收、运输等领域的壁垒，通过指令规定某些措施的时间限制和其他相关规范。[②] 试验的成分往往出现在指令的规定中，因为指令的对象具有自愿性且指令本身有时间限制，能够在一定的时间内实行，体现试验的暂时性特点。

《1999/85/EC号指令》提供了在欧盟试验立法过程中的一个有趣的例子，该指令介绍了在试验基础上对劳动密集型服务业适用降低的增值税（VAT）税率以创造就业的可能性。根据欧盟《77/388/EEC指令》的第1条内容："欧盟理事会根据委员会的建议，可授权任何成员国实施从2000年1月1日至2002年12月31日为止最长三年的降低费率试验。会员国可获授权对文件中所述的三个类别的服务适用降低的税率。有关服务

① 《欧盟的立法机构与立法程序》，载于找法网，2010年7月29日，http://china.findlaw.cn/info/guojiafa/lifafa/chengxu/125622.html。

② 谢罡：《欧盟法中的指令》，载于人民法院网，2005年7月1日，https://www.chinacourt.org/article/detail/2005/07/id/168667.shtml。

必须满足下列要求：‘（a）它们必须是劳动密集型的。（b）它们必须在很大程度上直接提供给最终消费者。（c）它们必须主要是本地的，不可能造成竞争的扭曲。（d）由于降息而导致的价格下降与可预见的需求和就业增长之间必须有紧密的联系。降低税率的运用不应妨碍内部市场的正常运转。’任何希望采取第一项规定的措施的会员国应在 1999 年 11 月 1 日之前通知委员会，并在该日之前向委员会提供所有有关细节，特别是下列各项：（a）有关服务的范围和详细说明。（b）表明第二款和第三款规定的条件已得到满足的详情。（c）显示所设想措施的预算成本的详情。”

被授权适用第一项所述降低税率的会员国应在 2002 年 10 月 1 日之前起草一份详细报告，全面评估该措施在创造就业和效率方面的有效性。在 2002 年 12 月 31 日之前，委员会应向理事会和议会提交一份全球评估报告，必要时还应提出适当的措施建议，以便最后决定适用于劳动密集型服务业的增值税税率。

在这个例子中，我们可以很容易地发现试验立法的特点。允许通常适用的增值税税率在一定的时间范围内、在特定的条件下并且有监督机制的作用下，最终形成一个独立的评价。这种试验的目的是增加就业，特别是小型企业和中小型企业，并减少黑色经济。显然，这个实验被严格限制在一定的时间范围内，同时也在新的附录最终描述的服务内容范围之中。最终，九个成员国选择了部分参与实验和应用降低增值税税率的做法，但预期设定的目标并没有实现。2003 年，欧盟委员会透露了试验的评价结论，降低税率并没有充分反映在消费价格上。相反，增值税降低的很大一部分被用于增加服务提供者的利润。成员国的报告没有确凿证据证明确定降低增值税税率对就业有影响。降低增值税税率的影响的实证研究表明，这些措施通常不是很有效，而且与这些措施可能对经济产生的正向影响相比，预算成本往往都很高。有意思的是，尽管评估结果令人失望，但实施降低增值税的试验在 2002 年 12 月 31 日最后期限后又延长了一段时间。这表明，一个试验的结果肯定不会自动考虑立法决策。诸如政治动机、机会主义和个别会员国的利益等因素也可以在将结果转化为政治进程方面发挥作用。然而，这并不损害在准备新立法时使用试验方式的潜力。它只说明科学、法律和政策之间可能存在脱节。欧盟的试验立法主要是运用在制定法律方面，法律的制定和其在欧盟成员国的推行和适用需要加入试验的成分，但制度的设计主要还是要考量各种因素，因此欧盟在进行试验立法时一般采用指令的形式，授权自愿参与的成员国按照指令在一定时间内进行试验，其结果作为以后推行统一立法的经验，其工具主义和功能主体特点不断促进和影响欧洲法律一体化的实现。

第四节　经验借鉴

现存的三种的带有暂时性、试验性特征的典型法律实施制度分别是法国立法试验制度、美国“日落条款”适用制度、“欧盟试验立法”制度，这些制度的目的都在于解决法律自身的不确定性和立法需求的迫切之间的紧张关系，与我国受权暂停法律实施制度存在极大关联。从对实践启示的角度看，笔者认为，以上国家和组织体的制度存在以下经验，值得我国借鉴。

一、法律制度体系完整

以上三项制度中，法国的试验立法制度发展得最为完善。一方面，法国基于两种不同的试验立法模式修正了《法国宪法》，增加了《法国宪法》第三十七条第一款“法律和条例得为特定目标并于有限期间内包含试验性规定”以及第七十二条第四款“在法律或者条例已有规定的情况下，地方自治团体或其联合体视情形可以依照组织法规定的条件，为特定目的并在确定期限内，试验性地减损调整其权限行使的该法律或者条例性条款，但涉及影响公共自由或者宪法所保障权力的实质条件的除外”。[①] 这两条为法国目前两种类别的试验立法制度，与《法国宪法》第三十八条的授权立法相区别，解决了过去立法试验合法性和合宪性上存在的问题，明晰了立法试验制度的宪法依据，为议会或者行政机关主导的立法试验以及地方自主申请的立法试验提供了合宪性依据，实现了立法试验的法治化。

美国的“日落条款”适用制度依附于美国国会和联邦议会的立法权制度。美国对“日落条款”适用并没有形成比较完整的法律体系框架。“日

① 王建学：《法国地方试验的法律控制及其启示》，载于《中国行政管理》，2013 年第 7 期，第 91 页。

落条款”的适用更多的是体现国会对立法权的监督职能。欧盟试验立法制度主要是依托欧盟委员会制定的指令进行。由于欧盟特殊的组织结构，想要制定具有全面约束效力的法律并使成员国转化为国内法是很谨慎的行为。各成员国利益需求和国情背景各不相同，因此需要采用一个不具有全面约束力，且由成员国自愿参与或者欧盟指定成员国参与的不限制具体的形式和方法的方式。欧盟试验立法制度力图在保证各成员国自主性的同时，顺利推进欧盟立法一体化。但在欧盟初级和次级立法中并没有关于试验立法的具体规范。

我国授权暂停法律实施制度的规范依据是《立法法》第十三条，该条文仅对授权暂停法律实施的授权主体、授权事项以及试验性特征进行了大概的规定，没有具体实施的规范，也没有相关组织法及其法律配套制度。因此授权暂停法律实施制度亟待完善，有必要效法法国在宪法依据和相关组织法等规范上作出立法补充。

二、执行文件效力明确

法国、美国以及欧盟在相关制度中明确规定了保证制度实施的执行文件的具体效力。法国立法试验制度依据《法国宪法》规定，由国会或者政府通过法令或者条例进行立法试验。地方自治团体主导的地方试验则是在已有法令或者条例的情况下，根据组织法授权进行变通已有法律或者条例的试验。法国作为典型的单一制国家，其地方立法在很长一段时间内毫无存在空间，直到2003年修宪，第七十二条第三款规定了“地方自治团体由民选议会依据法律规定实施自治，并为履行其职责享有条例权”。同时《法国宪法》七十二条第四款提及地方自治团体可通过“试验性条例”来变通国家法律和行政法规的内容。

美国的“日落条款”主要体现为，国会制定包含“日落条款”内容的法案，各州制定“日落条款”授权州政府实施具体规范。“日落条款”的层级明确为国会法律或者各州州议会制定的联邦州层级的法案。具体《日落法》的实施应为：首先，遵守国会法案中规定的“日落条款”。如果“日落条款”是以授权立法的形式出现在法案中，则被授权的联邦政府或者公务人员所制定的法律文件以规章的形式来呈现该“日落条款”。其次，各州议会制定的“日落条款”。州行政机关根据“日落条款”授权进行具体的实施，实施过程中涉及制定相关事实法律规范的情况时，这些规范的法律效力为州级行政规章。

欧盟法中的“试验性立法”主要是通过欧盟委员会制定的指令进行的。欧盟各机构根据欧盟基础性条约的授权制定指令。[①] 指令内容规定授权成员国在一定时间范围内完成某项目标的规定，具体的完成措施和方式按照成员国本国实际情况进行安排。成员国对指令内容的具体执行是通过制定国内法进行转化的形式，转化成国内法的具体程序和形成的制度效力未统一规定。

三项制度在执行过程中都明确了具体执行法律、法案、指令的法律效力，其为执行制度所制定的法律皆为立法行为，不属于效力待定的准立法行为。

我国授权暂停法律实施决定仅规定了暂停实施法律中的部分内容，但并没有具体规定试点方案或者执行文件的具体效力，没有采用例如《法国宪法》中的“依据组织法规定的权限”这种表述。由于其与授权立法不同，而无法将授权行政机关所制定的方案等同于行政法规，同时在我国具体的立法实践中出现了授权对象突破国务院，拓展到司法机关等领域的现象。因此具体的执行过程中形成的司法解释性质的文件也不能等同于司法解释，其法律效力尚未明确。鉴于我国授权暂停法律实施制度的具体内容规定与法国地方试验制度的相似性最大，笔者更倾向于建议通过立法明确执行文件的法律效力。

三、参与者的自愿申请与国家选择相结合

关于参与对象和试验区域的选择，法国采取自愿申请与国家选择两种方式。美国“日落条款”的适用不存在具体区域的限制或者参与者的选择问题，在此不再赘述。欧盟试验立法制度主要通过指令进行，指令主要采取成员国主动申请的形式。

采用主动申请能够在一定程度上规避某项法律或者政策推行试验过程中可能产生的风险，法国地方自治团体的自主试验主要是地方通过申请参

① 谢罡：《欧盟法中的指令》，载于人民法院网，2005 年 7 月 1 日，https://www.chinacourt.org/article/detail/2005/07/id/168667.shtml。

加。地方根据自身实际情况对政策或者法律的制定进行前期试验，这种做法对某些法律规范在地方的制定或者某项全国性法律的修改、废除能够在足够低的风险情况下提供有用的信息。欧盟通过向成员国发出指令，成员国主动申请参加试验，在形式上也是一种尽可能让参与者自主参与的制度设计。资料显示，在欧盟内部，各成员国之间的法律制度、法律传统、经济发展程度、文明发达程度均不同，加之共同体法律适用领域的不同，仅仅采用单一的条例立法形式是不现实的。由于指令仅在其所欲达到的目标上有拘束力，而实现该目标的方式由指令所发向的成员国根据各自的实际情况自行决定，成员国在履行共同体条约义务上有较大的自主权，一定程度上消除了在欧洲一体化进程中因成员国之间的制度差异所造成的阻碍。①

我国是典型的单一制国家，授权暂停法律实施制度在我国主要是通过中央授权主导试验，在地域选择上通过提案主体在草案中列明的方式，由授权机关最终确定，授权机关有高度的自由裁量权。试点区域的选择程序应该反映在草案形成过程中。基于我国授权暂停法律实施制度涉及的授权事项为全面深化改革和全面依法治国重大部署中的重要改革事项，因此可以通过提前搜集、自愿申请的方式征集试点对象，再结合国家选择共同进行确定试点区域。

四、制度实施的宪法监督机制

法国的违宪审查机构为宪法委员会，委员会承担的责任主要是对议会通过的尚未生效的法律进行抽样的事前审查。法国在 2003 年修宪之后，由议会制定了相应的组织法和法律，这些组织法和法律也都通过了宪法法院的事前审查，于 2003 年 7 月宣布“合宪”。法国将立法试验制度的宪法审查安排在试验实施过程中，如果试验过程中产生了减损法律条款的情况，那么通常采取的是规定有效期限并转呈国家代表公布于《政府公报》，同时在试验进行过程中，国家代表可以中止试验活动，此试验行为的效力随即中止，并由行政法院进行裁决。若行政法院撤销国家代表的中止决定

① 谢罡：《欧盟法中的指令》，载于人民法院网，2005 年 7 月 1 日，https://www.chinacourt.org/article/detail/2005/07/id/168667.shtml。

或在一个月内未作出裁决，则该试验性行为的效力随即恢复，试验继续进行。① 法国通过设置这种审查方式来监督立法试验的实施。

美国的违宪审查制度已较为完备，其违宪审查制度主要是由法院审查国会立法以及行政机关行为的合宪性问题。美国的“日落条款”适用制度本身就属于本国立法制度的具体内容，因此对宪法审查没有单独作规定，仍旧按照违宪审查制度相关规定进行。

欧盟法中的宪法监督制度主要通过欧盟法院的司法审查来实现。欧盟法院行使司法审查权的主要方式有：直接诉请宣告无效；诉请确认非法；对不作为行为提起诉讼；在损害赔偿之诉中对有关法令的合法性进行审查；根据成员国法院的请求，对该法院正在审理的案件中涉及的欧盟法令的含义及其合法性问题进行预先裁决。②

以上三种审查程序本身对我国授权暂停法律实施制度的宪法监督制度的建立具有重要借鉴。以上三项制度在进行宪法控制和监督的措施上都坚持不违反法律平等性原则、法律确定性原则、保障公民基本人权的原则，不得损害现有的宪法秩序和法律秩序，不得损害公民的基本权利。

五、到期后审查评估程序完备

以上三项制度均设置了审查评估环节和期限，期限的安排主要为了解决制度实施可能对法律平等性原则和法律确定性原则的侵犯，当然这种侵犯也只是一个假设。所有的试验都应该有个时间期限，才能够积累经验形成正式的制度。期限到期后三项制度采取了不同的评估办法。

法国建立的评估制度包括评估主体、评估内容、评估报告类型。评估主体是议会。评估报告制定主体是政府。评估内容包括试验的具体做法、试验效果和试验效果的后续作用。评估报告类型包括年度评估报告和终期评估报告。试验必须伴有逐年评估报告和最终评估报告。报告必须说明试验措施的效果及其后续影响，尤其是关于公共服务质量、地方自治团体之

---

① 王建学：《法国地方试验的法律控制及其启示》，载于《中国行政管理》，2013 年第 7 期，第 91 页。

② 汪建成：《论欧盟法院的司法审查权》，载于《中外法学》，1996 年第 4 期，第 59 页。

组织和国家服务之组织各自的财政情况。由政府提交议会，以便议会随时获知试验措施的效果。在试验期届满以前，应由议会根据评估报告决定是否推广试验措施，或者终止试验措施，或者附条件于三年内延长并修改试验。①

美国在“日落条款”到期后采取的评估审查制度主要是针对联邦州的日落授权行为而进行的复审。评估审查制度包括：（1）设立专门委员会进行复审，复审包括《日落法》立法者、副州长指定的公众代表和州众议院议长等 12 人组成的委员会主持复审。②（2）复审程序的步骤包括：第一，授权主体进行自我评估；第二，日落委员会进行评估和报告；第三，委员会组织公开听证，并向立法机构提出建议；第四，立法机构以法案或者其他形式决定授权事项涉及的机构的建立或者项目的存续或调整；第五，由州长签发法案。③ 欧盟试验立法制度的审查主要采用的是成员国提供评估报告的方式，所有参与指令的成员国需要在试验到期之前制定详细的报告，全面评估具体措施落实推进的情况。在最终截止日之前，欧盟委员会应向欧盟理事会和欧洲议会提交一份全面评估报告，必要时还应提出适当的措施建议，以便最后决定。

我国授权暂停法律实施制度规定了被授权主体向全国人大及其常务委员会就决定内容作中期报告和终期报告。全国人大及其常务委员会根据报告内容决定是否继续调整或者停止法律适用。但如前文所言，我国授权暂停法律实施制度中的报告制度并非评估制度，而属于监督制度，我国尚未形成完整的、系统的、科学的评估制度，因此可以参考以上三项制度，形成程序完备、内容充实且与监督制度相区别的评估制度。

---

① 王建学：《法国地方试验的法律控制及其启示》，载于《中国行政管理》，2013 年第 7 期，第 91 页。

② 转引自马东丽：《我国刑法中兜底条款研究》，武汉大学博士学位论文，2014 年。

③ Landon Curry，Politics of Sunset Review in Texas，Public Administration Review，Vol. 50，No. 1，Jan. —Feb.，1990，p. 59.

第五章　完善授权暂停法律实施制度的建议

第一节　完善授权暂停法律实施制度的授权规则

一、授权暂停法律实施决定作出主体的权限

全国人大授权暂停法律实施制度的关键是授权暂停法律实施决定的作出。全国人大及其常务委员会在作出授权决定时应该遵守何种规则是完善此制度的关键。由上文可知，全国人大行使授权暂停法律实施权时主要有两个步骤：第一，选择法律条款并停止其在一定区域内的效力，对此停止效力的状态规定期限。全国人大通常情况下必须在授权决定中明确授权的试点时间和试点区域，除非涉及国家机密。第二，全国人大暂停部分法律条款的效力之后，会采用两种形式进行授权。(1) 为全国人大直接对暂停效力的法律规范进行“内容的调整”(“调整”包括直接规定替代内容和通过对中共中央作出的某项改革的试点文件在决定中进行确权表述)，为试点地方提供可以执行的具体内容，然后授权被授权机关在此区域内指导执行。(2) 全国人大未在决定中作出明确的“替代内容”和可参照的试点方案，而是直接授权被授权机关针对暂停的法律规范结合改革事项制定试点方案。通过上述对步骤的分析，基本可以将授权暂停法律实施权的权限内容进行归纳。

第一，由授权主体决定暂停部分法律条款在一定区域和期限内的效力。全国人大具有暂停部分法律条款实施的权力。全国人大及其常务委员会所能调整的法律条款的内容是不一样的，全国人大常务委员会调整法律

规范主要有以下特点：一是主要调整的是全国人大常务委员会制定的法律和全国人大制定的法律；二是在暂停法律实施时采取的是部分暂停的方式；三是调整全国人大制定的法律均在全国人大闭会期间；四是全国人大常务委员会授权暂停法律实施时除了监察体制改革以外均未涉及《宪法》绝对保留事项①，且其调整的法律规范均未涉及对基本法律基本原则的调整。② 根据《宪法》第六十二条、第六十七条规定的全国人大及其常务委员会的职权可以判定，全国人大的立法权比全国人大常务委员会更多，范围更广。因此可以推断全国人大可以调整适用的法律应该包括全国人大常务委员会所能调整的法律。调整方式为既可以部分调整也可以全部调整。但是注意全国人大和全国人大常务委员会不得调整《宪法》。

第二，对暂停实施的法律条款提供替代内容。这种作出替代内容的方式包括全国人大在决定中直接规定内容，或采用直接在决定中对党中央试点方案内容进行明确适用。全国人大及其常务委员会在进入授权暂停法律实施程序时，首先完成了第一步“暂停部分法律条款的效力”，接下来进入到为“暂停实施的法律条款提供替代内容”阶段。虽然全国人大及其常务委员会的“授权行为”并未产生实际生效的替代法律，但其在一定的区域范围内和一定的期限内发挥了替代原有法律规范的效果。因此暂停法律实施权应该受到《立法法》中对法律修改权设置的条文的规制。此阶段中授权主体的授权行为应当遵循《立法法》中关于法律修改的限制规定，全国人大及其常务委员会应当严格按照《立法法》中规定的“修改草案提起、草案审议、草案通过”的程序进行，草案需要经过全国人大全体代表过半数通过、全国人大常务委员会委员过半数通过，通过后由国家主席签署主席令予以公布。同时需要注意，授权主体作出的替代内容按照决定要求到期后自动失效，其作出的替代方案在内容上受到现有《立法法》的严格限制，限制内容包括：“全国人大常务委员会可以在全国人大闭会期间针对全国人大制定的法律中的部分内容作出替代性调整，但不可突破法律基本原则。”此处“暂停法律实施并提出代替的方案”还需保证是基于改革发展的需要，不得减损试点区域内公民的合法权益。这是借鉴法国、美

① 此处《宪法》绝对保留事项的具体内容将在后文授权规则部分进行拓展叙述。

② 此处参考了郑磊关于调整法律的性质与涉及的基本原则的结论，笔者赞同此结论。

国的经验，将授权暂停法律实施的试验性转换为在具体试验区域内的现实法律实践，明确其行为的法律效力和文件的法律性质，同时也规定其生效时间，到期自动失效。

第三，授权被授权机关实施具体决定内容。这分为两种情况，第一种为授权被授权主体直接按照替代方案实施。第二种则是授权主体未在决定中对暂停实施的法律规范作出内容调整或提供可以参照的方案，被授权机关需自行制定执行方案。在此对第二种情形下授权行为如何实施展开论述。此处涉及司法制度改革方面的授权决定，司法制度改革内容属于《立法法》第八条中的法律保留事项，改革内容属于尚未制定法律的内容，此处的授权行为在条件上符合《立法法》中授权立法行为的构成要素，但要注意的是此处的授权行为并非授权行政机关立法，而是授权其作出规范性文件推动改革实践。但是由于其在构成要素上与授权立法行为同构，因此笔者认为《立法法》第九至十二条的内容是应该可以适用于此种授权情形的，因此，此处的授权行为要符合：(1) 只有授权事项为法律保留事项且授权事项尚未制定法律时可作出。其授权指定代替方案内容仅限于替代暂停效力的条款功能，不能超出授权主体职权。(2) 授权目的必须明确。(3) 授权期限、区域和全国人大决定暂停法律效力的期限和范围一致。(4) 授权事项经试点被证明可以进行修法（此处修法效力延及全国范围）的，由全国人大按照修法程序进行法律修改，法律制定后，相应授权终止。实践中是采取到期之前进行评估并及时修改相关法律的做法，如果有关法律正在审查制定过程中，但法律规范暂停时间已经到了，则需要全国人大作出延长暂停效力时间的决定，直到法律修改完成并通过。全国人大授权被授权机关针对法律保留事项制定替代方案时，应该要求被授权机关不得将制定替代方案的权利转授给其他机关。

第四，其他。授权其他机关自行决定本应由授权决定规定的法定事项。在授权暂停法律实施制度的具体实施过程中，在暂停法律条款的效力之后，还涉及“暂停实施法律效力的条款停止期限及其适用范围”的授权，这些内容应当由全国人大予以明确规定。但如果改革事项涉及国防军队等国家机密，全国人大可将此权利授给被授权机关自行决定。

二、授权暂停法律实施决定的内容条件

（一）被授权主体

1. 被授权主体的类型

被授权主体应该在授权暂停法律实施制度中予以明确。根据本书第一章对《立法法》第十三条的分析，结合授权立法相关理论，笔者认为被授权主体只能是国务院、最高人民法院、最高人民检察院、中央军事委员会等国家机关。从实现法制统一原则和平等原则的角度出发，授权暂停法律实施并非授权特别地区（例如经济特区）而是部分行政区域实施“针对部分暂停效力的法律条款作出替代内容”的决定，因此其内容不具有“变通立法”的区域特性。为了避免可能产生的巨大的差异性和不平等性，影响法制统一原则，授权暂停法律实施中的被授权机关只能为中央机关，不得为地方机关，此举也是为了统筹和掌握试点执行情况，避免地方滥用授权决定。

2. 被授权主体的职权内容

被授权主体的职权主要涉及被授权主体对调整内容和方案的执行权，根据授权内容制定规范性文件权、自我监督实施权、报告职权、评估职权。以上职权与授权主体职权相对应。（1）对调整内容和方案的执行权。主要是授权主体作出具体的调整方案后，授权被授权主体按照方案进行执行的权力。（2）根据授权内容制定规范性文件权。制定规范性文件必须严格按照授权决定内容进行，不得突破授权规定的范围。制定的规范性文件需要提交全国人大备案审查。如上文分析，此种授权决定主要针对法律保留事项的授权情形，制定的规范性文件在试点期间与试点区域范围内替代暂停效力的法律规范发挥作用，其法律效力与其主体制定的正式法律规范在试点期间和区域内效力应该明确规定为一致，以确保规范性文件在试点期间和区域内的完整法律效力。（3）监督职权。此处被授权机关的监督权主要包括对部门制定的实施办法的批准权以及针对具体试点区域的地方机关就法律适用等方面工作的组织指导和协调职责。通过要求地方定期呈报实施情况，召开专项工作论证会，定期到基层调研和派驻工作人员指导试

点等方式。(4) 报告职权。被授权机关需要在实施期限过半时在全国人大常务委员会或者全国人大会议期间提出报告议案，然后由委员长会议或者大会主席团决定列入会议议程，由被授权机关主要领导人进行报告。主要就试点执行半期的实施基本情况、获得成效、主要问题、解决对策、未来规划作报告。如果是终期报告需要在试点期限届满之前提出报告议案，程序与中期报告程序一致。(5) 评估职权。此处被授权机关的评估权主要是指对监督权行使过程中形成的关于试点效果文件的评估。评估结果有两个主要用途，第一是反馈给试点地方，加强对试点情况的掌控。第二是将评估结果进行分析，制作提交由全国人大监督审议的中期或者终期报告。评估结果中包含对是否延长期限、是否停止试点、试点效果如何、是否修法推广的建议。

（二）授权事项范围

授权暂停法律实施制度在实施过程中需要明确授权事项的范围。《立法法》第十条规定了授权事项范围是指授权机关允许被授权机关进行立法的事项及其范围。此处的授权事项范围应当包括授权执行全国人大在部分区域和期限内作出的对现行法律规范调整的内容，以及授权被授权主体对暂停法律实施决定作出的试点方案（试点方案应当严格按照全国人大在授权决定中规定的基本原则进行）。具体而言就是其授权事项范围不得超出暂停实施的法律规范涉及的事项，不得授权被授权机关实施超出授权机关职权制定的规范，不得作出超出授权机关职权的属于绝对宪法保留的授权内容。

（三）授权期限

授权期限一般指的是授权决定开始的时间，但也存在特殊情形。在授权被授权机关对法律保留事项制定试点方案的决定中，授权决定的实施日期往往在试点开始之前，因此授权被授权机关对法律保留事项制定试点方案的决定往往是先完成授权，然后再决定具体需要暂停的法律规范以及提出授权制定试点方案，试点期限自试点方案颁布时计算。如果先暂停部分法律条款的效力，则可能出现法律真空的情况，因此对“授权决定期限”的把握需要分类进行。

笔者认为第一次授权最长时间不宜超出授权立法对授权期限的规定，可以将第一次授权期限规定为三年，之后根据试点情况进行延长，延长后总授权试点时间不得超过五年。目前授权决定中涉及农村土地制度改革的两项授权均为“再延期”，并对最终时间进行了规定，要求在期限届满前进行法律修改。

（四）授权目的

授权暂停法律实施决定中必须明确授权决定的宗旨，授权暂停法律实施决定是为了解决改革发展突破法律的情形，因此在授权决定中必须明确具体授权决定针对的改革内容和授权目的，彰显采用授权暂停法律实施的必要性。

（五）被授权机关实施授权决定应当遵循的原则

授权暂停法律实施主要是授权被授权机关执行决定中的调整内容或者方案，授权被授权机关对涉及法律保留事项的授权内容制定规范性文件。因此要求授权机关在授权决定中明确规定执行和制定规范性文件过程中应该遵守的原则。例如全国人大常务委员会授权国务院在北京大兴区等 33 个试点县（市、区）调整或停止有关法律规定的决定中明确要求“暂时调整实施有关法律规定，必须坚守土地公有制性质不改变、耕地红线不突破、农民利益不受损的底线，坚持从实际出发，因地制宜”①。

（六）被授权机关的报告义务和继续授权

1. 被授权机关的报告义务

《立法法》规定了被授权机关的报告义务，在期限届满的六个月前，被授权机关向授权机关报告决定实施情况，并提出意见。但是授权暂停法律实施的报告义务存在两种情形：一种是中期报告，另一种为终期报告。中期报告一般在具体中期时间点之后由被授权机关提出，建议可以启动法律修改程序或作其他工作汇报。终期报告一般为到期前一个月或到期前几天进行，因为授权暂停法律实施不同于授权立法，其试点时间一般较短，如果要求其于期限届满前六个月提出，不利于试点工作完全进行。同时笔

① 全国人民代表大会常务委员会：《全国人民代表大会常务委员会关于授权国务院在北京市大兴区等 33 个试点县（市、区）行政区域暂时调整实施有关法律规定的决定》，载于《中华人民共和国全国人民代表大会常务委员会公报》，2015 年第 2 期，第 355 页。

者发现采取中期报告的决定一般适用于授权被授权主体针对法律保留事项制定规范性文件的情形，采取终期报告的决定一般是授权主体授权被授权机关执行其制定的调整内容或确认的文件。所以笔者认为根据以往的实践，可以将暂停法律实施的报告义务规定为：授权机关授权被授权机关执行其调整后的内容时，被授权机关需要在授权决定期限届满前最近一次全国人大常务委员会会议期内或者全国人大会议期内进行报告。授权机关授权被授权机关针对法律保留事项内容制定规范性文件时，被授权机关需要在授权决定中期期满后最近一次全国人大常务委员会会议期内或者全国人大会议期内进行报告。

2. 继续授权

被授权主体通过报告内容表明试点效果不明显，需要继续试点的，可以向授权主体提出继续授权的建议。授权主体认为其建议可行，可以延长停止法律效力的条款的停止期限，并作出继续授权的决定。

（七）授权终止的规定

授权暂停法律实施的期限届满存在如何处理的问题，因此需要设置授权终止的规则。首先，授权机关暂停了部分法律规范的效力，并设置了其暂停的期限和范围，期限届满后，暂停的法律规范应该自动恢复效力。其次，授权机关作出授权被授权机关执行调整内容或者替代方案的决定，授权被授权机关针对法律保留事项制定规范性文件的决定。此处授权终止的规定应当在暂停法律效力的期限届满后，若试点成效不明显需要继续试点，则需授权机关作出延长暂停法律效力期限并继续授权的决定；若试点成效明显，可以通过修改条款将成果推广到全国范围，此时授权机关直接启动修法程序，颁布新法，授权终止。因此授权终止规定的表述应该是：授权决定经过实践检验，当修法条件成熟，由全国人大及其常务委员会及时制定法律。如果法律颁布时授权期限未届满，授权亦终止。如果授权期限届满时，法律尚未颁布，则授权期限可通过“授权决定形式”延长至法律颁布时终止。

三、授权暂停法律实施决定的形式要件

授权暂停法律实施决定的形式要件包括授权决定的性质、授权决定的

格式、授权决定的公开方式。

（一）授权决定的性质

具体的授权决定只能是全国人大及其常务委员会通过“决定”的形式作出，不能通过其他方式进行授权，授权决定的文件性质只能是“有关法律问题的决定”。“有关法律问题的决定”虽然不是正式的法律，但是“授权暂停法律实施决定”是具有特殊性质的“有关法律问题的决定”，它并非针对具体问题的授权决定，而是为了解决改革中面临的法律的“整体实施问题”的决定，试点的结果会对整部法律的修改带来关键的影响。

（二）授权决定的格式

授权决定的格式主要是“正文＋附录”。

正文包括两个部分。第一个部分包括授权目的、被授权主体、授权区域和期限、授权改革的基本原则、授权调整的相关法律关系、授权改革的任务。第二个部分为监督和到期后处理。监督内容中包括被授权机关的内部监督、立法监督、司法监督、社会监督。到期后处理包含到期后修改和到期后恢复。附录包括对暂停法律条款调整后的内容的展示和对试点区域的说明。通常情况是正文中授权改革的任务部分不需要被授权机关制定试点方案。附录能够充分展示调整后的具体法律条文内容，当然附录也有针对试点区域的说明，主要针对试点区域较为复杂的情形。

（三）授权决定的公开方式

授权决定只能由全国人民代表大会或者全国人大常务委员会通过“有关法律问题的决定”的方式公布。

第二节　完善授权暂停法律实施决定的实施机制

一、完善授权暂停法律实施决定的执行机制

（一）执行主体制度

授权暂停法律实施过程中，具体的执行文件和变通适用的立法文件主要是国务院的行政规范性文件、最高人民法院、最高人民检察院的司法解释性质文件、中央军事委员会制定的军事规范性文件。对 26 项决定的执行文件考察结果证明，具体文件的制定主体包括被授权机关，也包括被授权机关以及其他相关部门，还有被授权机关的部委（此种情形只有授权决定中明确规定允许被授权机关下属部门制定，经被授权机关批准），制定后经被授权机关批准后以被授权机关名义发布。因此制定主体基本可以明确规定为国务院、中央军事委员会、最高人民法院、最高人民检察院，同时还可以包括由授权机关在授权决定中明确规定的可以会同制定的其他部门，此类情况需在决定中明确说明参与部门。

（二）执行内容及效力

1. 执行内容

授权暂停法律实施决定的执行主要通过制定执行方案，各国家机关按照执行方案进行行政执法、司法适用，试点区域公民应遵守授权决定中的规范。授权暂停法律实施决定中包含两类规范性文件制定的模式，一种是根据授权机关作出的替代内容与确认的文件进行执行，另一种是根据授权机关的授权，由被授权机关制定针对法律保留的事项作出规范性文件进行执行。根据授权暂停法律实施制度的制度构想，被授权机关制定的规范在其试点区域内应该具有与被授权机关制定的正式法律相同的效力。为了保障法制统一性原则以及平等原则，目前的立法实践将授权制定的文件效力界定为“国家机关规范性文件”。但在实践过程中这种对执行文件效力的界定存在与其他法律规定相冲突的地方，主要冲突在于规范性文件的效力

在实际上替代了暂时停止效力的法律规范，甚至替代了其他正在生效的具有普遍约束力的正式法律规范。因此有必要明确基于此制度制定的规范性文件的效力，并规范其规则制定相关的内容。需要明确的是此处规范性文件制定相关办法与一般情况下的规范性文件制定办法不一样，因为此办法是针对特定区域特定期限内执行或者针对法律保留事项制定规范性文件所制定的文件。因此建议针对其单独设置法律条款，尤其在文件效力部分作出具体规范。

执行文件需涵盖授权决定中规定的授权目的、授权事项内容、需遵守的基本原则，文件执行的内容不得超过授权范围。具体而言，执行文件中需要包括：(1) 实施办法的基本思想、指导原则；(2) 实施办法的实施区域；(3) 实施办法的有效期限；(4) 实施办法的具体执行主体，执行内容；(5) 明确实施办法的法律效力优先性，即其他与其办法内容不一致的以实施办法为准。

2. 执行文件的效力

规范性文件效力的相关规定应当包括文件的效力层级、文件的有效期、授权暂停法律实施情形下的文件效力的特殊规定。

(1) 效力层级

此处的规范性文件应该严格按照授权决定的内容制定，不得加入其他无关的内容。简言之，从效力层级上看，行政规范性文件、司法解释性质文件、军事规范性文件的法律效力与制定主体制定的正式法律规范的效力不一致，仅仅是具有普遍约束力的公文。但在授权暂停法律实施制度实践过程中，执行文件的效力与制定主体制定的法律规范的效力一致。对此可以在规范性文件中进行专门规定，由制定机关制定的具体规范性文件在试点期限内具有与正式法律规范一致的效力。

(2) 文件的有效期

行政规范性质文件、司法解释性质文件、军事规范性质文件本来就是对具体的法律规范的执行，规定了具体的实施期限，明确规定此期间制定的规范性文件的效力自试点结束便自动失效。

二、完善授权暂停法律实施法律监督机制

（一）授权暂停法律实施决定的合宪性控制机制

根据合宪性审查的研究成果可知，合宪性审查是加强《宪法》实施和维护《宪法》权威的重大举措。合宪性审查是实现良法善治，推进国家治理现代化的必然要求。合宪性审查是保护公民基本权利，满足人民日益增长的美好生活需要的法治保障。合宪性审查是弘扬《宪法》精神，提高《宪法》意识的有效途径。合宪性审查是加强党的领导，坚持依宪执政的制度体现。① 党的十九大报告明确规定"加强宪法实施和监督，推进合宪性审查工作，维护宪法权威"。第十三届全国人大一次会议审议通过《中华人民共和国宪法修正案》，全国人大代表大会设立宪法和法律委员会。第十三届全国人大常务委员会第三次会议通过《全国人大常务委员会关于全国人大宪法和法律委员会职责问题的决定》，明确了宪法和法律委员会的职责，尤其指出"增加推动宪法实施、开展宪法解释、推进合宪性审查、加强宪法监督、配合宪法宣传等工作职责"。目前针对行政法规、地方性法规的合宪性审查在《立法法》中有明确规定，但对法律的合宪性审查却找不到可以依照的程序和机制。目前将法律纳入合宪性审查范围是必须且必要的。授权暂停法律实施决定属于全国人大制定的有关法律问题的决定，性质上与法律效力一致。因此应该将授权暂停法律实施的决定纳入合宪性审查。具体的审查机制主要包括审查主体、审查内容、审查结论。

1. 审查主体

全国人大及其常务委员会作为我国合宪性审查的主体，具体的审查机构为宪法和法律委员会，因此笔者认为对授权暂停法律实施的决定的合宪性审查主体无疑也是宪法和法律委员会。

2. 审查内容

根据对 26 项授权决定的分析，笔者认为以下几个问题为合宪性控制的关键：第一，授权决定中针对暂停法律效力的规范所作的调整内容或者

① 合宪性审查的制度雏形及其展开。

授权指定针对法律保留事项的规范性文件的内容是否与《宪法》规定一致。比如全国人大常务委员会暂时停止了整部《行政监察法》，并作出了调整内容，然而其中涉及国家机构的设置属于《宪法》绝对保留事项，不属于全国人大及其常务委员会职权范围。第二，全国人大常务委员会是否暂时停止了全国人大制定的整部法律。根据《宪法》规定，全国人大常务委员会只能在全国人大闭会期间部分补充和修改全国人大制定的法律，且不得突破基本原则。第三，授权主体是否对法律条款中涉及的基本原则问题进行调整变更。以上三个问题皆突破了《宪法》内容。

（二）授权暂停法律实施的立法监督机制

1. 完善批准制度

学界对立法批准制度的定义为："立法批准制度是指有关国家机关制定的规范性文件，需要报其他国家机关同意后才能颁布实施的制度和活动。"[①] 通过梳理目前我国《宪法》《立法法》中关于批准制度的条款，与立法批准有关的制度包括民族自治地方的自治条例和单行条例的制定。立法批准制度主要包括需要立法批准的类型、有权审批的主体、审查批准的标准。授权暂停法律实施制度采用这种事前审查的方式，有利于保障授权目的的实现，防止权力滥用。因此，笔者认为有必要将授权暂停法律实施中被授权机关制定的部分规范性文件纳入批准程序，加强立法监督。涉及授权针对法律保留事项的内容制定的规范性文件和具体规范性文件由被授权机关的部门制定的规范性文件进行事前批准审查，其他通过执行授权机关直接调整的内容，或者依据中央制定的执行方案而制定的规范性文件可以仅通过向授权机关备案审查的方式进行监督。26 项授权决定中仅有一项决定为国务院部门制定实施方案经国务院批准后报全国人大常务委员会备案，因此授权暂停法律实施制度中的批准制度有待完善。具体完善内容包括明确立法批准的适用范围，明确批准主体，明确规定立法批准的审批标准，明确批准程序。

（1）明确立法批准的适用范围

授权暂停法律实施制度中的立法批准制度仍然需要遵循批准制度的一

---

① 朱力宇、张曙光：《立法学》，中国人民大学出版社，2009 年版，第 219 页。

般适用范围条件。囿于事前审查制度可能导致的对下级立法主体立法活动积极性的影响，批准制度的实施同样应该限制在中央机关制定的规范性文件中，而不应该拓展到地方相关机关。因此授权暂停法律实施制度中的立法批准适用范围应该明确限定为中央国家机关及其部门依据授权制定的规范性文件。同时批准制度的监督力度较强，只需要将涉及针对法律保留事项的内容而制定的规范性文件纳入批准程序即可。

（2）明确批准主体

授权暂停法律实施制度中有授权国务院、中央军事委员会、最高人民法院、最高人民检察院制定实施方案或者制定规范性文件，分为授权机关批准和被授权机关批准两种情形。例如：实施方案需要由具体的国务院部门制定，则可通过授权决定明确部门制定实施办法后，报被授权机关批准后生效。另，若是授权针对法律保留事项制定规范性文件的情形，无论其实施方案制定主体是谁，均须由授权机关批准，方可生效。凡经过授权主体批准制定的规范性文件，无须再进行备案审查。

（3）明确规定批准的审批标准

针对授权暂停法律实施制度中制定的规范性文件的批准审批标准主要是：第一，对其合法性进行审查。合法性审查主要就是审查规范性文件内容是否与《宪法》、法律、行政法规的具体条文内容相冲突。具体到授权暂停法律实施制度中，则是审查规范性文件是否与授权决定的内容相违背。不得随意增加和减损授权决定内容中涉及的公民、法人或其他组织的权利义务。第二，除了从内容上审查规范性文件是否与授权决定内容相符以外，还需要审查规范性文件内容是否与《宪法》、法律、行政法规的基本原则相冲突或违背。第三，审查是否属于其立法权限范围。审查立法权限范围即审查其制定规范性文件内容是否超出授权内容，授权针对法律保留事项制定规范性文件时，通常由授权机关在授权决定中明确规定制定规范性文件的基本原则和基本要求，其权限也需要严格限制在授权决定明确规定的内容范围内。

（4）明确批准程序

批准程序主要包括报请主体、批准主体、报请期限和批准时限，全国人大作出不予批准后的处理方法、全国人大逾期未作出批准时的处理方法。

2. 形成授权暂停法律实施决定的执法检查机制

执法检查作为全国人大常务委员会最重要的、最常用的监督形式，有效保障了《宪法》和法律的正确实施。党的十八大以来，全国人大常务委员会在执法检查方面形成了诸多理论和实践创新，其通过执法检查推动了法律的有效实施。实践中执法检查主要是针对已经制定的法律的实施情况和效果进行的监督，主要包括六个环节：探索形成选题、检查、向人大常务委员会报告、专题询问、解决问题、听反馈报告。授权暂停法律实施决定在试点区域内发挥着生效法律的功能，也需要实施和保障实施，因此有必要形成授权暂停法律实施决定的执法检查机制。

针对授权暂停法律实施决定的执法检查，包括针对授权暂停法律实施决定从中央到地方的行政执法、司法适用、公民守法过程中的具体实施情况进行监督。第一，需要形成全国人大常务委员会和地方人大常务委员会联动的监督机制。授权暂停法律实施决定的检查项目由中央与试点地区地方人大常务委员会同时开展，上下联动。第二，需要完善检查机制形成检查闭环。在选题方面，授权暂停法律实施决定涉及项目是执法检查的必要选题。在组织报告方面，通过全国人大常务委员会直接检查和委托地方人大检查相结合，实地检查和随机检查相结合，检查法律实施主管机关与实施主体相结合，通过各种方式深入基层检查。在审议方面，通过分组审议、联组审议，边查边改推动改进实际工作。第三，形成人大常务委员会主任会议组成人员引领执法检查模式。第四，通过引入第三方评估就授权暂停法律实施决定在试点地方的实施情况进行科学分析，并及时曝光执法检查中的问题。第五，建立和完善执法检查中出现的问题改进机制，跟踪监督，按照六个月的时间限度进行反馈。人大常务委员会委托本级人大有关专委会进行跟踪检查，结合报告机制实现监督形式的整合，审议整改报告，并严格规定审议程序和标准，必要时进行监督问责。此处的执法检查与后文的法律实施评估机制不同，评估机制更加注重实施过程中出现的具体的立法相关问题，执法检查更侧重于对执法机关和司法机关的具体法律实施情况的监督。

3. 完善备案审查机制

授权被授权机关针对法律保留事项作出规范性文件的决定宜采用事前批准程序，而授权主体直接调整暂停的法律条款的内容并授权其他机关执行情形所产生的规范性文件，则只需要将其纳入事后备案审查程序。需要完善的制度内容包括：（1）完善顶层设计，形成完整的规范性文件备案审查法律体系。通过修改《立法法》《监督法》内容，对备案审查主体、基本环节、基本程序等作出宏观规定，构建基本框架，使备案审查制度建设与新时期立法形势相统一。[①]（2）明确规范性文件备案审查的范围。明确将规范性文件纳入备案审查程序。明确将国务院制定的行政规范性文件、最高人民法院、最高人民检察院制定的司法解释性质文件、中央军事委员会制定的军事规范性文件纳入备案审查。（3）完善备案审查工作机制。在授权暂停法律实施决定中明确规定被授权机关制定的规范性文件必须报授权机关备案。授权机关针对报送的规范性文件进行主动审查，形成明确备案责任追究机制。建立未经报送责任追究制度，建立明确的备案审查工作责任制度，建立规范性文件违法追责机制。（4）完善规范性文件备案审查制度内容。第一，全国人大常务委员会宪法与法律委员会承担行政规范性文件、司法解释性质文件备案审查工作，中央军事委员会承担军事规范性文件的备案审查工作。第二，备案审查标准也包括对合法性、违宪性、适当性进行主动审查。[②]

4. 完善报告制度

在授权暂停法律实施过程中对报告主体：报告内容、报告程序、报告结果反馈等内容进行立法明确，形成系统的适用于授权暂停法律实施的报告规范。（1）报告主体。报告主体为被授权机关的主要负责人。主要负责人在全国人大常务委员会或者全国人大会议期间就试点工作的具体成效、相关问题、解决对策进行报告，回复人大委员和代表提出的问题，是报告制度权威性的体现。（2）报告内容。报告内容需要包括试点工作开展的成效、主要的问题和解决的措施、对进一步开展试点工作或者期限届满后的处理结果的建议。如果涉及修改法律，需要一并提出法律修改草案。（3）报告程序。笔者认为，所有的授权暂停法律实施的授权决定均需规定报告程序。首先在立法层面将报告纳入全国人大会议议程，其次规范报告

① 河南省人大课题组：《加强规范性文件备案审查制度建设研究》，载于《人大建设》，2018年第1期，第15页。

② 贾辉：《全面深化改革背景下的授权立法研究——以授权调整法律实施制度为视角》，载于《上海政法学院学报》（法治论丛），2018年第1期，第124页。

的时间和具体的适用情形，最后完善报告的审议及反馈制度。

（三）授权暂停法律实施的行政监督机制

行政监督机制是“负责行政监督的国家机关针对行政机关及其公务人员贯彻实施政策、法规、法律的行政执法行为进行的检查、制约、纠正，以促进依法行政、严格执法的机制和活动”①。此处的监督主体不包括权力机关，仅指行政机关、政府部门法制机构，具体的监督内容为行政执法机关在执行国家法律规范过程中是否依法行政、严格执法，本质上属于行政内部监督。

授权暂停法律实施的行政内部监督机制包括层级监督、行政执法人员监督。第一，建立完善的层级监督机制，形成授权暂停法律实施决定在行政机关的事前监督和评价机制，形成行政执法裁量权的约束和控制机制，完善执行授权暂停法律实施决定时的备案机制。第二，需要形成行政执法人员的监督机制。加强执法队伍建设，尤其是提高执法人员在执行授权暂停法律实施决定的能力和水平。完善执法责任制度与执法过错责任追究制度，要对执法人员在执行授权暂停法律实施决定过程中的责任和过错追究制度进行细化。

（四）授权暂停法律实施的司法监督机制

对授权暂停法律实施的司法监督机制包括检察监督和司法审查。

授权暂停法律实施过程中形成的规范性文件的司法审查，目前仅在《行政诉讼法》中有规定。《行政诉讼法》中对司法审查的规定为：“司法机关可以附带审查行政规范性文件的合法性。”由于授权暂停法律实施过程中产生的规范性文件在试点区域内与其制定主体制定的正式法律文件效力相同，法律授权司法机关对规范性文件在具体适用中进行附带审查，如果审查不合法，可以就审查结果向授权机关和具体的规范性文件制定机关提出修改建议。但是在授权暂停法律实施制度下制定的规范性文件仅针对行政规范性文件，“军事规范性文件”和“司法解释性质文件”是否也可适用以上规定，尚需进一步探讨。

---

① 贾在云、熊道金：《关于行政执法监督的概念界定》，载于《中国工商管理研究》，1996年第9期，第33页。

授权暂停法律实施决定的检察监督是指人民检察院对人民法院在试点区域内适用调整后的试点内容时，是否依据决定内容实施其权力。对授权暂停法律实施决定内容的司法适用，仍然要按照生效法律规定的程序进行，因此人民检察院需要监督人民法院的司法适用情况。

（五）授权暂停法律实施的监察机制

此项机制的重点在于提供监察委员会和各地的监察机关在行使监察职权的依据，监察委员会不仅依法监察相关国家机关的公务人员职务违法和职务犯罪行为，同时要依据授权暂停法律实施决定中调整的内容，对相关对象进行监督。

（六）授权暂停法律实施的社会监督机制

加强公民监督和舆论监督机制的建立，尤其在试点区域内加强宣传教育，拓展公民监督渠道和新闻媒介监督的途径，配合国家监督进行授权暂停法律实施决定实施的社会监督。

三、完善授权暂停法律实施制度的实施效果评估机制

授权暂停法律实施制度应该形成一个明确的实效评估机制，主要包括评估主体的设置、评估内容、评估标准、评估程序。

（一）评估主体

无论全国人大抑或全国人大常务委员会授权，宪法和法律委员会作为全国人大的专门委员会，可以对立法相关事项的实施效果进行统筹评价，在草案阶段对授权目的的考量和实施实际情况做对比，可以对实施效果进行客观评价并获取有效信息。

（二）评估内容

评估内容应该包括适用调整后的效果是否与授权目的设置的效果一致或者基本一致，试点期限内是否能够完成其在期满后具有在全国推行的可能论证，是否需要延长期限或者提前结束试点。

（三）评估标准

基于评估介入时间的不同，评估可能存在不同的标准。评估介入时间包括中期评估和终期评估。中期评估的具体标准应该是：第一，基本达到授权目的，试点效果明显，可以继续完成推进试点。第二，没有达到授权目的，试点效果不明显，不宜继续完成试点，需及时结束试点，恢复原状。终期评估的具体标准应该是：第一，基本达到授权目的，试点效果明显，无须延长试点时间，到期前修改完成法律。第二，基本达到授权目的，试点效果明显，但相关法律修改尚未完成，需要继续试点，通过评估结果确定延长具体的时间。第三，授权目的尚未达到，试点效果不突出，涉及几类不同事项的授权，尚有部分事项试点成效不明显，需要继续试点，通过评估结果确定延长具体的时间。第四，授权目的未达到，完全没有任何有益效果，需要及时停止试点，恢复原状。

（四）评估程序

包括评估启动的程序、评估运行的程序、评估结束后的反馈程序。目前授权决定中涉及评估的相关内容仅出现在试点方案、中期报告、终期报告中，缺乏制度层面的评估机制，需要全国人大对试点决定的实施情况进行评估，通过明确的评估程序获得有价值的评估结果。

第三节　完善授权暂停法律实施制度的程序规则

一、完善授权暂停法律实施决定作出的程序

（一）启动程序

笔者认为授权暂停法律实施的启动程序为提案请求全国人大在部分区域内、一定期限内暂停部分法律条款的法律效力，并提出这些法律条款的替代内容，请求全国人大针对某事项授权提案机关制定某些规范性质的文件。提出授权暂停法律实施的议案属于对立法作出调整的议案，因此，应

该将其界定为法律案。《立法法》涉及提案的内容为第十四条、第十五条、第二十六条。但由于《立法法》对授权暂停法律实施的规定存在争议内容，因此需要通过立法规范明确授权暂停法律实施的提案程序。授权暂停法律实施制度的授权主体为全国人民代表大会和全国人民代表大会常务委员会，因此提起程序存在两种不同的情形。

1. 向全国人大提出法律案

(1) 提案主体

提案主体包括全国人大主席团、全国人大常务委员会、全国人大各专门委员会、国务院、中央军事委员会、最高人民法院、最高人民检察院。需要注意的是，授权暂停法律实施的提案主体应该依照《立法法》依职权提案的规定，由与暂停实施的法律规范职权相关性最大的国家机关作为提案主体。

(2) 法律案的形式和内容

由于《立法法》中对法律案的界定为“依法享有提案权的主体向立法机关提出的关于制定、修改、废止某项法律的议案”。此处并未包括暂停法律条款效力的行为类型，因此需要在《立法法》中明确此行为性质为立法行为之一，一并适用《立法法》关于提案的要求。授权暂停法律实施的法律案提出时，也应该一并提出法律草案及其草案说明。草案需要说明暂停实施部分法律条款的必要性、可行性、主要内容以及草案起草过程中的重大分歧意见的协调处理情况。如果是请求全国人大直接暂停某些条款法律效力并提出明确调整后内容的法律草案，则需要以附录的形式体现对具体条款的调整内容。

(3) 提出法律案的程序

此处的提出法律案的程序与一般法律草案没有区别，可以直接适用一般法律案的提出程序。根据不同的提案主体适用不同的程序，在此不赘述。

(4) 法律草案的起草

法律草案的起草内容也可以直接参照《立法法》对相关提案主体的要求。

(5) 需要注意的问题

如果在全国人民代表大会闭会期间有需要向全国人民代表大会提出的法律案，可以先向全国人大常务委员会提出，同时在全国人大常务委员会审议后，决定提请全国人民代表大会审议，常务委员会向大会全体会议作出说明或提案人向大会全体会议作出说明。

2. 向全国人大常务委员会提出法律案

(1) 提案主体

国务院、中央军事委员会、最高人民法院、最高人民检察院和全国人大各专门委员会、全国人大常务委员会委员长会议。此处的提案主体均需要明确其提出的暂停法律实施的法律规范是属于其职权范围，否则无权提起法律案。

(2) 关于法律案列入会议议程的程序

此处内容笔者认为也可以直接依据《立法法》规定采取“委员长会议提出的法律案直接列入议程，其他主体提出的法律案经过委员长会议审议后再列入会议议程”的做法。

(3) 向委员会提出法律案需要注意的问题

首先，法律中拟暂停实施的法律条款不得为整部由全国人民代表大会制定的基本法。如果涉及需要调整全国人民代表大会制定的基本法律的，仅能在全国人民代表大会闭会期间，对其制定的部分条款提出暂停实施的法律案，同时不得暂停实施涉及“基本原则”的条款。其次，提案人提出的法律案必须要与其工作职责相关，不得超出职责范围。全国人大常务委员会委员长会议作为提案人时不受此条件限制。最后，向全国人大常务委员会提出法律案时没有时间限制，但是需要一并提出法律草案文本和说明，并提供必要的参阅材料，具体法律草案内容与前文向全国人民代表大会提出的法律草案内容一致。

(二) 审议程序

授权暂停法律实施制度的审议主要是对提案机关提出的法律草案进行审议。笔者认为需要针对两种不同内容的法律案设置稍有差别的审议程序。

第一种情形为请求暂停某些法律条款，并明确列出调整后的具体内容的草案。此种情形下具有两种审议程序。

1. 向全国人民代表大会提出草案情形下的审议程序

提案人在全国人民代表大会全体会议上进行草案说明，后由各代表团和专门委员会进行审议，宪法和法律委员会统一审议并提出审议结果报告和法律草案修改稿，各代表团对法律草案修改稿进行审议，宪法和法律委员会对此修改提出法律草案表决稿，主席团提请大会会议表决，国家主席签署主席令予以公布。此处提案人在提案中“请求全国人大授权暂停部分法律规范的效力，以调整后的内容代替暂停的法律条款发挥效力”。为了保障试点实践的权威性，有必要对授权暂停法律实施提案采取与“正式法律修改法律案”一致的审议程序，草案中“调整内容”部分需要以全国人大代表过半数投票的形式通过法律案，并按照正式法律修改的程序，由国家主席签署主席令予以公布，但修改内容需对效力进行明确，形成具有“日落”性质的法律文件。以上具体的程序由于可以直接适用法律修改的审议程序，在此不赘述。

2. 向全国人大常务委员会提出草案情形下的审议程序

列入全国人大常务委员会会议议程的法律案，一般应该经过三次常务委员会审议。此处审议授权暂停法律实施的法律案，笔者认为可以保留实践中“一次常务委员会会期内审议完成并表决通过”的模式。基本程序为一次常务委员会会期内，安排几次有关事项的专门审议议程。第一，全国人大常务委员会在全体会议上听取提案人的说明，由分组会议进行审议。着重审议法律案中对暂停法律条款的调整内容和授权行为这两项内容。第二，宪法和法律委员会听取常务委员会组成人员、有关的专门委员会和各方提出的意见。听取意见流程包括普通意见听取程序和专业性较强问题的可行性评价论证会，笔者认为可以完全采用《立法法》相关规定。第三，宪法和法律委员会结合意见内容对法律案进行统一审议。第四，全国人大常务委员会作出审议结果报告之前，可以由全国人大常务委员会法工委针对草案中主要制度规范的可行性、法律出台时机、法律实施的社会效果和可能出现的问题进行评估。第五，宪法和法律委员会根据审议过程对法律草案的审议结果的报告，由分组会议对法律草案修改稿进行审议，宪法和法律委员会就根据审议意见进行修改，形成法律草案表决稿，由委员长会议提请常务委员会全体会议表决，常务委员会全体组成人员过半数即通过。第六，由于授权暂停法律实施的法律案通常针对较紧迫的法律适用问题，因此在程序设置上较正式立法程序更为简洁。

第二种情形为请求全国人大授权有关国家机关在一定区域和期限内针对法律保留事项制定规范性文件。此情形的具体程序设置笔者认为可以直接适用第一种情形的具体做法。它们的区别主要是在审议过程中不单独就暂停实施的法律及其调整后的内容进行审议，只是审议涉及的法律保留事项是否可以授权由无此立法权的机关制定规范性文件。其他情形均可参照上文设置内容。

（三）颁布程序

笔者认为授权暂停法律实施是授权执行授权主体调整后的内容，授权被授权机关针对法律保留事项制定规范性文件且实施的行为，因此其通过程序应该适用《立法法》中全国人大及其常务委员会通过法律案的程序。向全国人大提案的通过程序应该是先由全国人大代表过半数表决通过，再由国家主席签发主席令颁布。向全国人大常务委员会提案的通过程序应该是委员长会议提请常务委员会全体会议表决，由常务委员会全体组成人员的过半数通过，只是其为有关法律问题的决定，在效力上略低于正式法律，因此不宜采用签发主席令的方式颁布。

二、完善授权暂停法律实施决定的实施程序

当授权暂停法律实施的法律案通过后，被授权机关根据决定内容进行有效的实施。实施的方式包括制定规范性文件执行调整内容或者针对法律保留事项制定相关规范性文件并实施。这些规范性文件实际承担着进一步实施授权暂停法律实施决定的主要任务，因此需要对规范性文件的批准和备案程序进行完善。同时，在实践中报告制度承担着监督试点进行的重要功能，规范报告程序也是完善实施程序的重要内容。

（一）实施启动程序

根据前文分析，笔者认为虽然批准制度仅涉及对法律保留事项的内容制定规范性文件的授权决定，但其程序仍然是此类决定实施启动程序中的重要内容，因此首先要完善批准程序。授权暂停法律实施制度中的批准程序主要包括以下内容：第一，报请主体。报请主体建议由试点方案制定主体担任，具体试点方案的制定主体不只是被授权机关，还包括与被授权事项相关的其他国家机关或部门。第二，批准主体。批准主体为全国人大常务委员会，具体执行机构建议由全国人大宪法和法律委员会担任，其属于

授权决定草案审批主体，因此对授权决定涉及事项关键问题把握最准确。第三，报请时间和批准时限。规范性文件应在制定通过后7天内向全国人大常务委员会报批。全国人大常务委员会应当在一个月内作出批准决定。第四，在全国人大常务委员会作出不予批准决定情形下限期修改再次报送，可修改一次，修改时间为一个月。再次提交修改后仍不符合审批标准的，可由全国人大常务委员会在一个月内直接作出修改决定，规范性文件自决定公布之日生效。第五，全国人大常务委员会逾期未作决定情形下默认规范性文件通过。

其他不涉及批准程序的授权决定，按照决定内容一般为授权决定生效时或者试点方案颁布时即启动具体试点程序，在此不赘述。

（二）实施保障程序

授权暂停法律实施的保障程序包括细化被授权机关制定的实施方案的备案程序和规范报告程序。备案程序一般运用于所有需要依据授权决定内容制定具体实施方案的情形。报告程序一般建议适用于所有的授权决定中。

1. 细化备案程序

本书所提到的规范性文件主要指行政法规、政府规章、地方政府规章、地方性法规以外的由政府机关制定的具有普通约束力的文件，包括：(1) 针对公民、法人、其他组织权利义务内容的，能够在一定时期内反复使用的公文。(2) 最高人民检察院和最高人民法院制定的除了司法解释以外的针对司法审判等司法事务相关的司法解释性质文件。(3) 中央军事委员会制定的军事法规以外的具有普遍约束力的军事规范性文件。因为授权暂停法律实施制度实施过程中形成的规范性文件带有极强的实质上的法律效力，其备案审查程序应该更偏向《立法法》《监督法》中关于正式法律规范的备案审查程序。在一定程度上，可以理解为将备案程序的适用范围拓展到规范性文件领域：(1) 备案的时间，(2) 审查的方式，(3) 审查的机构，(4) 备案审查的期限，(5) 备案审查的意见搜集，(6) 备案审查意见反馈期限及内容，(7) 不予修改或者经沟通后无法达成一致意见时的处理办法，(8) 审查结束后的归档。

目前全国人大常务委员会尚未制定关于规范性文件的统一的备案程序。可以确定的是全国人大常务委员会在备案程序中规定被授权机关在制定的方案通过之后的一定期限内，主动向全国人大常务委员会报送并提出备案审查。全国人大常务委员会通过书面审查的方式进行审查，具体的审查机构可以由全国人大各专门委员会和工作机构视情形安排。审查内容应当与《立法法》和《监督法》中备案审查的规定内容一致。备案审查过程可以就特殊的问题要求方案制定机关答复，也可向专家和相关机构就问题进行讨论和论证。备案审查需要规定特定期限，并在期限届满前将审查意见反馈方案制定机关，如果方案制定机关不予修改且双方沟通无法达成一致，可以由全国人大常务委员会决定处理或者撤销该规范性文件议案。审查结束后应当规定在一定期限内将相关材料存档。

2. 规范报告程序

《立法法》第十三条并没有明确规定报告内容，仅仅在具体授权决定中规定了被授权机关的报告义务。但是分析 26 项授权决定的报告文件时，笔者发现报告制度在实际运行和程序规则方面均未有明确规定。前文提出了完善报告制度、对制度实体部分进行修改的建议，此处将对报告制度的程序规则完善提出具体建议。根据报告的不同方式，其程序规则具体包括以下内容：

（1）适用情形

针对法律保留事项制定规范性文件情形的决定一般采用中期报告形式。针对授权主体作出直接调整内容后授权其他机关执行的情形一般采用终期报告形式。

（2）报告时间

中期报告需要在到期前就此期间的执行情况进行报告。全国人大常务委员会作出的授权决定需要向全国人大常务委员会提出报告请求，由委员长会议将报告列入最近一次全国人大常务委员会议程；全国人民代表大会作出的授权决定，如果中期期限到达的时间是在全国人大闭会期间，则需要被授权机关向全国人大常务委员会提出报告请求，由全国人大常务委员会根据草案审议程序审议后，在全国人民代表大会召开时，向全国人民代表大会提请审议，由报告人作报告。终期报告需要在期限届满前提出报告，一般是在期限届满前最近一次全国人大常务委员会会议召开时进行报告，全国人大授权的情形由于没有实践参考，笔者认为按照授权时间的周期规定，一般到期日即为全国人大会议期间，因此需要在到期时在全国人民代表大会上进行报告。

(3) 对报告的审议程序

1) 全国人大或全国人大常务委员会作为审议主体，具体承担统一审议工作的机关为全国人大宪法和法律委员会，其他专门委员会承担与之相关的审查工作。2) 通过审议法律案的形式进行审议。笔者认为，此处全国人大或者全国人大常务委员会对报告的审议通常与评估重合，但是评估结果一般作为审议的依据，审议根据评估结果作出最终决定。如果授权决定是全国人大作出的，通常在全国人大会议期间由报告人向大会作报告，宪法和法律委员会对报告内容进行具体的评估和审议。审议过程中可以结合有关专门委员会、各代表团的审议意见，最终提出审议结果报告。如果是终期报告的审议，宪法和法律委员会需要同时提出法律草案修改稿，此处涉及法律修改稿的审议可以直接适用《立法法》中关于法律制定的相关规定。

(4) 审议结束后的处理程序

中期和终期报告的审议结束后，中期报告需要对审议处理意见进行反馈，并要求报告机关限期提出处理方案并监督实施。终期报告审议结束后主要包括：第一，接受修法建议，制定法律草案修改稿，并通过法定程序审议通过颁布；第二，接受建议延长试点，其中涉及修正补充的内容要求报告机关限期提出处理方案并监督实施。

(5) 报告信息发布机制

由于将报告列入全国人大或全国人大常务委员会议程，其报告内容、审议结果报告、审议意见处理情况、执行情况应进行公开，在全国人大及其常务委员会公报上公布。

(三) 完善到期后的回应程序

授权暂停法律实施到期后一般有四个结果。第一为试点实践能够实现授权目的，到期之前修改的草案经过终期报告审议后即通过并颁布，授权决定到期随即终止效力。第二为试点实践取得一些成效，仍需继续延长试点，待试点到期后修改法律。第三为试点实践取得一些成效，但需要拓展试点区域范围获取更多的试点经验，则通过延长试点期限，并在决定中拓展试点区域范围并变更授权决定内容。第四为试点毫无成效，全国人大决定终止授权，恢复原法律秩序。总结之后发现，授权决定到期后会出现两个需要进行程序规范的问题，即到期后变更实施条件和到期终止授权。

1. 实施期限变更的程序

授权暂停法律实施包括暂停部分法律条款的效力，通过其他内容替代其在一定区域期限内发挥效力。笔者在前文中将此“替代内容”的有效期设定为试点结束时自动终止，因此即便是在试点进行过程中实施期限出现了可能需要变动的情形，也不需要全国人大启动修改程序，而只需要针对授权决定进行延期。延长期限的处理程序中主要包括申请主体、申请方式、申请时间、审议主体、审议方式、决定的作出。

通常情况下主要是由被授权主体通过终期报告的方式向全国人大及其常务委员会提出延期建议。因此程序主要的内容为：1）申请主体：被授权主体。2）申请方式：向全国人大作终期报告的方式。3）申请时间：与中期报告时间一致，在试点期限届满前的最近一次全国人大或者全国人大常务委员会。如果授权机关为全国人大的，需要向全国人大常务委员会提出报告，由全国人大常务委员会按照法律案审议程序进行审议后报最近一次全国人大会议。首次试点有效期自动延长至全国人大会议会期结束时。4）审议主体及方式：审议主体为全国人大常务委员会，审议方式是按照全国人大议案进行。5）决定的作出。变更期限主要通过全国人大以决定的方式作出，可以单独作出延长期限的决定，也可以通过在一个相关性极强的新的授权决定中附带作出（此种做法通常仅适用于试点区域一致、试点内容高度相关的情形）。

2. 实施范围变更的程序

授权暂停法律实施范围的变更主要是指单独就实施区域进行变更的授权决定。目前针对区域变更的授权决定仅仅只有“全国范围内推开的监察体制改革决定”。笔者认为此种需要变更实施范围的试点通常具有特殊性，例如像设立监察委这种新的国家机构的试点，其需要在改革实践过程中通过扩大实践范围获取更为全面的信息。笔者之所以将其单独罗列，主要是考虑到目前授权暂停法律实施决定中关于实施范围变更的情形还比较少，但从未来的发展方向上看，对授权暂停法律实施制度的适用可能会更加倾向于制度化和规范化，也会更加审慎。仅仅通过延长期限并不一定能够弥补在授权之初进行区域选择时可能存在的不完备的情况，因此可能会选择扩展区域进行试验。

笔者建议仍然需要对变更试点范围的情形进行程序规制。1）将变更范围的决定纳入全国人大会议议程，如果是全国人大作出的授权决定，则由主席团决定列入会议议程，如果是全国人大常务委员会制定的授权决定，则由全国人大常务委员会委员长会议决定列入会议议程。2）变更范围的法律案应当由被授权主体以法律案的形式向全国人大提出，根据《立法法》规定的草案提出程序进行具体操作。3）变更范围的法律案一般包含在终期报告之中，与变更期限的法律案一样，拓展试点区域的法律案其目的在于确保试点成果在尚未形成法律规范时有一个更为成熟的实践环境，因此通过全面试点，率先形成一个有利于制度实施的现实环境。此处需要明确一点，如果没有制定明确的法律规范，则部分地区抑或全国范围内均可以视作试点。所以，可以将变更试点范围视作试点的一个进阶版，即试点在实际修法之前的最终证成。在此背景之下，全国人大针对变更范围的法律案的审议过程需要特别注意以下几点：1）审议过程需考虑到决定的目的在于满足全面深化改革发展的实际需要，因此审议的次数最好为一次。2）审议过程中需要按照前文设置的审议程序进行审议外，还需针对“拓展区域的必要性”进行论证。3）其他的相关审议结果作出程序与前面变更期限的程序一致，在此不赘述。

3. 授权暂停法律实施期限届满后的终止程序

（1）实践证明切实可行启动法律修改的程序

依据《立法法》第十三条的规定，实践证明切实可行，即可进行法律修改。具体实践过程中，针对改革发展的迫切需求，被授权机关需坚持高效原则，在试点进行过程中及时总结经验并提出法律修改议案。具体的提起法律修改的程序主要包括：提起主体、提起时间、提起内容和形式、审议的方式以及修改的法律通过颁布后授权效力的终止。其中提起主体为被授权机关。提起时间为授权期限范围内任何时候提起。提起内容包括法律修改的必要性、可行性、试点实践的成果以及修改内容。提起形式主要是法律案。审议的方式为《立法法》中关于向全国人大、全国人大常务委员会提起法律修改法律案的程序，此处不严格限制具体审议的次数，应该以《立法法》对法律修改的相关规定确定具体的审议次数。如果修改的法律在授权决定到期之前就颁布实施，则其决定效力即刻终止。笔者建议在修改的法律中明确说明相关授权决定效力终止。如果修改的法律颁布实施时授权决定已经到期，被授权机关会在终期报告之前申请全国人大延长授权期限，直到法律修改正式颁布时决定即刻失效。

（2）实践证明不可行恢复相关法律秩序的程序

目前已有的 26 项决定均未出现此情形，但仍然需要对此情形的发生设定程序规范。试点的具体实施是在被授权机关组织指导监督下进行，因此被授权机关对具体实施情况掌握得较为全面。这就赋予被授权机关在授权决定实施过程中的任何时段均具有提出终止实施的权力。同时需要注意的是，由于实践证明不可行可能会带来一系列消极后果，因此需要全国人大做好监督工作，积极采用被授权机关主动申请终止授权，全国人大通过专项评估后结合终止申请进行审议后作出决定。具体程序如下：

第一步，首先通过被授权机关在授权决定截止期限届满前，通过法律案的形式向全国人大提出终止授权建议。其中，法律案的内容应当包括实施情况、实际效果、主要问题、终止原因、终止后相关处理办法。

第二步，在完成提案程序后，由全国人大及其常务委员会针对实际实施情况进行调研评估。具体方式包括：专项检查和专家评估以及听证会等形式。通过以上形式充分了解具体实施情况并结合评估搜集的信息进行审议工作。审议具体执行机关为全国人大宪法与法律委员会，审议后就审议结果进行报告。建议审议分成两次，第一次听取被授权机关主要负责人的报告，然后分组审议，第二次将审议结果报宪法和法律委员会讨论再审议。此处宪法和法律委员会进行的审议结果建议应在评估和调研之后再作出。笔者建议至少间隔两个月，将宪法和法律委员会的第二次讨论结果放在下一次会议进行审议。如果是全国人大作出的授权决定，建议先向全国人大常务委员会提出终止授权建议，同时由全国人大常务委员会组织审议，如果确实不适宜继续试点，可以由全国人大常务委员会代为行使终止授权的效力，至全国人民代表大会期间由全国人大对全国人大常务委员会的终止授权效力进行追认。审议结束后，全国人大通过决定终止授权。注意此情形一般是授权决定到期之前，到期后如果没有修改法律或者作出继续授权的决定，授权自动失效。

参考文献

一、著作

博登海默．法理学——法哲学及其方法［M］．邓正来，等，译．北京：华夏出版社，1987．

邓小平．邓小平文选：第 2 卷［M］．北京：人民出版社，1993．

邓小平．邓小平文选：第 3 卷［M］．北京：人民出版社，1993．

顾昂然．立法札记［M］．北京：法律出版社，2006．

江必新．辩证司法观及其应用［M］．北京：中国法制出版社，2014．

列宁．列宁全集：第 26 卷［M］．北京：人民出版社，1988．

列宁．列宁全集：第 34 卷［M］．北京：人民出版社，1985．

列宁．列宁全集：第 43 卷［M］．北京：人民出版社，1987．

列宁．列宁全集：第 60 卷［M］．北京：人民出版社，1989．

马克思，恩格斯．马克思恩格斯选集：第 2 卷［M］．北京：人民出版社，1995．

马克思，恩格斯．马克思恩格斯选集：第 4 卷［M］．北京：人民出版社，1995．

毛泽东．毛泽东文集：第 7 卷［M］．北京：人民出版社，1999．

毛泽东．毛泽东选集：第 3 卷［M］．北京：人民出版社，1991．

彭真．论新时期的社会主义民主与法制建设［M］．北京：中央文献出版社，1998．

彭真．彭真文选（1941—1990 年）［M］．北京：人民出版社，1991．

全国人大常务委员会办公厅．中华人民共和国第九届全国人民代表大会第二次会议文件汇编［M］．北京：人民出版社，1999．

全国人大常务委员会办公厅．中华人民共和国第十届全国人民代表大会第一次会议文件汇编［M］．北京：人民出版社，2003.

全国人大常务委员会办公厅．中华人民共和国第十一届全国人民代表大会第一次会议文件汇编［M］．北京：人民出版社，2008.

全国人大常务委员会法制工作委员会国家法室．《中华人民共和国立法法》释义，［M］．北京：中国民主法制出版社，2015.

全国人民代表大会常务委员会办公厅．中华人民共和国第五届全国人民代表大会第五次会议文件汇编［M］．北京：人民出版社，1983.

沈宗灵．法理学［M］．北京：北京大学出版社，2000.

斯诺．经济史中的结构与变迁［M］．上海：上海三联书店，1991.

吴大英，沈宗灵．中国社会主义法律基本理论［M］．北京：法律出版社，1987.

习近平．决胜全面建成小康社会　夺取新时代中国特色社会主义伟大胜利——在中国共产党第十九次全国代表大会上的报告［M］．北京：人民出版社，2017.

习近平．习近平关于全面深化改革论述摘编［M］．北京：中央文献出版社，2014.

习近平．习近平关于社会主义政治建设论述摘编［M］．北京：中央文献出版社，2017.

习近平．习近平谈治国理政［M］．北京：北京外文出版社，2014.

习近平．习近平总书记系列重要讲话读本［M］．北京：人民出版社，2016.

习近平．之江新语［M］．杭州：浙江人民出版社，2007.

亚里士多德．政治学［M］．吴寿彭，译．北京：商务印书馆，1965.

杨景宇．法治实践中的思考［M］．北京：中国法制出版社，2008.

中共中央文献研究室．十八大以来重要文献选编（中）［M］．北京：中央文献出版社，2016.

中共中央文献研究室．十大以来重要文献选编（上）［M］．北京：人民出版社，1999.

中共中央文献研究室．十二大以来重要文献选编（中）［M］．北京：中央文献出版社，2011.

中共中央文献研究室．十六大以来重要文献选编（上）［M］．北京：

中央文献出版社，2008.

中共中央文献研究室. 十三大以来重要文献选编（上）［M］. 北京：中央文献出版社，2011.

中共中央文献研究室. 十三大以来重要文献选编（中）［M］. 北京：中央文献出版社，2011.

中共中央文献研究室. 十四大以来重要文献选编（中）［M］. 北京：人民出版社，1997.

中共中央文献研究室. 十五大以来重要文献选编（上）［M］. 北京：人民出版社，2000.

中共中央文献研究室. 十一届三中全会以来重要文献选编［M］. 北京：中共中央党校出版社，1981.

周振国，等. 邓小平改革方法论［M］. 石家庄：河北人民出版社，1997.

朱力宇，张曙光. 立法学［M］. 北京：中国人民大学出版社，2009.

邹瑜. 法学大辞典［M］. 北京：中国政法大学出版社，1991.

二、论文

A. 伊拉里奥诺夫·一丁. 中国经济“奇迹”的奥秘［J］. 国外社会科学，1999（5）.

白羽. 欧盟指令的预先效力研究［J］. 研究生法学，2016（3）.

蔡华，王逸飞. 法制统一原则再思考［J］. 云南社会主义学院学报，2014（3）.

蔡金荣. 授权国务院暂时调整法律实施的法理问题——以设立（上海）自由贸易试验区为例［J］. 法学，2014（12）.

蔡景浩. 基于系统思考角度谈企业会计制度设计［J］. 广西财经学院学报，2011（1）.

曹舒. 人大授权暂停法律实施的合宪性检讨与控制［J］. 苏州大学学报，2018（1）.

陈洪波，尹新民. 从“日落条款”到“有效期制度”［J］. 楚天主人，2009（4）.

陈金钊. 法治改革观及其意义——十八大以来法治思维的重大变化

[J]. 法学评论，2014 (6).

陈金钊. 法治共识形成的困难——对当代中国“法治思潮”的观察 [J]. 法学论坛，2014 (3).

陈金钊. 法治战略实施的“战术”问题 [J]. 法学论坛，2016 (5).

陈金钊. 重新界定法治与改革关系的意义 [J]. 江西社会科学，2016 (1).

陈曙光，刘小莉. 改革方法论与方法论改革 [J]. 思想理论研究，2018 (2).

杜飞进. 深刻把握全面深化改革的辩证法　习近平关于全面深化改革的方法论思想 [J]. 人民论坛，2013 (36).

冯海发. 对十八届三中全会《中共中央关于全面深化改革若干重大问题的决定》有关农村改革几个重大问题的解读 [J]. 农业展望，2013 (9).

冯治良. 公正性：法律的本性辨考 [J]. 现代法学，1997 (3).

傅达林. 国务院与中央军事委员会国防军事权的划分——以“国防”的宪法解释为线索 [J]. 法学，2015 (9).

韩大元. 论国家监察体制改革中的若干宪法问题 [J]. 法学评论，2017 (3).

郝铁川. 权利实现的差序格局 [J]. 中国社会科学，2002 (5).

河南省人大课题组. 加强规范性文件备案审查制度建设研究 [J]. 人大建设，2018 (1).

胡锦光. 论国家监察体制改革的宪法问题 [J]. 江汉大学学报（社会科学版），2017 (5).

贾辉. 全面深化改革背景下的授权立法研究——以授权调整法律实施制度为视角 [J]. 上海政法学院学报（法治论丛），2018 (1).

贾在云，熊道金. 关于行政执法监督的概念界定 [J]. 中国工商管理研究，1996 (9).

江国华，庞羽超. 法律制度实施效果评估触发机制研究 [J]. 社会科学动态，2018 (1).

竞辉，王岩. “四个全面”战略布局：全方位贯彻以人民为中心的发展思想 [J]. 红旗文稿，2016 (10).

黎娟. “试验性立法”的理论建构与实证分析——以我国《立法法》

第十三条为中心［J］. 政治与法律，2017（7）.

李建国. 关于《关于全国人民代表大会常务委员会关于在北京市、山西省、浙江省开展国家监察体制改革试点工作的决定（草案）》的说明［J］. 中华人民共和国全国人民代表大会常务委员会公报，2017（1）.

李猛. 中国自贸区授权立法问题研究［J］. 甘肃政法学院学报，2017（2）.

刘风景. 超前立法论纲［J］. 中国人民大学学报，1999（3）.

刘风景. 论司法体制改革的试点方法［J］. 东方法学，2015（3）.

刘国. 我国宪法实施与释宪机制的完善探析［J］. 法学评论，2016（2）.

刘沛佩. 对自贸区法治创新的立法反思——以在自贸区内“暂时调整法律规定”为视角［J］. 浙江工商大学学报，2015（2）.

刘松山. 备案审查、合宪性审查和宪法监督需要研究解决的若干重要问题［J］. 中国法律评论，2018（4）.

刘松山. 国家立法三十年的回顾与展望［J］. 中国法学，2009（1）.

刘松山. 论自贸区不具有独立的法治意义及几个相关法律问题［J］. 政治与法律，2014（2）.

刘影. 新时代我国行政管理体制改革探析［J］. 管理观察，2018（7）.

刘志刚. 暂时停止法律实施决定的正当性分析［J］. 苏州大学学报，2015（4）.

刘作翔. 中国法治国家建设的战略转移：法律实施及其问题［J］. 法治与社会发展，2016（5）.

刘作翔. 中国法治国家建设的战略转移：法律实施及其问题［J］. 中国社会科学院研究生院学报，2011（2）.

马利和. 试述立法活动中的法律草案说明［J］. 法学杂志，1991（2）.

马岭. 宪法性法律的性质界定［J］. 法律科学（西北政法学院学报），2005（1）.

庞凌. 地方人大无权暂时停止、悬置地方性法规的适用［J］. 法学，2017（6）.

彭浩. 授权地方改革试点决定的性质和功能探析［J］. 法制与社会发

展，2018（1）.

钱宁峰. 立法后中止实施：授权立法模式的新常态［J］. 政治与法律，2015（7）.

秦前红. 全国人大常务委员会授权于全国人大授权之关系探讨——以国家监察委员会为研究对象［J］. 中国法律评论，2017（2）.

全国人民代表大会常务委员会. 全国人民代表大会常务委员会关于授权国务院在北京市大兴区等三十三个试点县（市、区）行政区域暂时调整实施有关法律规定的决定［J］. 中华人民共和国全国人民代表大会常务委员会公报，2015（2）.

全国人民代表大会常务委员会. 全国人民代表大会常务委员会关于授权最高人民法院、最高人民检察院在部分地区开展刑事案件认罪认罚从宽制度试点工作的决定［J］. 中华人民共和国全国人民代表大会常务委员会公报，2016（5）.

全国人民代表大会常务委员会. 全国人民代表大会常务委员会关于授权最高人民检察院在部分地区开展公益诉讼改革试点工作的决定［J］. 中华人民共和国全国人民代表大会常务委员会公报，2015（4）.

全国人民代表大会法律委员会. 关于《关于授权在部分地区开展刑事案件认罪认罚从宽制度试点工作的决定（草案）》审议结果的报告［J］. 中华人民共和国全国人民代表大会常务委员会公报，2016（5）.

上官莉娜，李黎. 法国中央与地方的分权模式及其路径依赖［J］. 法国研究，2010（4）.

沈岿. 论宪制改革试验的授权主体——以监察体制改革试点为分析样本［J］. 当代法学，2017（4）.

史华松. 法国地方制度的特点、价值及其对中国的启示［J］. 石家庄经济学院学报，2008（4）.

孙笑侠. 法治、合理性及其代价［J］. 法治与社会发展，1997（1）.

童之伟. 将监察体制改革全程纳入法制轨道之方略［J］. 法学，2016（12）.

万娟娟. 宪法发展形态论［J］. 河北法学，2018（2）.

汪建成. 论欧盟法院的司法审查权［J］. 中外法学，1996（4）.

汪全胜. 立法后评估对象的选择［J］. 现代法学，2008（4）.

王方玉. 论立法过失的基本内涵［J］. 南京大学法律评论，2012 年春季卷。

王建学. 法国地方试验的法律控制及其启示 [J]. 中国行政管理，2013 (7).

王建学. 法国地方试验的法律控制及其启示 [J]. 中国行政管理，2013 (7).

王建学. 授权地方改革试点决定应遵循比例原则 [J]. 法学，2017 (5).

王军. 法律规避行为及其裁判方法 [J]. 中外法学，2015 (3).

王利明. 新时代中国法制建设的基本问题 [J]. 中国社会科学，2018 (1).

王旭. 论全面推进依法治国的几个基本关系 [J]. 中国高校社会科学，2018 (2).

温家宝. 深化行政管理体制改革，加快实现政府管理创新——在国家行政学院省部级干部政府管理创新与电子政务专题研究班上的讲话 [J]. 国家行政学院学报，2004 (1).

吴邦国. 在形成中国特色社会主义法律体系座谈会上的讲话 [J]. 中国人大，2011 (2).

吴东华. 中国不论怎么改革都必须坚持社会主义方向 [J]. 红旗文稿，2014 (16).

武贤芳. 法国国家构建与治理现代化研究 [J]. 理论界，2016 (7).

习近平. 加快建设社会主义法治国家 [J]. 求是，2015 (1).

习近平. 领导干部要做尊法守法用法的模范　带动全党全国共同全面推进依法治国 [J]. 人民日报，2015 (2).

肖天亮. 全面推进国防和军队现代化的战略部署 [J]. 前线，2018 (5).

小伍德福德·霍华德. 从比较法的观点看宪法和社会 [J]. 环球法律评论，1989 (3).

徐光. 政府自立性：表征、根源与对策 [J]. 内蒙古社会科学，2006 (4).

杨建顺. 国家监察体制改革十大课题 [J]. 中国法律评论，2017 (6).

叶海波. 国家监察体制改革试点的法治路径 [J]. 四川师范大学学报

（社会科学版），2017（3）.

易军. 法律行为制度的伦理基础［J］. 中国社会科学，2004（6）.

尹蔚民. 关于《关于授权国务院在部分地区和中央机关暂时调整实施〈中华人民共和国公务员法〉有关规定的决定（草案）》的说明［J］. 中华人民共和国全国人民代表大会常务委员会公报，2017（1）.

尹蔚民. 关于《关于授权国务院在河北省邯郸市等 12 个生育保险和基本医疗保险合并实施试点城市行政区域暂时调整实施〈中华人民共和国社会保险法〉有关规定的决定（草案）》的说明［J］. 中华人民共和国全国人民代表大会常务委员会公报，2017（1）.

于新东. 简政放权是深化改革的总开关［J］. 中国发展观察，2013（10）.

宇龙. 集体经营性建设用地入市试点的制度探索及法制革新——以四川郫县为例［J］. 社会科学研究，2016（4）.

郁忠民. 法律实施评述［J］. 政治与法律，1988（4）.

约翰逊，齐磊. 俄罗斯应当采用中国的经济改革模式吗？（上）.［J］. 现代外国哲学社会科学文摘，1994（10）.

张鸿文. 论林业在建设生态文明中的作用［J］. 林业经济，2008（6）.

张盼盼. 授权暂停法律适用的正当性质疑［J］. 公民与法，2016（1）.

张文显. 习近平法治思想研究（中）——习近平法治思想的一般理论［J］. 法治与社会发展，2016（5）.

张文显. 新时代全面依法治国的思想、方略和实践［J］. 中国法学，2017（6）.

张文显. 新思想引领法治新征程——习近平新时代中国特色社会主义思想对依法治国和法治建设的指导意义［J］. 法学研究，2017（6）.

张文显. 治国理政的法治理念和法治思维［J］. 中国社会科学，2017（4）.

张阳. 关于《关于军官制度改革期间暂时调整适用相关法律规定的决定（草案）》的说明［J］. 中华人民共和国全国人民代表大会常务委员会公报，2017（1）.

章剑生. 选择性执法与平等原则的可适用性［J］. 苏州大学学报（法

学版），2014（4）.

郑磊，王逸冉．全国人大常务委员会“试点授权”要素论——基于《立法法》第十三条的规范性思考［J］．浙江社会科学，2017（8）.

中国行政管理学会课题组．深化行政管理体制改革的理论与实践［J］．中国行政管理，2003（3）.

周游，张涤．规范性文件的司法审查［J］．人民司法，2017（31）.

朱景文．论法治评估的类型化［J］．中国社会科学，2015（7）.

朱军．论全国人大授权制度的法理基础与实践完善——以监察体制改革试点决定为例［J］．内蒙古社会科学（汉文版），2018（2）.

Finn，John E，*Peopling the constitution*，University Press of Kansas，2014.

Bernard Chantebout，*Droit Constitutionnel*，Paris：Dalloz，2007.

Roberta Romano，The States as a Laboratory：Legal Innovation and State Competition for Corporate Charters，Social Science Electronic Publishing，vol. 23（2005）.

Ranchordas，Sofia，The Whys and Woes of Experimental Legislation，The Theory and Practice of Legislation，vol. 1：415（2013）.

Kysar，Rebecca M，The Sun Also Rises：The Political Economy of Sunset Provisions in the Tax Code，social science electronic publishing，Vol. 40：2（2006）.

Merriam－Webster，Mernam－Webster's Direactionary of Law，Merriam－Webster Incorporated，1996.

Common Cause，The Status of Sunset in the States：A Common Cause Report（1982）.

Landon Curry，Politics of Sunset Review in Texas，Public Administration Review，Vol. 50：2（1990）.

Vgl. Rudolf Streinz，Stefan Leible：Europ ische Dienstleistungsrichtlinie，1. Auflage，2008.

Case T－13/99，Pfizer Animal Health［1999］ECR II－1961 and C－236/01，Monsanto Agricoltura Italia.

Case T－392/02，Solvay Pharmaceuticals［2003］ECR I－8105.

Case C－236/09，Opinion of AG Kokott.

Popelier Patricia, Five Paradoxes on Legal Certainty and the Lawmaker, Legisprudence (2008).

Case C—280/00, under 59 with further references to earlier case law.

Case C—127/07, Arcelor [2008] CRC I—9895, para. 45. Emphasis added, RvG/GvD.

Case C—331/88, Fedesa [1988] ECR I—4023.

三、学位论文

马东丽. 我国刑法中兜底条款研究 [D]. 武汉：武汉大学，2014.

侯芳. 初探落日条款的中国立法适用 [D]. 上海：华东政法大学，2007.

白艳芳. 欧盟立法前评估制度研究 [D]. 太原：山西大学，2017.

韩慧. 法治中国视域下中国共产党法治能力建设研究 [D]. 济南：山东大学，2019.

四、报纸

陈曙光. 全面深化改革的若干方法论误区辩证 [N]. 光明日报，2015—11—25 (13).

胡明. 用中国特色社会主义法治理论引导法治体系建设 [N]. 人民日报，2018—09—09 (4).

江岩. 敢于担当是领导干部必备的基本素质 [N]. 人民日报，2014—04—08 (7).

人民日报评论部. 改革，回应人民的强烈期待——深化改革方法论之一 [N]. 人民日报，2013—01—04 (1).

人民日报评论部. 一把手抓，抓一把手——今天我们怎样抓改革落实 [N]. 人民日报，2017—04—18 (5).

张文显. 中共法治 40 年：历程、轨迹和经验 [N]. 人民日报，2018—12—19 (2).